湖北省社会科学基金项目"私有财产权限制研究"
武汉纺织大学学术著作出版基金资助出版

//武汉纺织大学人文社科文库(第四辑)

私有财产权限制研究

■ 王海燕 著

中国社会科学出版社

图书在版编目(CIP)数据

私有财产权限制研究/王海燕著.—北京：中国社会科学出版社，2017.6

（武汉纺织大学人文社科文库）

ISBN 978 – 7 – 5161 – 9238 – 2

Ⅰ.①私⋯ Ⅱ.①王⋯ Ⅲ.①个人财产—所有权—研究—中国 Ⅳ.①D923.24

中国版本图书馆 CIP 数据核字（2016）第 266525 号

出 版 人	赵剑英
责任编辑	田　文
特约编辑	丁　云
责任校对	张爱华
责任印制	王　超

出　　版	中国社会科学出版社
社　　址	北京鼓楼西大街甲 158 号
邮　　编	100720
网　　址	http://www.csspw.cn
发 行 部	010 – 84083685
门 市 部	010 – 84029450
经　　销	新华书店及其他书店
印　　刷	北京君升印刷有限公司
装　　订	廊坊市广阳区广增装订厂
版　　次	2017 年 6 月第 1 版
印　　次	2017 年 6 月第 1 次印刷
开　　本	710×1000　1/16
印　　张	18
字　　数	242 千字
定　　价	76.00 元

凡购买中国社会科学出版社图书，如有质量问题请与本社营销中心联系调换
电话：010 – 84083683
版权所有　侵权必究

目 录

第一章　绪论 …………………………………………………（1）
　第一节　研究背景和意义 …………………………………（1）
　　一　理论背景和意义 ………………………………………（1）
　　二　现实背景和意义 ………………………………………（4）
　第二节　概念界定 …………………………………………（5）
　　一　财产 ……………………………………………………（5）
　　二　财产权 …………………………………………………（8）
　　三　限制 ……………………………………………………（10）
　第三节　文献综述 …………………………………………（11）
　　一　国外关于私有财产权限制的理论基础的研究
　　　　述评 ……………………………………………………（11）
　　二　国内关于私有财产权限制的理论研究述评 ………（14）
　第四节　研究方法和思路 …………………………………（20）
　　一　研究方法 ………………………………………………（20）
　　二　研究思路 ………………………………………………（22）

第二章　私有财产权限制的正当性依据 ……………………（23）
　第一节　法哲学依据：财产自由与平等价值的矛盾与
　　　　　衡平 ………………………………………………（23）

一 "共产理想国"与"私有政治学":柏拉图与
　　　　亚里士多德的博弈 ………………………………… (24)
　　二 财产权"劳动学说"与"平等主义":洛克与卢梭的
　　　　交锋 ………………………………………………… (29)
　　三 新自由主义财产权理论的分野:罗尔斯"正义论"
　　　　与诺齐克"无政府主义" …………………………… (35)
　第二节 法社会学依据:个人利益与社会利益的冲突与
　　　　协调 ………………………………………………… (40)
　　一 耶林:社会利益和法律目的论 ……………………… (41)
　　二 狄骥:社会连带主义学说 …………………………… (42)
　　三 庞德:社会控制学说 ………………………………… (46)
　第三节 法经济学依据:私有财产的外部性和交易成本
　　　　理论 ………………………………………………… (48)
　　一 外部性理论 …………………………………………… (49)
　　二 交易成本理论 ………………………………………… (50)
　第四节 法理学依据:权利冲突原因论与权利位阶
　　　　方法论 ……………………………………………… (54)
　　一 权利限制的模型论:内在限制论与外在限制论 …… (54)
　　二 权利限制的原因论:权利冲突理论 ………………… (61)
　　三 权利限制的方法论:权利位阶理论 ………………… (64)
　本章小结 ……………………………………………………… (76)

第三章 私有财产权限制的比较法考察 ……………………… (77)
　第一节 西方法律史中私有财产权限制的源流 …………… (77)
　　一 古希腊、古罗马:私有财产权限制的早期发达史 … (77)
　　二 欧洲中世纪:私有财产权限制的多元化和
　　　　碎片化 ……………………………………………… (84)
　　三 近代西方:私有财产权保护的兴盛和限制的
　　　　失落 ………………………………………………… (89)

  四 现代西方:私有财产权的式微和社会化转向……… (94)
 第二节 中国法律史中私有财产权限制的演变…………… (102)
  一 中国古代法:私有财产权的贫困化与限制的
    政治化……………………………………………… (105)
  二 中国近代法:私有财产权限制的西风东渐与附庸
    风雅………………………………………………… (122)
  三 中国现代法:私有财产权限制的极端化与理性
    回归………………………………………………… (129)
 本章小结……………………………………………………… (137)
第四章 私有财产权的私法限制:原则和规则…………… (138)
 第一节 私有财产权创设的限制:以物权法定原则为例… (139)
  一 物权法定主义的解构……………………………… (139)
  二 物权法定主义的重构……………………………… (143)
 第二节 私有财产权行使的限制:以禁止权利滥用原则为
    中心………………………………………………… (148)
  一 禁止权利滥用原则的立法例……………………… (148)
  二 禁止权利滥用原则的判例………………………… (152)
  三 权利滥用的判定标准……………………………… (155)
 第三节 私法限制私有财产权的规则分析………………… (158)
  一 相邻关系…………………………………………… (158)
  二 善意取得…………………………………………… (162)
  三 取得时效…………………………………………… (164)
 本章小结……………………………………………………… (172)
第五章 私有财产权的公法限制:原则和途径…………… (173)
 第一节 私有财产权公法限制的原则:以比例原则为
    中心………………………………………………… (173)
  一 比例原则的发展轨迹……………………………… (173)
  二 比例原则的基本内容……………………………… (174)

三　比例原则的立法例 …………………………………… (180)
　　　四　比例原则的司法审查 ………………………………… (183)
　第二节　公法限制私有财产权的途径之一:征收 ………… (187)
　　　一　征收目的限制:公共利益 …………………………… (189)
　　　二　征收补偿原则:公平补偿 …………………………… (192)
　　　三　征收程序保障:公正参与 …………………………… (200)
　第三节　公法限制私有财产权的途径之二:管制 ………… (204)
　　　一　土地使用的管制:以规划法和环境法为中心的
　　　　　考察 …………………………………………………… (206)
　　　二　房屋交易的管制:房屋限购、租金控制和解约
　　　　　限制 …………………………………………………… (214)
　本章小结 …………………………………………………………… (231)

第六章　结论与展望:私有财产权限制观念辩证与制度
　　　　改进 …………………………………………………… (233)
　第一节　私有财产权限制观念辩证 ……………………………… (233)
　　　一　私有财产权限制的根源:个人自由与社会秩序的
　　　　　妥协与整合 …………………………………………… (233)
　　　二　私有财产权限制的观念:私权社会化要防止"右",
　　　　　更要警惕"左" ………………………………………… (235)
　　　三　私有财产权限制的本位:权利本位优先,兼顾社会
　　　　　本位 …………………………………………………… (238)
　　　四　私有财产权限制的利益观:公共利益有边界,法律
　　　　　父爱主义要慎行 ……………………………………… (241)
　第二节　私有财产权限制的制度改进 …………………………… (242)
　　　一　宪法 …………………………………………………… (244)
　　　二　物权法 ………………………………………………… (250)

参考文献 …………………………………………………………… (254)

第一章
绪 论

第一节 研究背景和意义

一 理论背景和意义

财产以及财产权观念,在人类文明的长河中源远流长,在今天仍然是人类社会生活中一种深刻的社会信仰。"原始法律制度的主要目的,在于维持社会安宁并以井然有序的方式解决社会成员之间产生的争端。含义明确的等级制度以及由此而造成的对社会地位的重视,都与财产的所有密切相关。因此,在法律制度的历史发展中,财产成为一种核心概念。"[①] 在西方,古希腊思想家开启了财产权的思想历程。在柏拉图的理想国中,公有制是人类财产权的最佳安排,他认为贫困和财富是使人堕落的两大原因和罪恶的发源地。而亚里士多德忠实地实践了他"吾爱吾师,但吾更爱真理"的信条,他在其《政治学》中讨论了财产权私有和公有的利弊,主张财产作为一项普遍的规则应当私有,但在一定情况下可以公用,私有财产具有定纷止争的作用。

---

① [英]彼得·斯坦、[英]约翰·香德:《西方社会的法律价值》,王献平译,郑成思校,中国法制出版社2004年版,第292页。

中世纪神学家们关于财产善恶之辩实际上重演了类似的争论。奥古斯丁认为私有财产制度是人类堕落的结果和标志，是遏制人类强烈的自然欲望对财富无限占有的可能性，是控制人的罪恶倾向的必要手段，是"必要的恶"。阿奎那在财产思想上成为亚里士多德的追随者，他认为私有财产是自然的和善的，是人类被逐出伊甸园之后努力改变自己命运的结果。此后，从哲学家到政治学家，从经济学家到社会学家，当然也包括法学家们，在财产和财产权问题上都表明了自己的认识。

近代以降，自由主义的财产权观念和自然法思想在西方占据了主导地位。"财产权是对自由进行分析的起点。"[①] 在自由主义传统中，私人财产权是个人自由的保证，是经济社会发展效率的保证，同时也是私人对抗公权力的堡垒，正所谓"风能进，雨能进，国王不能进"。亚当·斯密认为以私有财产为基础的市场经济是看不见的手，能够自动实现社会财富的最大化。霍布斯认为财产权是一种自然权利和人民的基本权利，国家的主要目的之一是保护私有财产权。洛克在《政府论》中阐述了财产权劳动学说，为私有财产权的合法性提供了有力的辩护。在洛克那里，只要某人的劳动使某物摆脱了自然状态，他就对该物享有所有权，但是需要满足如下条件，即"为其他人留下充足的同样好的东西"。这说明洛克的财产权理论实际上已经内含了财产权限制的成分。马克思也认为是劳动创造了财产，但是财产权的私人所有是社会不平等的根源，因此他主张限制私人财产权，建立一个财产公有的理想世界。马克思的理论是革命性的，对人类社会发展进程造成了空前深刻的影响。

古罗马的法学家和立法者们以高度的智慧创造了"资本主义前的商品生产的完善的法"，它也"包含着资本主义时期的大多数法律关系"，以《十二铜表法》为代表的罗马法是"商品生产者社会第一个

---

① ［日］加藤节：《政治与人》，唐士其译，北京大学出版社2003年版，第15页。

世界性法律",对后世特别是大陆法系财产权制度的发展产生了深远的影响。在自由主义的旗帜下,私权神圣、所有权绝对成为近代民法的基本精神。从《法国民法典》到《德国民法典》,财产权的保护是第一位的,限制是第二位的。但是思想家们围绕财产权自由与限制的论战并没有因此尘埃落定,相反由于财产形态和社会观念的变革而历久弥新。财产权保护与限制成为思想史、学术史和制度史上的永恒主题,从西方走向世界。

在中国文化传统中,儒家思想是社会主流意识形态,义利之辩贯穿始终,重义轻利是儒家与众不同的人生哲学。孔子云:"君子喻于义,小人喻于利。"但是儒家这种不计较利害的态度,并不是完全反对"利",而是反对个人私利,仍注重"天下之利""人民之利",所谓"大道之行也,天下为公"。儒家这种强调公利、轻视私利的主张是以其最高的道德追求——"仁"的思想为基础的。"不患寡而患不均,不患贫而患不安"表达了儒家对于私有财产的态度。"普天之下莫非王土"的社会观念也使得私有财产权在中国历史上一直没有获得强有力的正当性论证。"均贫富"成为历代农民起义寻求合法性的道德依据和政治纲领。权利思想和观念的匮乏使得私有财产权长期被漠视、限制乃至取消。直到"西风东渐"叩开了中国厚重的大门之后,中国人方才经历保护私有财产权的观念启蒙。然而,世易时移,私有财产权保护的理论研究和制度建设在中国尚处于初级阶段之时,西方人已经开始讨论财产权的限制问题了。正如我们正在大搞现代化的时候,有人已经生活在后现代的世界里,但这丝毫不影响我们学习、研究乃至创造后现代的理论。"没有革命的理论,就没有革命的实践。"尽管财产权的保护在我国还是一个尚未解决的大问题,但对于财产权限制的研究也正当其时,因为财产权的保护和限制本来就是矛盾的统一体,是一枚硬币的两面。如果不对财产权限制进行全面和深入的理论研究,那么财产权保护的制度建构也不过是空中楼阁。

二 现实背景和意义

在西方国家历史上，私有财产神圣不可侵犯的绝对财产权观念，主要是作为一种私权利对抗和限制公权力的口号和宣言而存在的，在今天，这一历史任务已经完成；但私人之间的财产权冲突，以及个人财产权与社会公共利益的冲突并没有因此结束，相反由于财产形态的多样化和社会关系的复杂化而更加凸显。所以适当限制财产权以使权利人和平共处并增进社会整体福祉就获得了正当性依据。从宪法上的征收条款到民法上的公序良俗条款，从物权法上的物权法定原则到知识产权法上的合理使用制度，从契约自由到"契约的死亡"，各国的财产法似乎都在"向左转"，私有财产权限制的法律条款粉墨登场。

在我国，由于历史和文化传统的局限，私有财产权保护的任务还远未完成。宪法对于私有财产权保护条款的修改姗姗来迟，一句"公民的合法的私有财产不受侵犯"让国人等了几十年；物权法"千呼万唤始出来"，还"犹抱琵琶半遮面"，保留了私人财产权与国家财产权、集体财产权分立并区别保护的差序格局。作为财产权限制措施的征收补偿标准的模糊为公权力限制私人财产权留下了深不可测的黑洞。更为严重的是，公权力的有形之手在私人财产权面前似乎总是蠢蠢欲动，在不该出手的地方出手，成为私人财产权的最大威胁。"钉子户"们虽然不知耶林为何方神圣，但他们用自己的勇气、血泪乃至生命演绎着"为权利而斗争"的中国版本，折射出国人维护财产权的艰辛和无奈，但也表明其权利意识的觉醒。"山寨版"的泛滥表明了知识产权保护的脆弱，但也表明了普通民众对于知识霸权的抵抗。立法者只能在保护和限制的跷跷板上摇摆不定，踟蹰不前。

如果说西方国家的财产权限制主要是协调私人财产权之间的冲突以及私人财产权与社会公共利益的冲突的话，那么在我国，这种意义上的限制只是财产权限制的一个方面；另外，更为要紧的是，要限制公权力对于私有财产权的过分限制，以及国家财产权对于私有财产权的限制。现实问题呼唤理论的回应。

第二节 概念界定

一 财产

在我国，"财产"一词在古汉语中很早就出现了。远古时期人们普遍使用贝壳作为货币，因此很早就有以持有贝壳的象形"财"字表示可以供人享受的财富。东汉的《说文解字》解释"财"字为"人之宝也"，着重表明财是人们普遍看重和追求的东西。"财产"中的"产"则表示可以源源不断地产生出财富的"产业"，二字组合为一词，可以很好地表达财产供人享用消费及营运增值的性质。另外许多古代典籍中还习惯用"财货"一词来表示财产，"货"字是一个会意字，表示作为交换媒介的贝壳的化形，与持有贝壳的"财"相配，也正好可以反映财产的静态、动态状况。秦汉时期法律文件中常以"赀"来表示财产，尤其是表示财产罚，罪犯必须以钱币或指定的物资来抵罪。《唐律疏议》以"资财"为一般可移徙财产的通称。

在大陆法系法律史中，"财产"与"物"是两个纠缠不清的概念。财产，是一个"像变色龙一样的词"[①]，"只能在特定的政治经济制度中才能确定"[②]。罗马法中的财产包括"有体物"和"无体物"，奴隶也成为财产权的客体。有体物是有形的存在，无体物属于拟制的

---

① [美]约翰·克里贝特等：《财产法：案例与材料》，齐东祥、陈刚译，中国政法大学出版社2003年版，第3页。
② [美]路易斯·亨金等：《宪政与权利：美国宪法的域外影响》，郑戈等译，生活·读书·新知三联书店1996年版，第154页。

物，权利本身也被纳入无体物的范畴。① 乌尔比安说，"财产是可以使人变得幸福的东西"②。西欧封建社会中，不动产权利成为私有财产的主要表现形态。在西方进入近代资本主义社会后，私有财产的家族不断壮大，股票、债券和知识产品成为法律的重点保护对象。1804年《法国民法典》第529条将债权、股份都作为动产来处理。1896年《德国民法典》将"物"定位在"有体物"上。在《瑞士民法典》中，人们可以对权利本身享有所有权。

在英美法系，与"物"相比较，"财产"是一个更为流行、更受欢迎的概念。在英国普通法形成时期，财产也被分为动产和不动产。在英美法系的信托法中，受益人和受托人之间可以分享财产权。英美法系中的财产并不限于具体的物，也包括抽象物，地产权、债权、股份、信托基金等都是抽象物的表现形式。"作为交易对象的任何有价值的资产均被恰当地当作物，就像公司股票之类的抽象物当作轮船和汽车之类的有体物一样。"③ "财产"有时意指所有权的客体，有时也指权利本身。"所有权"在很多时候是可以与"财产"划等号的概念。在英美法中，"财产是一组权利。这些权利描述一个人对其所有的资源可能占有、使用、改变、馈赠、转让或阻止他人侵犯"。④ 美国经济分析法学家、法官波斯纳如是说，"经济学家并没有感到有形财产与知识产权的不一致。"⑤ 不难发现，"财产"这一概念在英美法系中具有相当宽泛乃至几分逻辑"混乱"的含义，这或许就是霍姆斯大法官的经典名言"法律的生命在于经验而不是逻辑"的真实

---

① 周枏：《罗马法原论》（上册），商务印书馆1994年版，第28页。
② ［意］桑·斯奇巴尼选编：《物与物权》，范怀俊等译，中国政法大学出版社2009年版，第37页。
③ ［英］劳森、拉登：《财产法》，施天涛等译，中国大百科全书出版社1998年版，第15页。
④ ［美］罗伯特·考特、托马斯·尤伦：《法和经济学》，张军等译，上海三联书店1994年版，第125页。
⑤ ［美］理查德·波斯纳：《法律的经济分析》，蒋兆康译，林毅夫校，中国大百科全书出版社1997年版，第47页。

写照。

在我国法律中，"财产"概念在不同的地方也有不同的面孔。《民法通则》使用了"财产所有权和与财产所有权有关的财产权"这个复杂无比的称谓，其中"财产"与"物"应当是等值的。或许是因为改革开放初期意识形态方面的原因，又或许是学习苏联民法留下的后遗症，"财产所有权和与财产所有权有关的财产权"其实就是德国"资本主义民法"中的"物权"概念"中国化"的结果。这个累赘的法律概念随着2007年《物权法》的最终落地而退隐于幕后，"物权"作为一种最基本的财产形式从教科书走向寻常百姓家，走入国人的法律生活。我国《婚姻法》第17条规定，夫妻在婚姻关系存续期间所得的下列财产，归夫妻共同所有：工资、奖金；生产、经营的收益；知识产权的收益；继承或赠与所得的财产，但遗嘱或赠与合同中确定只归夫或妻一方的财产除外。显然，《婚姻法》中的"财产"是泛指所有具有经济价值的利益。2004年宪法修正案宣示"公民的合法的私有财产不受侵犯"，"国家依照法律规定保护公民的私有财产权和继承权"。宪法中的"财产"指的是概括意义的财产，并不限于所有权或者物权，而是公民拥有的包括物权、债权、知识产权、股权等全部的总量意义上的财产。

如何定义财产？梅夏英认为"财产即主体在物上的权利或加于其他人的非人身性权利"，前者涵盖所有权和其他排他性权利，后者有债权和其他具备财产内容的请求权。[①]显然，该定义将财产定位在"非人身性权利"，与人格权和身份权划清了界限。的确，传统的财产理论一般不承认财产中的人格利益。但近年来，国内外立法和司法实践逐渐关注对财产中的人格利益的保护。易继明、周琼研究认为，具有人格利益的财产可分为具有人格象征意义的财产、寄托特定人情感的财产、源于特定人身体的财产和源于特定人智慧的知识产权四大

[①] 梅夏英：《财产权构造的基础分析》，人民法院出版社2002年版，第76页。

类;前两类为外在物的内化,后两类为内在自我的外化。① 是否承认财产中的人格利益,如果承认又如何保护,仍然是存在争议的问题。不过,即使承认财产中的人格利益,也并不表明所有财产都包含人格利益。财产与人身,仍然是两个具有显著区别的法律范畴,二者虽有沟通的可能,但远未达到不分彼此的程度。

《北京大学法学百科全书》(民法学、商法学卷)将财产划分为两个类别,即"公有财产"和"私有财产"。该辞书对于"公有财产"辞条的解释为:"公众共有之财产,例如公有林、公园等,均属之。社会主义公共财产所有权,简称公有。它是社会主义生产资料公有制的法律表现。包括全民所有和劳动群众集体所有。"对"私有财产"辞条的解释为:"公有财产的对称。属于个人所有之一切财产,谓之私有财产。"②

二 财产权

从词源上来看,英文词汇 property 直接来源于拉丁文词汇 proprietas,这个拉丁文词汇意思是"特定的自然物或物的性质"与"所有权"。③ 1936 年《美国财产法重述》(第一版)对财产权的定义是:"财产权这个词在本书中被用来定义有关物的人与人之间的关系。"④ 美国的法律教科书区分了"财产"与作为财产权客体的"物",认为财产就是法律确认的权利,人们拥有的并不是土地和房屋本身,而是对于他们的特定的权利。⑤ 这种观点也为越来越多的国内学者所赞同,"财产在本质上是法律概念,只能以财产权形式表现出来。因而财产

---

① 易继明、周琼:《论具有人格利益的财产》,载《法学研究》2008 年第 1 期。
② 《北京大学法学百科全书》(民法学、商法学卷),北京大学出版社 2004 年版,第 301、879 页。
③ 莫凡:《财产权概念的语义学考察》,载《马克思主义与现实》2013 年第 6 期。
④ Restatement of Property, Introductory Vote, at 3 (1936).
⑤ [美]约翰·克里贝特等:《财产法:案例与材料》,齐东祥、陈刚译,中国政法大学出版社 2003 年版,第 13 页。

与财产权相伴而生,并且是同质同义,属于同一范畴。"①

《北京大学法学百科全书》(民法学、商法学卷)对"财产权"辞条的解释是:"以具有经济价值利益,即金钱价值的利益为客体的权利。财产权与财产是密切联系的概念,二者往往是通用的。英美法上的财产或财产权是指人对物的权利,其含义是指物、动产、不动产或所有权。大陆法上讲的财产或财产权是指具有金钱价值的权利的集合体,包括物权、债权、知识产权等,对此学理上称之为积极财产,债务属于消极的财产。"②本书也在"具有经济价值的利益为客体的权利"这个意义上使用"财产权"这一概念。而"私有财产权"概念只是限定了本书讨论的财产权的范围,将"公共财产权"和"公有财产权"排除在外。

财产权是以所有权为核心建立起来的。一般认为,狭义的私有财产权仅指公民的所有权,而广义的私有财产权是概括指向公民的总体财产。需要说明的是,如果没有特别交代,本书是在广义上使用私有财产权概念。由于私有财产权客体的复杂性和差异性,为了论述的集中和针对性,本书将以物权为中心展开论述,特别是以最狭义的财产权即所有权为模型。

私有财产权在私法和公法中具有不同的意蕴。民法上的私有财产权主要防范来自民事主体的侵犯,是一种积极的权利,通过鼓励财产的流动以增加社会财富总量;宪法上的私有财产权主要防范来自国家的侵犯,是一种消极人权,防止因国家的不当侵入导致社会财富总量的减少。③前者划定了私人之间的利益范围,后者划定了个人自由与国家权力的界限。关于私有财产权的性质,正如俞江教授所言,"没

---

① 马俊驹、梅夏英:《财产权制度的历史评析和现实思考》,载《中国社会科学》1999年第1期。

② 《北京大学法学百科全书》(民法学、商法学卷),北京大学出版社2004年版,第88页。

③ 李龙、刘连泰:《宪法财产权与民法财产权的分工与协同》,载《法商研究》2003年第6期。

有人否认财产权是一种私权,也没有人否认财产权是一种公权。财产权作为私权或公权讨论,不过是为了满足人们认识、把握和利用的需要。为此,财产权被置于两个设定的系统中,一个是公法,一个是私法。前者用以对抗政府权力,后者用于对抗私人间的侵害行为。从更深层次观察,二者均为保持人格尊严不可或缺的基本权利。"① 正是基于此,本书将在私法和公法两个系统中讨论私有财产权限制这一主题,希望对其获得更为全面的认识。

三 限制

《现代汉语词典》对"限制"的解释是"规定范围,不许超过"或"约束"。可见,"限制"与"范围""约束"相关,而与"自由""放任"相对。"法律对权利的限制,严格地讲,就是法律为人们行使权利确定技术上、程序上的活动方式及界限。"② 本书中的"限制"主要是指权利行使的限制,例如私法中相邻关系对物权的限制,公法中政府的管制措施对于私有财产权的限制;也包括权利创设和取得的限制,例如物权法定原则对于物权创设的限制,善意取得制度和取得时效制度对于原物权人和新物权人的双向限制;还包括对权利的强制转让或剥夺,例如征收和没收等。法律对私有财产权的限制是全方位的,其中宪法的限制起统领作用。宪法对私有财产权的限制表现为三种形式。一是抽象宪法精神的限制。如宪法回避财产权保护的某些要求而形成限制。我国《宪法》第二章规定的公民基本权利中不含财产权。1947 年《日本宪法》第 13 条规定:"对于谋求生存、自由以及幸福的国民权利,只要不违反公共福利,在立法及其他国政上都必须受到最大的尊重。"这一规定是美国宪法在日本的翻版,但是用含糊不清的"追求幸福"偷换了美国宪法第十四修正案中"生命、自

---

① 俞江:《近代中国民法学中的私权理论》,北京大学出版社 2003 年版,第 260 页。
② 舒国滢:《权利的法哲学思考》,载《政法论坛》1995 年第 3 期。

由、财产"中的"财产",为战后重建过程中限制私有财产权以应对困局留下余地。二是宪法原则的限制。如原则规定财产权承担社会义务、经正当程序和公平补偿可为征收等。三是宪法规则的严格限制。如美国宪法第三修正案规定,士兵在和平时期,非经房主许可不得驻扎于任何民房;在战争时期,除依照法律规定的方式外,亦不得进驻民房。行政法通过税收、征收、管制、国有化等手段对私有财产权进行广泛的限制。民法基本原则以及相关具体制度,均有限制私有财产权的内容。刑法通过没收罪犯的财产、禁止某些涉及财产的行为而限制财产权。

私有财产权限制的本质,是通过适度限制私有财产权利行使的自由而促进社会秩序的和谐。合理的限制与个人自由是可以并存的。事实上,没有任何限制的自由也是无法存在的。霍布斯在其名著《利维坦》一书中提出的自由观念对西方法律思想史产生了深远影响,他认为,"自由只是做法律所允许的和不禁止的事情,自由不是免除法律的自由而是法律锁链下的自由。"① 孟德斯鸠的自由观念与霍布斯一脉相承,他认为自由就是做法律所许可的一切事情的权利。② 洛克认为,"法律的目的并不是废除或限制自由,而是保护和扩大自由。"③ 这些经典论述都很好地揭示了自由与限制的关系。

第三节　文献综述

一　国外关于私有财产权限制的理论基础的研究述评

19世纪末20世纪初,曾经流行于西方世界的自由主义财产权观

---

① [英]霍布斯:《利维坦》,黎思复、黎廷弼译,商务印书馆1995年版,第164页。
② [法]孟德斯鸠:《论法的精神》(上册),张雁深译,商务印书馆1987年版,第154页。
③ [英]洛克:《政府论》(下篇),叶启芳、瞿菊农译,商务印书馆1964年版,第36页。

念和立法在实践中导致了市场垄断、环境污染、企业破产、工人失业、劳资矛盾激化等严重的社会问题,对经济危机也产生了推波助澜的影响。凯恩斯主义经济学举起了国家干预市场的大旗,主张国家应当限制经济自由,其实质是对私有财产权进行适当的限制。为摆脱经济危机的困扰,美国罗斯福新政的成功实践宣告了凯恩斯主义的胜利。一大批促进经济振兴、社会保障和劳工保护的"社会立法"相继问世。

此时,自由主义财产权思想和观念遭到社会连带主义和社会法学的无情批判。在法国,社会连带主义法学代表人物狄骥在《拿破仑法典以来私法的普通变迁》中认为,对现代法律而言,现代财产权已经不再是财富持有人的绝对权利了,所有权不是权利,而是一种社会职务,倘若他完成了这个职务,社会将给予保护,反之则社会将强迫他完成作为所有人的社会职责。在德国,社会学法学的先驱者耶林在《法律的目的》中认为,没有什么绝对财产,不存在可以不考虑公共利益的私的所有权,生活条件的不断变化使对共同体利益的定义以及准确界定个人权利的范围成为不可能的事情,所以财产是相对的。在美国,社会学法学的集大成者庞德在《法律的任务》中认为,人具有互相合作的社会性和自私自利的双重特性,社会控制的任务就是要保持合作与利己的均衡关系,在发达社会中,只有法律能够有效地承担这种任务。庞德着重论述了保护社会利益的重要性。这些思想成为此后财产权限制学说和立法的理论根基。例如德国1949年《基本法》规定:"所有权应负有义务,其行使应有益于公共利益。"

以20世纪70年代初期爆发的两次石油危机为导火索,整个资本主义世界陷入了低增长、高通胀的"滞胀"困境。凯恩斯主义政策对此束手无策。在否定凯恩斯主义的声浪中,新自由主义占据了美英等国主流经济学地位。新自由主义的一个重要特征是把反对国家干预上升到一个新的系统化和理论化高度,是"对凯恩斯革命的反革命"。新自由主义思想家哈耶克在《通往奴役之路》中论证了作为私人财产权全面限制手段的计划经济对于个人自由的威胁,他认为,计划中的福利国家不是为个人自由的战斗在和平时期的继续,倒是朝专制的方向迈出了一步,计划经济的无意识后果必然是极权主义,暗藏着民众"通往奴役之路"的危险。他的结论是:"一项维护个人自由的政策是唯一真正进步的政策,在今天,这一指导原则依然是正确的,就像在19世纪时那样。"哈耶克的财产权自由思想对于社会主义的计划经济和资本主义的福利国家政策都敲响了警钟。

另外一场引人注目的关于财产权限制与否的学术论战发生在罗尔斯和诺齐克之间。罗尔斯在1971年发表的《正义论》一书中提出了两个重要原则,一是平等自由原则,二是机会公平原则和差别原则的结合。罗尔斯既论证了私有财产保护的优先性,也论证了国家干预也即私有财产权限制的正当性和必要性。罗尔斯是在社会正义层面上展开其正义论的,其观点遭到诺齐克的强烈批评。诺齐克在1974年发表的《无政府、国家与乌托邦》一书中认为国家对社会和公民个人财产进行再分配是对个人自由的粗暴干涉。他主张财产权与自由权是不可分割的,财产权的不平等是顺乎自然的事实,法律对财产权进行限制和再分配并不能实现平等,而只会制造更大的不平等,丧失社会正义。罗尔斯和诺齐克的论争对当代西方社会产生了巨大影响。

如果说上述思想家对财产权保护和限制的争论还停留于政治哲学的抽象思辨的话,那么以美国经济学家科斯和法学家波斯纳为代表的经济分析法学,已经以数学家般的精确对财产权问题进行了成本和效益的计算。科斯在1960年发表的《社会成本问题》一文中认为,对个人权利无限制的制度实际上就是一个无法获得权利的制度系统,他创造性地提出了"交易成本"概念,证明了在交易成本不为零的真实世界里,法律对财产权的初始界定对经济制度的运行效率产生特别重要的影响。作为科斯理论的追随者,波斯纳在1973年发表的《法律的经济分析》一书中运用经济分析方法对财产法进行了全面的解剖。他认为有效益的财产制度包括三个准则:普遍性、排他性、可转让性。波斯纳还提出权利相互性理论,他认为绝对的、无条件的排他财产权是不可能的。经济分析法学将效率作为财产权保护和限制的最高原则,损害了法律的公正精神,但是它确实为人们考量财产权保护和限制制度的绩效提供了一种相对理性的判断标准,减少立法和司法中朴素情感的泛滥和随意。易继明教授认为,波斯纳的经济分析学说为我们提供了一个全新的视野,它不仅是一种方法,更体现了一种价值判断,财产权不仅能满足个人的效用,而且是社会资源配置的必要因素。[①]

与大多数理论家一般地论述财产权限制问题的思路不同,国外也有一些学者从具体的财产权领域展开相关研究。澳大利亚法学家德霍斯(Drahos)1996年发表的《知识财产法哲学》一书研究了知识产权保护和限制的法哲学依据。他主张,发展知识产权理论不应当采取的一个方法就是以独占论即自然权利的观念为基础的方法,这种方法一旦与形式理性的法律制度相结合,其危险性将会增加。他认为,对于知识财产而言,应当采取工具论的立场,大体上讲,知识财产中所谈到的权利应当被特权所取代,对这种特权要施加义务从而构成对特权的必要限制。根据工具论,知识财产权利人负有不滥用知识财产的义务。这种理论的实质是强调知识财产权要受到社会公共利益的限制,知识财产权保护不过是实现社会公共利益的工具和手段而已。

二 国内关于私有财产权限制的理论研究述评

计划经济在我国的发展史,是国家财产权称雄而私有财产权被全面限制的历史。改革开放以来,私有财产权在单一公有制经济基础上平稳生长和发展,形成了中国特色的二元财产权结构,即公有财产和私有财产共同发展并一体保护的格局。私有财产权的生长和保障为中国经济发展和社会转型作出了历史性贡献,但也出现了收入分配差距不断扩大和财产分布严重不均的局面。在新的历史条件下对私有财产

---

① 易继明、李辉凤:《财产权及其哲学基础》,载《政法论坛》2000年第3期。

出现了两种截然不同的思潮：一种是放大私有财产的奴役和剥削性，主张抑制甚至消灭私有财产、化私为公的左翼激进主义；另一种是只着眼于私有财产对生产力的促进作用，主张化公为私、全盘私有化的右翼激进主义。①

我国的改革开放进程，是国家财产权有限退出和私有财产权渐次解放的进程。改革的成果在法律层面体现为：在公法领域，以1982年宪法及其四次修正案（1988，1993，1999，2004）为标志；在私法领域，以1986年民法通则、1993年公司法、1999年合同法、2007年物权法，以及1982年商标法、1984年专利法、1990年著作权法为主体的知识产权法的相继推出和修正为标志。这些成果的取得与法学界对财产权问题的研究是密不可分的。这种研究大致可以分为两个阶段：从20世纪80年代初到90年代中期为第一阶段，也是初级阶段，此时的财产权研究与市场化取向的改革如影随形，研究的"理论"色彩较淡而"政治"意识较浓，偏重"宏大叙事"以及国外财产权思想和制度的引介，以呼吁财产权保护为宗旨，可以说对学界、立法者和普通民众发挥了财产权"启蒙"的作用，这种作用从1992年我国确定建立社会主义市场经济体制的目标可见一斑；从90年代后期我国提出建设法治国家目标至今为第二阶段，可称为财产权研究的进步阶段，从宏观的建构转向微观的分析，从单纯的呼吁保护财产权到财产权保护与限制的均衡研究，并逐步引入法哲学、法社会学、法经济学等研究方法和视角，财产权研究的理论色彩加强了，对具体制度的研究更加精细了，同时关注财产权立法的热情也不减当年，出现了许多相当有价值的研究成果，集中体现在法理学、法史学对于财产权限制的基础理论的研究，宪法和行政法从公法角度，以及民商法从私法角度对财产权限制的研究。

---

① 李芳：《中国宪法财产权相关问题的哲学思考——基于马克思私有财产的概念》，载《学术研究》2013年第7期。

(一) 私有财产权限制的法理学、法史学研究

夏勇教授研究了权利哲学的基本问题，他认为，权利是否能被限制以及是否应当被其他的权益所压制，关键在于权利之间代表的价值高低的比较，以及用那些可能高于权利的价值来限制权利的依据；他从权利主体角度提出应当保护脆弱群体或个人的权利，特别关注少数人的权利，防止"多数人的暴政"[1]。梅夏英在《财产权构造的基础分析》一书中分析了"权利的相对性"，面对现代国家和法律限制私有财产权的现实，他认为是财产权的内容发生了变化，而不能简单地理解为公私法的互动，因为没有界限便不存在权利，界限的内外格局总体才为权利本身。[2] 张翔在《基本权利冲突的规范结构与解决模式》一文中梳理了基本权利构成与限制的"外部理论"与"内部理论"，并认同"外部理论"，认为外部理论在解释基本权利构成时不会导致基本权利的保护范围一开始就被严重限制和缩小，而是保持基本权利体系的开放性，只有在基本权利与其他权利或利益发生严重冲突的情况下，才需要对基本权利作出限制。[3] 陈军分析了多元主义财产权的正当性，主张通过社会机制以保证每一个社会成员都能有体面且全面的社会生活。[4]

俞江教授的著作《近代中国民法学中的私权理论》一书从学术史的角度研究了近代中国民法学中的财产权理论，并对近代中国民法学中的私法社会化思潮进行了全面而深入的评析。[5] 俞江教授在一篇论文中总结了百年中国民法发展史，认为需要超越"本位"的角度，从财产制角度加以反思，如此可以发现两条主线：第一是外来的个人财产制与传统的家产制之间的矛盾；第二是土地所有权上国有制和私

---

[1] 夏勇：《权利哲学的基本问题》，载《法学研究》2004年第3期。
[2] 梅夏英：《财产权构造的基础分析》，人民法院出版社2002年版。
[3] 张翔：《基本权利冲突的规范结构与解决模式》，载《法商研究》2006年第4期。
[4] 陈军：《财产权、正当性及多元主义》，载《中南大学学报》（社会科学版）2013年第6期。
[5] 俞江：《近代中国民法学中的私权理论》，北京大学出版社2003年版。

有制并存带来的矛盾。他认为土地所有权双层结构违反所有权平等原则，是近代以来私人的不动产所有权得不到有效保障的主要原因。①从另一个角度思考，可以认为近代以来的中国财产制对私有财产特别是不动产所有权施加了不合理的限制。邓建鹏的著作《财产权利的贫困：中国传统民事法研究》以传统中国的土地权利和版权问题为视角，考察了中国古代私有财产权的存在状态，得出了如下结论："正面确立私有财产以及突出私有权核心地位的法律制度，却从来就不存在于中国历代王朝。"②其言外之意在于，传统中国法律对私人财产的保护不足而限制过度。

(二) 私有财产权限制的公法研究

韩大元教授在《私有财产权入宪的宪法学思考》一文中认为，只有基于公共利益也即社会整体利益才能限制公民私有财产权。基于公共利益对公民财产权进行的任何限制，必须给予合理补偿。财产权限制条款应当采用"捆绑式"结构，也就是宪法对限制的目的、界限和补偿标准作统一界定。法律限制财产权应当符合宪法保护私有财产权的精神，不得取消私有财产权的本质内容。③林来梵教授从比较法的角度考察了"针对国家享有的财产权"，他认为宪法上的财产权主要是指公民针对国家而享有的权利，具有"防御权"的性质，来自国家的侵犯必须是合理的。④李累在《法律对财产权的限制》一文中一般性地研究了法律对私有财产权的限制措施，并考察了我国宪法财产权规范体系存在的缺陷，提出了改进的对策。他认为财产权的首要特征是消极性，不允许恣意的限制，必须有正

---

① 俞江：《中国民法典诞生百年祭——以财产制为中心考察民法移植的两条主线》，载《政法论坛》2011年第4期。

② 邓建鹏：《财产权利的贫困：中国传统民事法研究》，法律出版社2006年版，第96页。

③ 韩大元：《私有财产权入宪的宪法学思考》，载《法学》2004年第4期。

④ 林来梵：《针对国家享有的财产权——从比较法角度的一个考察》，载《法商研究》2003年第1期。

当理由才可以限制财产权。① 金俭研究了公法限制不动产财产权的途径，她认为，基于社会进步和公共利益的需要，公法对不动产财产权施加适度限制是必要的，也是必须的。国家通过规划法、建筑法、文化古迹与环境保护法、土地管理法、税法等对土地使用、房屋建筑以及不动产交易进行管制，以调和个人利益与公共利益的矛盾，实现社会公平与和谐。② 张翔认为，如果不能秉持一种在宪法框架下平衡私人财产自由与社会公正的思路，基于财产而产生的法律争议和社会矛盾就可能导致危险的社会分裂，并最终损害财产权自身。③ 孟鸿志研讨了财产权社会义务与财产征收的区别，认为二者是对应的概念，其区别在于程度上的差异，对财产权的限制一旦超出社会义务的范围而对财产权的权能造成了实质性的侵害，即成立扩张的财产征收。④ 可以说，财产权社会义务与财产征收是量变与质变的关系。

（三）私有财产权限制的私法研究

台湾中正大学谢哲胜教授从法经济学角度研究了不动产财产权自由与限制的平衡问题，他在《不动产财产权的自由与限制——以台湾地区的法制为中心》一文中认为，不动产财产权自由与限制应视为原则与例外的关系，限制的必要性考量要从福祉最大化的角度出发；限制必须依据正当法律程序，才符合保障财产权的宪法精神。⑤ 郑成思教授研究了私权、知识产权与物权的权利限制，他认为任何民事权利都应当有限制，否则必然妨碍其他民事权利的存在或行使。在近代法

---

① 李累：《论法律对财产权的限制——兼论我国宪法财产权规范体系的缺陷及其克服》，载《法制与社会发展》2002 年第 2 期。
② 金俭：《论不动产财产权自由的公法限制》，载《河北法学》2008 年第 9 期。
③ 张翔：《财产权的社会义务》，载《中国社会科学》2012 年第 9 期。
④ 孟鸿志、王传国：《财产权社会义务与财产征收之界定》，载《东南大学学报》（哲学社会科学版）2014 年第 2 期。
⑤ 谢哲胜：《不动产财产权的自由与限制——以台湾地区的法制为中心》，载《中国法学》2006 年第 3 期。

国和德国民法形成时期比较强调对财产权的保护,而忽视了权利限制。由于历史的影响,在我国民法中,知识产权法的颁布实施要领先于物权法,而知识产权法已经形成了十分详细和系统的权利限制规范,物权立法应当可以借鉴。① 还有学者专门研究了物权的社会化问题。王申义在《论物权的社会化》一文中认为,物权社会化的历史和社会背景在于资本主义垄断的形成、社会主义运动的兴起和现代科学技术的迅速发展。物权社会化与私人财产权是对立统一的关系,现代物权法是个人主义与社会化的折中,我国的物权立法也应当反映这样的趋势。② 另有学者从住房租赁合同社会化的视角来研究私有财产权的限制问题。许德风在《住房租赁合同的社会控制》一文中研究发现,以美国和德国为代表的西方国家都对住房租赁合同进行一定的社会控制,主要有租金管制和解约限制两种模式。他认为中国目前不宜实行严厉的租金管制措施,但修订法律限制出租人解除住房租赁合同的权利应当是可行的,并规定参考市场水平调整租金,将有利于增强住房租赁合同的稳定性和社会福利。③

也有不少学者从无形财产权和知识产权的角度研究私有财产权的限制问题。吴汉东教授在《无形财产权制度研究》一书中认为,知识产权或无形财产权是知识财富的法律化、权利化形态。他主张建立一个无形财产权体系,以包容一切基于非物质形态所产生的权利,以回应现代科学技术与商品经济发展所带来的法律需求。④ 吴教授的观点实际上是要求打破对财产权特别是知识产权客体的限制。易继明教授在《知识产权的观念:类型化及法律适用》一文中认为,在现代社会中以知识产权为主的无形财产日益重要,但知识产权面临类型化的困难问题,在自然权利、他人利益和社会公平之间也存在利益平衡

---

① 郑成思:《私权、知识产权与物权的权利限制》,载《法学》2004年第9期。
② 王申义:《论物权的社会化》,载《法学评论》1999年第1期。
③ 许德风:《住房租赁合同的社会控制》,载《中国社会科学》2009年第3期。
④ 吴汉东:《无形财产权制度研究》,法律出版社2005年版。

的法律难题；知识产权的设定本身是为了保护智慧劳动创造者的权利，但知识产权在保护过程中又受到一定的限制，这是由于公共利益、社会效益及制度设计本身等因素造成的结果。[①]

综上所述，我国法学界当下对私有财产权限制问题的研究虽然取得了一定成绩，个别学者在财产权限制的某些领域的研究还比较深入，但总体上仍处于起步阶段，具体表现为理论研究成果数量不多，现有的成果中专门论述财产权限制的不多，一般是在探寻财产权的存在依据或在财产权保护的语境中附带论及，这反映出学术界对财产权限制研究的理论自觉性不够，问题意识不足。法理学、法史学、公法和私法对财产权限制的研究呈现出条块分割各自为战的局面，法理学的研究缺乏对财产权限制的具体制度的兴趣，法史学中直接针对私有财产权利限制的成果数量太少，部门法的研究缺乏对实践中财产权限制的鲜活案例的关注。在国内既有的对财产权限制的研究中，研究者要么局限在纯粹的私法层面或者公法层面，要么只研究物权的限制或者知识产权的限制，研究的视野不够开阔。许多对财产权社会化的研究简单移植西方学者的理论，对中国问题缺乏洞察力和解释力。如果能够打破学科壁垒以及理论、制度和实践之间的藩篱，及时有效地克服上述问题，那么学术界对于财产权问题的研究一定能更上一层楼。本书试图在此作出努力，希望在我国私有财产权限制的研究方面实现知识的增量。

第四节 研究方法和思路

一 研究方法

（一）文献研究法

文献研究法是一种传统的普遍适用的科学研究方法，是指通过搜

[①] 易继明：《知识产权的观念：类型化及法律适用》，载《法学研究》2005年第3期。

集、鉴别和整理文献，在研究文献的基础上形成对事物的科学认识。没有对历史文献中优秀成果的继承和借鉴，科学就难以发展。本书力图广泛搜集古今中外思想家和学者们对于私有财产权限制的著作，对有关理论学说进行鉴别和整理、分析和归纳，在此基础上提出自己的新观点和新论述。中外宪法和有关财产权的法律文本也是本书研究的重要文献依据。

(二) 历史研究法

历史研究法是运用历史资料，按照历史发展的顺序对过去的事件进行研究的方法。历史研究具有其他方法不具备的优势，它最大的价值在于既能服务于现在，又能帮助预测未来趋势，因此是一种很有意义的研究方法。李贵连先生精辟地指出，法史研究要坚持十五个字：第一"通古今之变"，第二"明中西之异"，第三"究当世之法"。[1] 本书力图以这一方法论为指导，对中国法律史和西方法律上的财产权制度进行较为细致的梳理、分析和评价，弄清楚其来龙去脉，以达到"资治通鉴""继往开来"的研究效果。

(三) 比较研究法

比较研究法是人类认识世界的基本方法，是指在两个或更多的对象之间进行对比，目的在于找出其相同点、相似性，或者发现其不同点、差异性的一种方法。本书采用的比较研究法主要包括两种：横向比较和纵向比较。前者适用于我国与外国财产权法律制度之间的比较，以及我国现行财产权法律文本之间的比较。后者适用于同一法律体系内部不同时期的财产权法律制度之间的比较。从比较的内容看，重点在制度的比较，其次是思想理论和学说的比较。

(四) 案例研究法

案例研究法起源于美国哈佛大学法学院。19世纪后期的美国法律教育面临转型的压力，传统的教学方法无以为继，法律文献和判例

---

[1] 李贵连：《法史学的"十五字"箴言》，载《检察风云》2011年第15期。

的急剧增长对法律教育提出了空前的挑战。在受命担任哈佛大学法学院院长的兰德尔看来，法律条文的意义是在案例中获得发展的，因此案例研究是追寻其意义的有效方法。案例研究法从此风行于美国法律教育并在世界范围内产生了深刻影响。案例研究通过直接面对研究对象，使研究对象更加具体真实地呈现出来。本书在进行私有财产权制度的发展历史以及现行有关私法和公法制度研究时注重采用案例研究方法，力图在案例的展开和剖析中获得对于研究对象更加直观的认识。

二 研究思路

本书紧密围绕私有财产权利限制这一主题展开研究，主要思路和步骤如下：

首先，在明确研究意义和文献综述的基础上，运用文献研究法以及法哲学、法社会学、法经济学和一般法理学的概念范畴和分析模式对"私有财产权为什么要被限制"进行分析论证。

其次，运用历史分析和比较分析的方法，对西方法律史和中国法律史上的私有财产权限制制度进行梳理、分析和评价，并总结其成败得失，以求"通古今之变"，"明中西之异"。

再次，运用文献研究法、比较研究法，"究当世之法"，对现行法律是如何从私法和公法两个角度限制私有财产权进行分析论证。

最后，作出结论和展望，即我国的私有财产权限制要从观念和制度两个维度进行重构，确立我国私有财产权限制应当具备的法律本位观念基础，并提出有关法律制度变革的路线图。

第二章
私有财产权限制的正当性依据

第一节 法哲学依据：财产自由与
平等价值的矛盾与衡平

在西方法哲学历史上，财产权的正当性议题几乎被所有的经典作家所重视，以至于其他任何主题都相形见绌。全面梳理这些作家的博大精深而又纷繁复杂的财产权思想实在非本书力所能逮。为了研究的便利，笔者从古代、近代、当代分别选取一对具有代表性的经典作家的财产权思想展开分析比较，力图以点带面，勾勒出财产权思想演进的大致脉络。在古代以柏拉图与亚里士多德为对象，在近代以洛克和卢梭为样本，在当代以罗尔斯和诺齐克为案例，所选取的同时代经典作家的财产权思想都是针锋相对的，希望完整地展示这些思想的原貌并增强比较的有效性。在内容上侧重比较他们在财产权限制方面的理论旨趣。一般而言，这些经典作家大都在财产权的私有与公有、自由与平等、个人与共同体两端之间徘徊。假如在这些"两端"之间能找到一个中点的话，那么在相对的和粗略的意义上，柏拉图、卢梭和罗尔斯基本上属于同一个谱系，他们处在中点的左边，是主张或"同情"财产公有、平等主义、共同体主义的；而亚里士多德、洛克和诺齐克属于另一个谱系，他们处在中点的右边，是支持财产私有、自由主义、个人主义的。对一端的强调实际上也构成对另一端的限制。

在世界范围内，法哲学经典作家的财产权思想曾经深刻地影响了福利国家政策实践；在我国，从革命到建设，再到改革开放，归根到底是广大民众在政治和经济两方面追求自由和平等的过程，在此过程中，公正的财产权制度安排是一个核心的目标，也是政治和经济的联结点。美国财产法哲学家芒泽认为："如果存在着不同的财产制度，而且这些财产制度有时能唤起人们的激情与革命，那就有必要探寻财产权的正当性并批判地评价现存的财产制度。……不能假定仅私有财产需要正当性判断，公有财产也需要正当性判断。"① 面对构建既充满活力又公平正义的"包容性发展"的社会主义和谐社会这个宏大命题，或许我们可以从西方法哲学经典作家的财产权思想中获得一些有益的启示。

一　"共产理想国"与"私有政治学"：柏拉图与亚里士多德的博弈

（一）柏拉图的"共产理想国"

柏拉图（Plato，约公元前427—前347年），古希腊时期著名哲学家，也是全部西方哲学史上乃至整个西方文化史上最伟大的哲学家和思想家之一，他和老师苏格拉底、学生亚里士多德被并称为古希腊三大哲学家。柏拉图的财产权思想集中体现在其著作《理想国》和《法律篇》中。

在《理想国》中，柏拉图通过苏格拉底之口描绘了他的理想国家的社会制度和财产安排。他希望设计出一套新的社会制度，在这样的制度下，居于统治地位的精英阶层将不会受到自私之心的影响，而是

---

① ［美］斯蒂芬·芒泽：《财产理论》，彭诚信译，北京大学出版社2006年版，第2页。

全身心地服务于公共利益。理想国"并不是为了某一阶级的单独突出的幸福,而是为了全体公民的幸福"[①]。为了达此目的,他主张剥夺政治领袖和军人享有私有财产的权利,他们的衣、食、住等基本的物质需求由平民来提供。他说:"我们的护卫者不应该有私人的房屋、土地以及其他私人财产。"[②] 护卫者像斯巴达人一样生活,共同拥有妻子和孩子。柏拉图希望"一个国家最大多数人,对同样的东西,能够用同样的话说'我的'、'非我的',这个国家就是管理得最好的国家"[③]。在这样的国家里,没有"我的"和"非我的"之分,"如果任何一个人的境遇不好,大家都说'我的境遇不好',如果任何一个人的境遇好,大家都说'我的境遇好'"[④]。

柏拉图描绘的这样一个所有公民"同甘苦共患难"的美好城邦或理想政体,很容易被部分地或者整体地理解为一个"共产主义社会"。一位西方学者的观点颇具有代表性:"集体拥有财产的共产主义观念首先出现在古希腊。柏拉图的《理想国》就包含一个著名的辩护。"[⑤] 不过,英国剑桥大学历史学家彼得·甘西并不赞同这样的观点,他认为在《理想国》的理想政体中并不存在财产的集体所有或公有,护卫者虽然享用平民提供的生活资料,但他们对这些东西并不享有所有权,这些安排与独立的有产者阶级所喜爱的私有财产制度共存,在这一共同体中不存在极端的富有和贫穷。他认为柏拉图在其晚期作品《法律篇》中所设计的理想政体或许更像是一个"共产主义"社会。[⑥]

[①] [古希腊]柏拉图:《理想国》,郭斌和等译,商务印书馆1986年版,第133页。
[②] 同上书,第200页。
[③] 同上书,第197页。
[④] 同上书,第199页。
[⑤] Sargent L. T. "Communism", in Routledge Encyclopedia Philosophy, ed. E. Craig, London and New York, 1998.
[⑥] [英]彼得·甘西:《反思财产——从古代到革命时代》,陈高华译,北京大学出版社2011年版,第7页。

在《法律篇》中，柏拉图借助一位匿名的雅典人之口描绘了他的理想政体模型，即整个城邦共享财产，连同妻子和孩子。"在那里，古谚所说的'朋友之间真诚地共享财产'最大限度地普及整个城邦……'私有财产'的观念是千方百计地从生活中彻底根除了。"① 这样的理想国实际比《理想国》走得更远，更加纯粹：在《理想国》中，"公务员"不享有财产，由平民提供基本生活资料，而平民是可以拥有私有财产的；在这里，所有公民包括公务员和平民共有财产，大家都姓"公"，私有财产被消灭了。不过，历经沧桑的柏拉图也承认，"也许，众神和他们的许多孩子居住在这种国家里"，他并不指望人类能够实现这种理想社会状态。既然如此，柏拉图并不在此纠结，而是退而求其次，转向讨论《法律篇》中"第二等好的国家"：马格尼西亚（magnesia）。柏拉图赋予它一种有限制的私有财产制度，在这里，5040位公民或家长被允许拥有自己的财产和妻儿。公民们应当被分配土地和房屋，但土地不得买卖；可以占有铸币，但不容许占有金银；借贷不要利息，男婚女嫁不得收受妆奁。这样做的目的在于防止极端的贫富分化，也符合柏拉图一贯坚持的财产思想："美德和财富是非常不相容的……既有极大的美德同时又是富得不得了，是绝对不可能的……追求金钱必须限制在美德的范围内。"② 显然，从财产角度观察，"马格尼西亚"还带有浓厚的理想色彩，但它毕竟是一个更贴近实际、贴近民众、贴近生活的国家。政治理想丰满的柏拉图一生擅长指点江山激扬文字，但终究怀才不遇，直到黄昏之年才解放思想，与时俱进，在残酷的现实面前低下了他那聪慧而高傲的头颅。

（二）亚里士多德的"私有政治学"

亚里士多德（Aristotle，公元前384—前322年），古希腊著名思

---

① ［古希腊］柏拉图：《法律篇》，张智仁、何勤华译，孙增霖校，上海人民出版社2001年版，第150页。

② 同上书，第154—155页。

想家，也是世界古代史上最伟大的哲学家和科学家之一。他是柏拉图的学生，亚历山大大帝的老师。马克思曾称亚里士多德是古希腊哲学家中最博学的人物。亚里士多德最重要的著作之一是《政治学》，他在其中忠实地实践了自己"吾爱吾师，但吾更爱真理"的名言，在批驳柏拉图思想的同时，也比较系统地建立了自己的财产权思想，而且因此开启了西方思想史上另一条有别于柏拉图式的财产权思想路线。具体而言，在这两条路线中，一条是"扬公抑私"的柏拉图路线，另一条是"扬私抑公"的亚里士多德路线。

柏拉图的财产权思想在他的学生亚里士多德那里遭到了毫不留情的批评。亚里士多德将自己的财产权思想建立在"人性本恶"的人性假设基础上，他认为"凡是属于最多数人的公共事物，常常是最少受人照顾的事物……对于公共的一切，他至多只留心到其中对他个人多少有些相关的事物"，因为"人们最关心的是自己的事物而忽视公共的事物"。[①] 因此，亚里士多德与柏拉图的认识截然相反，在他看来，人类的美德依赖于财产私有的制度，纯粹的公有制将损害社会的发展而与社会和谐无关。不过，亚里士多德也认识到财产私有可能造成的对公众利益的伤害，因此十分谨慎地提出了他所向往的财产权制度模式——"产业私有而财物公用"。这一模式是对公有和私有的折中，使财产"在某一方面（应用时）归公，一般而论则应属私有"[②]，试图兼顾公众利益与私人利益。他认为"私有公用"是比较妥善的财产制度，"立法创制者的主要功能就应该力图使人民的性情适应于这样的慷慨观念"。这说明亚里士多德并不是一个纯粹的财产私有制的鼓吹者。亚里士多德主张把城邦财产分为两部分：公产和私产。他认为公产应当用来祭祀和供应公共食堂，而私产的配置要充分考虑公平正义，私人的财产要划分为两份，其中一份来自近郊，另一份来自

---

① ［古希腊］亚里士多德：《政治学》，吴寿彭译，商务印书馆1965年版，第48页。
② 同上书，第54页。

边疆。这种看似机械的制度设计实际上反映了亚里士多德力图避免财产私有制的消极影响以维护社会公正的良苦用心。

财产权制度设计是国家制度的核心构成部分，在这里，"限私"还是"限公"？向左还是向右？柏拉图的"共产理想国"与亚里士多德的"私产公用政治学"分道扬镳。柏拉图坚持以公有原则来改造社会，而这是亚里士多德无法接受的。亚里士多德肯定了公民生活的多样性，把财产私有作为立国之本，使其所主张的所有制形式展现出显著的"多样性"特点，从这个方面来说，亚里士多德要远远超过柏拉图。① 两位雅典哲学家之间的分歧预示了此后2500年中在这一问题上的思想历程：在伦理学的理想主义和功利性的现实主义之间所发生的持续不断的争论。在整个西方思想史中，大致上可以说，财产问题的著述者们将他们自己要么与柏拉图，要么与亚里士多德归列在一起，不是强调废除财产的潜在的利益，就是强调允许财产带来的切实可见的回报。②

不过，二者在财产权问题上并不是水火不容的，无论是柏拉图还是亚里士多德，都认为私有财产必须有利于城邦整体利益，有利于全体公民的和谐共处，如果私有财产侵害了城邦的整体福祉，就必须对其进行限制。亚里士多德引述柏拉图的话说："任何公民增益他财产的初期是不必加以制止的，等到他的增益已达最低业户产额的五倍左右时，有如我们上面曾经说及的，才须予以限制。"③ 他们相信，如果贫富过分悬殊，穷人就可能遭受富人的欺压，城邦的幸福就面临威胁。总体而言，二人是"和而不同"，柏拉图是一个理想主义者，而亚里士多德是一个现实主义者。

---

① 王岩：《柏拉图、亚里士多德理想国家模式论》，载《南京大学学报》（哲学人文社会科学）1995年第4期。

② [美] 理查德·派普斯：《财产论》，蒋琳琦译，张军校，经济科学出版社2003年版，第7页。

③ [古希腊] 亚里士多德：《政治学》，吴寿彭译，商务印书馆1965年版，第69页。

二 财产权"劳动学说"与"平等主义"：洛克与卢梭的交锋

（一）洛克的财产权劳动学说及其限制思想

洛克（John Locke，1632—1704年），英国哲学家，经验主义的开创者，欧洲启蒙运动的先驱者。洛克的自由主义思想集中体现在其代表作《政府论》一书中，该书由上下两篇组成，其下篇运用经典的自然法理论来为私有财产的正当性作辩护。其推理过程如下："每个人对他自己的身体享有所有权→他的身体所从事的劳动和他的双手所进行的工作归属于他就具有正当性→他的劳动使任何东西脱离自然状态→因而使它成为他的财产。""既然劳动是劳动者的无可争议的所有物，那么对于这一有所增益的东西，除他之外就没有人能够享有权利，至少在还留有足够的同样好的东西给其他人所共有的情况下，事情就是如此。"① 洛克由此确立了劳动作为财产权的基础地位。② 洛克关于劳动确立财产权的命题，在西方思想史界几乎是财产权利起源问题的"标准答案"。③

洛克的财产权劳动学说并不是无条件的，他的财产权标准包含两个限制条件，一是禁止滥用，二是"充足限制"。④ 其一，禁止财产所有人滥用财产，劳动者有财产权，但也必须使之得到合理使用，否则仍然应回归全体人共有。在洛克那里，人们可以通过劳动来获取自然存在的物的财产权，但仅限于那些对他有用的东西，否则就是滥用权利。⑤ 其二，劳动获得财产权还要受到社会上其他人财产权要求的

---

① [英]洛克：《政府论》（下篇），叶启芳、瞿菊农译，商务印书馆1964年版，第18页以下。
② 易继明：《评财产权劳动学说》，载《法学研究》2000年第3期。
③ David Schmidtz. When is original appropriation required? The Monist. Vol. 73, Issue 4, 1990, 504.
④ 吴福成：《财产权的正当性之维——洛克的财产权学说解读》，载肖厚国主编：《民法哲学研究》（第一辑），法律出版社2009年版，第105页。
⑤ [美]利奥·施特劳斯：《自然权利与历史》，彭刚译，生活·读书·新知三联书店2003年版，第241—242页。

限制，即"至少在还留有足够的同样好的东西给其他人所共有"，而决不是"多劳多得"。因为劳动是劳动者将公共资源"拨归私有"的方式，由于公共资源的有限性，劳动者通过劳动"据为己有"的财产应当以满足自身的需要为原则，否则就在事实上剥夺了其他人通过劳动获取财产的自由。由此可见，在洛克的财产权理论体系中，劳动取得财产权的正当性与财产权限制的正当性是相互依存、相辅相成的关系。生存权是每个人的基本权利，个体的生存权和财产权要受到人类共同体的生存权的制约。人类生存的普遍权利即使不比私有财产权来得更加重要，至少也应当等量齐观。洛克说："我以为可以很容易而无任何困难地看出，劳动最初如何能在自然的共有物中开始确立财产权，以及为了满足我们的需要而消费财产这一点又如何限制了财产权。"① "live and let live"，可以说，洛克的财产权劳动学说是对这一格言的生动诠释，它充满了德性的光辉。

洛克的财产权理论在本质上体现了个人自由与社会自由的统一。洛克将自由分为两种，即自然状态下的自由和政治社会中的自由，前者受自然法约束，后者受民众同意基础上建立的国家立法的约束。洛克从人性角度出发阐述了他对自由的理解。在洛克看来，人都有喜欢支配事物的欲望，这种欲望首先是对自己的身体和精神的支配以及对自己所拥有的东西的支配，这就是自由。自由就是人们能自我支配自己的身体和精神。同时人还有支配他人的行动和不属于自己的所有物的欲望，这就是对权力的欲望。自由是要求自己能够自主，同时也要保障别人的自主，运用自己的财产去支配他人实际上是对他人自主权的侵犯。实际上，洛克并不是反对人对财产的欲望本身，而是反对那种借助财产以控制他人的要求，防止以造福人类为目标的私人"财产权利"演变成戕害人类的"财产权力"，私有

---

① ［英］洛克：《政府论》（下篇），叶启芳、瞿菊农译，商务印书馆1964年版，第33页。

财产权应当是个人自由的堡垒，而不应成为剥削和压迫的工具。人的自由伴随着一种神圣的敬畏之心，伴随着先见之明，自由与节制应当相伴而生。洛克主张的财产权劳动学说和观念是个人自由和社会自由的统一，个人自由的旗帜在社会自由面前保持了足够的谦逊和克制。

（二）卢梭的平等主义财产权限制思想

卢梭（Rousseau，1712—1778年）是18世纪欧洲启蒙运动最卓越的代表人物之一，是法国大革命的思想先驱。其著作《社会契约论》《论人类不平等的起源和基础》是世界思想史上的经典文献，为18世纪末的法国大革命和美国的民主革命充当了理论纲领。美国的《独立宣言》、法国的《人权宣言》以及两国的宪法，都在很大程度上直接体现了卢梭的理论精神和政治理想。

如果说，洛克成功地论证了私有财产权对于人的自由的建构意义，从而对"私有财产神圣不可侵犯"这一信条作了积极和正面的辩护；那么，卢梭则把私有财产权视为人的平等和自由的威胁乃至人与人之间不平等的起源，也就是对私有财产作出了消极和负面的评价。就财产权思想而言，洛克是一个坚定的自由主义者，在他那里，财产权的保护应当是第一位的，而限制是第二位的；而卢梭则是一个平等主义者或民主主义者，在他看来，为了保证人与人之间的平等，财产权的限制或许是更为紧要的任务。卢梭对洛克的财产权劳动学说颇多批评。卢梭以反问的语气说，"事实上，授予需要与劳功以最初占有者的权利，不就已经把这种权利扩展到最大可能的限度了吗？难道对于这一权利可以不加限制吗？难道插足于一块公共的土地之上，就可以立刻自封为这块土地的主人了吗？难道由于有力量把别人从这块土地上暂时赶走，就足以永远剥夺别人重新回来的权利了吗？一个人或者一个民族若不足用该受惩罚的篡夺手段，——因为他们对其他的人夺去了大自然所共同赋给大家的居住地和生活品，——又怎能够攫取并剥夺全人类的广大土地呢？"① 洛克视财产权为"天赋人权"，具有天然的合理性，将财产与生命和自由同构和等量齐观，财产与人格并没有明确的界限；卢梭对此并不认同，他认为生命和自由是人格的重要组成部分，是人的"身内之物"，而财产不过是人的"身外之物"，在价值层面不可同日而语。"所有权不过是一种协议和人为的制度，因此人人能够随意处分他所有的东西。但是，人类主要的天然禀赋，生命和自由，则不能与此相提并论，这些天赋人人可以享受，至于是否自己有权抛弃，这至少是值得怀疑的。一个人抛弃了自由，便贬低了自己的存在，抛弃了生命，便完全消灭了自己的存在。"② 卢梭实际上在为限制财产权奠定理论基础，尽管他也认为私有财产的出现有其必然性。③ 卢梭与洛克在思想上有如此多的交锋，但二人在"私有制是造成人类社会不公正的根源"这一点上达成了共识，所以卢梭毫不吝啬地称洛克为"贤明的洛克"，他说，"按照贤明的洛克的格言：在没有私有制的地方是不会有不公正的"。"自从一个人需要另一个人的帮助的时候起；自从人们觉察到一个人具有两个人食粮的好处的时候起；平等就消失了、私有制就出现了、劳动就成为必要的了、广大的森林就变成了须用人的血汗来灌溉的欣欣向荣的田野；不久便看到奴役和贫困伴随着农作物在田野中萌芽和滋长。"④

卢梭认为人类的不平等有两种情形：其一是自然的或生理上的不平等，其二是精神上的或政治上的不平等。前者是由于自然的原因如健康、体力、智力以及心性的差别造成的；后者是基于人们的同意或认可而设定的各种特权，包括在财产、荣誉和权力分配上的差别。⑤

---

① [法]卢梭：《社会契约论》，何兆武译，商务印书馆1982年版，第32页。
② [法]卢梭：《论人类不平等的起源和基础》，李常山译，商务印书馆1962年版，第136—137页。
③ 同上书，第121页。
④ 同上书，第119页。
⑤ 同上书，第70页。

可见，在卢梭的观念里，财富、声望和权力的分配不均是造成人类不平等的最主要的社会原因。但卢梭并不指望消灭私有财产权，他用讽刺的口吻说："谁第一个把一块土地圈起来并想到说：这是我的，并且找到一些头脑十分简单的人居然相信了他的话，他就是文明社会的真正奠基者。假如有人拔掉木桩或者填平沟壕，并向他的同类大声疾呼：'不要听信这个骗子的话：如果你们忘记土地的果实是大家所有的，土地是不属于任何人的，那你们就要遭殃'，这个人就会使人类免去多少罪行、战争和杀害，免去多少苦难和恐怖啊！"① 卢梭的这段话先扬后抑，包含了两层含义：其一，没有私有财产权就没有文明社会，深刻地指出了私有财产权对于构建文明社会的基础意义；其二，私有财产权是造成人类苦难和恐怖的重要原因，因此非常有必要加以限制。

卢梭认为自然的或生理的原因造成的人类不平等无可厚非，但是对于诸如财产分配不均衡等社会原因造成的精神上或政治上的不平等则痛心疾首。卢梭说："在自然状态中，不平等几乎是不存在的。由于人类能力的发展和人类智慧的进步，不平等才获得了它的力量并成长起来；由于私有制和法律的建立，不平等终于变得根深蒂固而成为合法的了。……一小撮人拥有许多剩余的东西，而大量的饥民则缺乏生活必需品，这显然是违反自然法的，无论人们给不平等下什么样的定义。"② 他进一步总结了人类不平等的发展进程所经历的三个阶段：第一阶段，是"法律和私有财产权的设定"，产生了"富人和穷人的状态"；第二阶段，是"官职的设置"，产生了"强者和弱者的状态"；第三阶段，是"合法的权力变成专制的权力"，产生了"主人和奴隶的状态"。"这后一状态乃是不平等的顶点，也是其他各个阶段所终于要达到的阶段，直到新的变革使政府完全瓦解，或者使它再

---

① ［法］卢梭：《论人类不平等的起源和基础》，李常山译，商务印书馆1962年版，第111页。

② 同上书，第149页。

接近于合法的制度为止。"① 透过卢梭这些极具鼓动性乃至多少有些煽情的言论，我们就不难理解法国大革命为何如此惊心动魄了，巴士底狱的枪声和路易十六的断头台，原来都回荡着卢梭这位出身草根的革命导师的精神。

卢梭将社会公意作为财产权的存在依据。"人类由于社会契约而丧失的，乃是他的天然的自由以及对于他所企图的和所能得到的一切东西的那种无限权利，而他所获得的，乃是社会的自由以及对于他所享有的一切东西的所有权。"② 在卢梭的社会契约论中，自然状态对应于"天然的自由"，而社会契约对应于"社会的自由"，在这个演进过程中，"无限权利"变成了"所有权"。既然如此，所有权或曰财产权就不是"无限权利"了，而是一种"有限权利"，所有权的确定使得财产成为真正有效的权利，对权利人的限制已经内化于权利之中。"每个人都天然有权取得为自己所必需的一切；但是使他成为某项财富的所有者这一积极行为，便排除了他对其余一切财富的所有权；他的那份一经确定，他就应该以此为限，并且对集体不能再有任何更多的权利。"③ 这种思想与洛克财产理论中的"充足限制"条件即"还留有足够的同样好的东西给其他人所共有"有异曲同工之妙。

在卢梭主张的"社会公意"财产权理论中，"共同利益""公共幸福"，是最重要的关键词，"社会公益"可以说是其财产权限制的基本依据。人民的意志在形式上通过投票表决形成公意，其实质是人民的"共同利益"在起作用。吴汉东教授评价说，就财产权成立的依据而言，与前人相比较，卢梭的解释更进了一步。④ 如此评价似乎并不为过。

---

① ［法］卢梭：《论人类不平等的起源和基础》，李常山译，商务印书馆 1962 年版，第 141 页。
② ［法］卢梭：《社会契约论》，何兆武译，商务印书馆 1982 年版，第 30 页。
③ 同上书，第 31 页。
④ 吴汉东：《法哲学家对知识产权法的哲学解读》，载《法商研究》2003 年第 5 期。

三 新自由主义财产权理论的分野：罗尔斯"正义论"与诺齐克"无政府主义"

（一）罗尔斯的财产权"正义论"

罗尔斯（1921—2002 年），美国普林斯顿大学哲学博士，哈佛大学哲学教授，是 20 世纪英语世界最著名的政治哲学家之一，同时也是 20 世纪具有广泛世界影响的最伟大的哲学家之一。罗尔斯著有《正义论》《政治自由主义》等名作，其中尤以《正义论》（1971）影响最为巨大。

罗尔斯的"正义论"主要关乎社会制度问题，而非个人道德问题。他认为，正义是社会制度的首要价值，社会正义是社会的基本结构的正义，是评价社会制度的原则，不能与个人在特殊环境中的行动原则相混淆，这两种原则适用于不同的主题，必须分别加以讨论。因此罗尔斯的正义论实际上是"社会正义论"，旨在讨论社会如何公正的问题，而不是个人行事是否公正的个人品格问题。罗尔斯从他的"原初状态"这一逻辑假设出发，提出了他的"正义论"的两个原则：其一，每个人对广泛的基本自由体系都应当有平等的权利。其二，社会和经济的不平等应当被合理地期望适合于每一个人的利益，并且地位和职务向所有人开放。[①] 前者可以概括为基本权利平等、基本自由优先原则，后者被称为差别原则，即罗尔斯的第二正义原则，表现出强烈的平等主义倾向。

罗尔斯的两个正义原则隐含了这样的假设：社会结构可以依据其功能和特点分割为不同的部分，例如政治方面的制度用来确立和保障基本自由和权利，而经济方面的制度用于保障财富和收入即财产权的分配。第一个正义原则即基本权利平等、基本自由优先原则适用于政治制度，第二个原则即差别原则适用于经济制度。第二个原则又可以

---

① ［美］罗尔斯：《正义论》，何怀宏等译，中国社会科学出版社 1988 年版，第 56 页。

具体化为两个亚原则:一是机会均等原则,这一原则保证拥有同等天资和能力并具有同样意愿的人们有相同的成功前景,而不论他们的出身如何。二是差别最小原则或不利者受惠原则,给受惠最小者(弱者、不利者)以最大的优惠或照顾,让受惠最小者获得尽可能多的利益,尽可能缩小差别,以达到社会分配差别最小的情况下的最大公平。这一原则为"福利国家"提供了理论依据,而福利国家必然依赖于较高的税收负担,税负的高低通常又被认为是与财产权的限制呈正相关关系的。

罗尔斯"社会正义论"的两个原则在逻辑上并非平分秋色,而是包含了价值的衡量,即第一个原则在适用顺序上要优先于第二个原则。这表明,第一个原则是更具刚性的原则,基本权利和基本自由是不能用经济利益的补偿来交换的。进一步引申的结果是:民众经济收入的提高和财富的增长,以及在经济生活方面的改善,并不能成为在政治上奴役他们的"对价"。一个不享有公民权的奴隶可以在经济生活上成为"富人",但在政治生活上却是"穷人",甚至连做"人"的资格都没有,不具备起码的人的尊严。"富贵"是人的普遍追求,"富"是经济理想,"贵"是政治要求。在罗尔斯的正义论中,"贵"是"富"的前提和基础。民众在"贵"的方面应当没有差别,而在"富"的方面可以有差别,但这种差别仅限于"结果"的差别,而不能容忍"机会"和"过程"的差别,否则这个社会就是不正义的。"贵而不富"尽管不是理想状态,但是可以接受;而"富而不贵"乃至"不富也不贵"的状态都贬低了人的价值和尊严,都是违背社会公正的。如果将第一个正义原则简化为"政治自由"原则,第二个正义原则简化为"经济平等"原则,那么罗尔斯的正义论原则可以简单理解为"政治自由优先,兼顾经济平等"。正因为如此,罗尔斯被认为是新自由主义的代表人物之一,又因为罗尔斯在社会和经济方面比较强调平等,支持在基本权利平等、基本自由优先的前提下通过对私有财产权的限制而达到社会公平的目的,这从某种意义上讲具有

"社会主义"色彩,因此罗尔斯被认为是"新自由主义"的"左派"。有学者认为,罗尔斯承袭了洛克的自由主义传统,吸取了卢梭的平等主义精神,他用卢梭调整了洛克。① 这样的评价的确比较精当。

(二) 诺齐克的"无政府主义"财产权限制理论

诺齐克(Robert Nozick,1938—2002年),美国当代著名哲学家,罗尔斯的同事,曾担任过哈佛大学哲学系主任。《无政府、国家与乌托邦》(1974)是其代表作。诺齐克是罗尔斯正义论最著名的论敌。

如果说罗尔斯的财产权正义论是"公平正义论",那么诺齐克的财产权理论就是"权利正义论"。诺齐克论证了只有"最弱意义上的国家"(minimal state)才具有合法性,而这种国家简单说来就是主要限于保护性功能的国家,就是古典自由主义传统所支持的"守夜人"式的国家。诺齐克与罗尔斯在国家的政治功能方面"英雄所见略同",诺齐克没有对罗尔斯的基本自由及其优先性的原则提出异议,他同样认为国家要优先保障所有人享有基本政治自由,其次才是对社会福利的考量。但国家在完成这一政治任务之后,是否还能在经济和社会方面发挥功能和有所作为呢?即能否按照某种社会理想或分配模式,通过"劫富济贫"式的法律和政策手段限制某些人的财产权而增加另外一些人的福利,从而在经济领域实现所谓"分配正义"?这就是诺齐克与罗尔斯论战的核心问题。两位学术大师对此作出了截然相反的回答。

罗尔斯的差别原则允许国家在分配领域积极作为以实现经济平等,但诺齐克强烈反对这一点,他提出了自己有关"持有正义"三原则的权利理论:获取正义、转让正义和矫正正义。在财产权的最初获取或者对无主物的占有方面,他同意洛克的"劳动理论",人们将自己的劳动附加在一个无主物上,就能获取对这个无主物的所有权。

---

① 王秀华、程瑞山:《在洛克与卢梭之间——罗尔斯关于财产权的思想》,载《新视野》2008年第1期。

对于有主物，他坚持"转让原则"。如果最初的财产是合法的，拥有这一财产的人自愿将它转让给另一个人，那么，后者由于转让而获得的财产也是合法的。财产在转让过程中可能集中在少数人手中，但是只要被转让的财产最初是合法取得的，并且转让的过程合法，那么少数人占有大额财产的结果也是无可厚非的。拥有财产的资格是在历史过程中形成的，不受这一过程的最终状态的影响。有关获取和转让的正当性的论述，就构成了获取和转让的正义原则。但现实表明，并非所有的实际持有都是符合这两个正义原则的，不少人是通过盗窃、欺骗、奴役他人而获得持有的，这种实际持有中的不正义局面需要改变，于是矫正正义原则就有了发挥作用的空间。诺齐克的"持有正义"理论在本质上就是他的财产权限制理论，他关注的是财产权获取的限制、财产权转让的限制，如果这两个环节也即财产权的起点和过程符合他的正义原则和限制条件，那么财产的结果状态就不应该受到法律的限制。只有在财产权的获取或转让环节不符合他的正义原则和限制条件的情况下，才应该对财产权的结果进行限制和矫正。在诺齐克的理论中，如果财产的持有构成一个"链条"的话，那么这根链条上的每一个环节都应当是正义的，任何一个环节的非法持有都会导致其后面的所有环节的持有丧失合法性，即使后面的转让是正当进行的也在所不问，正如一条河流，如果上游被污染了，那么下游势必无法洁身自好。这表明诺齐克的财产权限制理论是相当纯粹和严格的，是刨根问底、追根溯源式的，是不向一切财产权持有的阴暗现实妥协的理论。

在财产权的限制方面，诺齐克只是有限地认可洛克的劳动理论。洛克的劳动理论有一个附加条件，即劳动获取财产权应该发生在"至少还留有足够的同样好的东西给其他人所共有的情况下"，这就是"洛克条件"。诺齐克对此存在疑问。主要的疑问是劳动确立财产权的边界问题，即劳动在多大范围内产生财产权？"假如一个私人宇航员在火星上扫干净了一块地方，这种劳动能使他占有整个火星乃至整个无人居住的宇宙吗？还是仅仅使他占有一块特定的地方呢？"① 如果说劳动增加了作为劳动对象的物的价值，那么劳动者是只拥有新增价值的财产权，还是对整个物享有财产权？为什么不是劳动者失去了自己的劳动，而是他获得了对某物的财产权？"如果我有一罐番茄汁，我把它倒入大海以使其分子均匀地溶于整个大海，我就因此拥有这个大海吗？或者我只是愚蠢地浪费了我的番茄汁？"② 诺齐克的"火星论""番茄汁论"证明了洛克的劳动财产权理论中财产权边界的不确定性。同时，诺齐克认为，"洛克条件"的限制性过于强烈，只能适用于社会资源无限丰富的情况。在资源稀缺的现实世界，留下"足够的同样好的"资源为其他人所共有在绝大部分情况下都是不可能的。这将导致任何私有财产权都无法通过这一正义条件的检验而失去道德正当性。鉴于此，诺齐克将"洛克条件"弱化为"诺齐克条件"，即把"留有足够的同样好的东西给其他人共有"转化为"使其他人的状况不致变坏"。这样的检验标准遭到许多无情的批评，有学者认为诺齐克条件"是一个软弱无力的要求"③；也有人认为诺齐克条件太弱，太容易满足，并且容许相当大程度的不平等。④ 或许诺齐克愿意接受这样的评价，因为他本来就认为"洛克条件"过高，只有弱化才能落地生根、具体操作；而平等本来就不是他所追求的目标。

诺齐克权利理论与罗尔斯差别原则分庭抗礼，其核心问题和争论的焦点是在经济领域贯彻自由优先还是平等优先的问题。在政治、思想等领域，平等与自由可以统一；而在经济利益分配的领域，平等与

---

① [美]诺齐克：《无政府、国家与乌托邦》，何怀宏等译，中国社会科学出版社1991年版，第179页。

② 同上。

③ [加拿大]威尔·金里卡：《当代政治哲学》（上），刘莘译，生活·读书·新知三联书店2001年版，第218页。

④ Michael Otsuka. Self-Ownership and Equality: A lockean Reconciliation, Philosophy and Public Affairs. Vol. 27, No. 1, Winter, 1998, p. 78.

自由几乎不可避免地会发生冲突，就会出现优先顺序的选择难题：罗尔斯关注和同情弱势群体，凸显了他对平等的偏爱，而诺齐克继续坚守自由主义大旗。如果说罗尔斯是一个新自由主义"左派"，那么诺齐克就是一个新自由主义"右派"，后者是一个更为彻底的自由主义者。从财产权限制的角度看，二人都关注财产权产生的起点和运动的过程，但在财产权分配的结果状态上态度不同：罗尔斯主张国家为了平等的目的是可以干预和限制这种结果的，可以进行财产的再分配；而诺齐克坚决反对这样的干预和限制，认为这超越了他的理想国家的职能。而从当今世界各国的实际情况看，诺齐克的理想或许就是他自己所谓的"乌托邦"了。正是在这个角度和意义上，我们称诺齐克是一个"无政府主义者"。这一方面是借用了他的著作中"无政府"的表述；另一方面是想表明，在与罗尔斯相比较的意义上，诺齐克主张的是一种"最低限度的国家"对私有财产权的谨慎的干预和有限的限制。

第二节　法社会学依据：个人利益与社会利益的冲突与协调

在严格意义上，法社会学是社会学的一个分支，它用社会学的理念和方法研究法律。但由于从事法社会学研究的人有两个独立的来源，即法学家和社会学家，作为一个总称的法社会学不仅包括"法社会学"，还包括"社会学法学"。① 在社会学法学的发展史上，德国的耶林、法国的狄骥、美国的庞德都是闪亮的明星，他们的社会学法学思想的基调，是在个人利益与社会利益的冲突中强调社会利益的重要性，这在某种意义上为私有财产权的限制提供了理论基础。

---

① 朱景文主编：《法社会学》（第二版），中国人民大学出版社 2008 年版，第 24 页。

一 耶林：社会利益和法律目的论

耶林（Jhering，1818—1892 年），德国社会学法学家，开创了"利益法学""目的法学"等法学流派，他提出的"为权利而斗争"的口号似乎具有穿越时空的号召力，几乎成为法律人的"权利宣言"。早期的耶林是概念法学的追随者，后来实现思想转型，成为概念法学的批判者。他尖锐地批评说，"对逻辑性的渴求使得法学变成了法律数学，这个错误源于对法律的误解。生活不是为了概念的目的而存在，相反，概念却要为了生活的目的而存在。不是逻辑被赋予存在的权利，而是生活、社会关系、正义的感觉所要求的东西才有存在的权利——逻辑的必要性和可能性并不是最重要的。"① 耶林是在批判概念法学的同时建立自己的理论体系的。

关于私权的本质，针对概念法学的"自由意志论"或"意思说"，耶林提出了"社会利益论"或"利益说"。"自由意志论"或"意思说"的思想渊源于德国古典哲学大师康德和黑格尔。萨维尼说，"如果我们考虑一下包围或者充满我们现实生活的法律状态，我们首先就会发现其中各个人都有一种权力：他的意思支配的一个领域，我们同意该支配。这种权力，我们称之为该人的权利。"② 耶林用"即使没有意志能力的未成年人和精神病人也享有权利"的法律现象对自由意志论提出了诘难，他认为权利的本质其实是"法律所保护的利益"。

在耶林的理论体系中，法律目的论与社会利益论密切相关。耶林认为，私法和公法都要保护个人利益，但人类不仅是个体的存在，也是社会共同体的存在，维持正常的社会生活是法律的任务。为了完成这一任务，在必要的限度内限制私权就具有合理性。"一切私法上的

---

① Peter Stein, Roman Law in European History, Cambridge University Press, 1999, p. 121.
② ［德］萨维尼：《萨维尼论法律关系》，田士永译，载郑永流主编：《法哲学与法社会学论丛》（七），中国政法大学出版社 2005 年版，第 2 页。

权利，即使是最具个人目的的权利，都要受到社会的影响和制约。……在任何社会或法律中，你根本没有完全属于你自己的东西，社会始终都陪伴着你，并要求从你所有的东西中分享一部分，包括你自己本身、你的劳动能力、你的身体、你的孩子、你的财富。"[1] 耶林在《为权利而斗争》中更加旗帜鲜明地表述了这样的思想：个人为权利而斗争是对自己的义务，也是对社会的义务。一方面，权利是个人在社会中的生存条件，为权利而斗争就是为了自己在物质上和精神上的生存和发展而斗争，是对自己的义务；另一方面，具体权利是根据抽象的法律而得到，但抽象的法律并不能自我实现，必须依靠权利人主张他的权利，才能表明其存在。个人主张权利不仅仅是维护其自身利益，更是维护了法律的尊严，履行了自己对社会的义务。权利人从利益动机出发，通过主张权利以维护自我生存，进而维护了作为社会生存条件的法律，并最终实现了正义。[2] 在《法律的目的》中，耶林表达了同样的观点："必要的自卫既是权利也是义务，说它是权利是为了确保主体自身的存在，说它是义务则是因为权利主体要为了世界而存在。"[3] 耶林这充满浓郁的辩证法色彩的权利思想颠覆了自由意志论者灌输给人们的传统观念，即权利意味着权利人的选择自由的观念。包括私有财产权在内的私权要服务于社会目的和社会利益，是耶林的根本思想。

二 狄骥：社会连带主义学说

狄骥（Duguit，1859—1928 年），法国法学家，开创了社会连带主义法学派，是欧洲大陆最激进的社会学法学开拓者。在权利观念

---

[1] Rudolf von Jhering, Law as a Means to an End, Translated by Isaac Husic etc., Boston, The Boston Book Company, 1913, pp. 330、396 – 397. 转引自朱晓喆：《耶林的思想转型与现代民法社会化思潮的兴起》，载《浙江学刊》2008 年第 5 期。

[2] [德] 耶林：《为权利而斗争》，郑永流译，法律出版社 2007 年版，第 12—36 页。

[3] Rudolf von Jhering, Law as a Means to an End, Translated by Isaac Husic etc., Boston, The Boston Book Company, 1913, p. 194.

上，狄骥也是自由意志论的批判者，并指出其错误的根源在于个人主义法律观：认为个人优先于社会，法律存在的目的在于保护个人的权利。狄骥认为，"事实上人生来就是集体的一个成员，他总是在社会中生活，而且也只能在社会中生活，……自然人不是18世纪所说的孤立而自由的人，是按照社会连带关系来理解的个人。我们必须肯定：人们不是生来就有自由和平等权利的，但他们生来却是集体的一个成员，并且由于这个事实他们有服从维持和发展集体生活的一切义务。"[①]

狄骥也不认同耶林的社会利益论。在他看来，利益是一种主观评价，须依赖于主体意志才能获得界定，因此还是没有跟自由意志论划清界限。狄骥认为权利产生于社会生活和法律的规定，它表明了一种法律地位，权利人可依此要求国家的保护，同时也必须完成法律赋予的社会职能或义务。关于私有财产权，他论证说，"因为每个人在社会内都占有一个位置，所以都应该在社会内完成一个相当的职务。财物的持有者就因为他持有财物，因而可以完成只有他能够完成的相当职务。只有他能够增加一般的财富，只有他能够利用所持有的资本以满足大众的需要。所以他应该为社会完成这种事业，并且他只于完成这种事业与在所完成的限度内受到社会的保护。所有权不复为所有主的主观法权了，而为持有财物者的社会职务。"[②] 可见，在私权社会化方面，狄骥比他的前辈学者耶林走得更远了。如果说耶林只是表明财产权既是权利又是义务，那么狄骥就将财产权变成了义务，而与自由意义上的权利无关了。有学者说，"与狄骥相比，耶林还是一个传统的法学家，他还没有否定私权的必要性，只是努力弥合个人权利与社会目的之间的距离。而狄骥将主观权利定义为法律地位，权利的目的在于完成一定的社会职能，从而走向

---

① ［法］狄骥：《宪法论》（第一卷），钱克新译，商务印书馆1962年版，第153页。
② ［法］狄骥：《拿破仑法典以来私法的普通变迁》，徐砥平译，中国政法大学出版社2003年版，第148页。

了极端的社会本位立场。"①

狄骥学说的主要思想渊源是法国社会学家孔德的实证主义和涂尔干的社会连带主义理论。孔德的社会学理论认为，应当"缓和"阶级对抗，保证社会肌体的"均衡"，一切从"社会利益"出发。②涂尔干的法律与社会理论的最重要特点在于，他在社会类型与法律或惩罚类型之间建立了一种对应关系。涂尔干认为，人们团结起来形成社会是基于人的相似性和相异性，以相似性为基础的团结是"机械团结"，以相异性为基础的团结是"有机团结"。机械团结是集体意识盛行的社会类型，有机团结是社会分工高度发达的社会类型。根据两种社会团结形式，法律可以从制裁形式上分为两种，压制性法和恢复性法。前者主要是指刑法，建立在带来痛苦和损失的基础上，重在惩罚；后者主要包括民法、商法、诉讼法、宪法、行政法等，建立在恢复损失或事物原状的基础上，重在协商。随着社会由机械团结向有机团结转变，法律和制裁也相应地由压制性法转向恢复性法。③涂尔干的理论表明，社会连带关系是客观存在的，但在社会发展的不同时期具有不同的表现形式，与此相适应，法律对人的行为或权利的限制方式也"与时俱进"。

狄骥是涂尔干的社会连带主义社会学思想的忠实信徒，并将其在法律领域发扬光大。狄骥认为连带关系是人类的"天赋"，是构成社会的"第一要素"，是社会中人们之间的相互作用、相互依赖的关系。社会连带关系不是道德义务，而是一个永恒不变的事实，即人们必须生活在社会中，必然具有社会连带关系。这种关系包括：（1）同求的连带关系，即人们有共同需要，只能通过共同生活以满足这种

---

① 朱晓喆：《耶林的思想转型与现代民法社会化思潮的兴起》，载《浙江学刊》2008年第5期。
② 孙文恺：《社会学法学》，法律出版社2004年版，第97页。
③ [法]涂尔干：《社会分工论》，渠东译，生活·读书·新知三联书店2000年版，第90—91页。

需要；（2）分工的连带关系，即人们有不同的能力和需要，必须通过相互交换服务以满足之。他认为社会连带关系是一切社会规范的基础。社会规范分为经济规范、道德规范和法律规范，其中法律规范是最高的，违反这种规范就要遭到群众自发要求的、有组织的强力制裁。这种规范的整体就是客观法。国家制定和执行的是实在法。客观法高于实在法，实在法以客观法为生效条件，并以实现客观法为目的。只要有人类社会，就有客观法即社会连带关系。狄骥如此强调社会连带关系的"客观法"地位，其目的在于为权利的限制提供理论依据。因为社会连带关系的存在，所以所有权就不再是一己之私利，而是一种"社会职务"。

私权社会化和社会连带主义学说也影响到日本。牧野英一是社会法学派在日本的代表人物，他在《法律上之进化与进步》一书中考察了法律之社会化与权利思想的关系，他认为，"盖现代之法制对于吾人权利加以制限之规定，系益益增多者。以此制限仅为对于原则之例外，固无不可，然若发见包括其原则与例外而可以理解为唯一原则时，则从来权利之观念显然应受变更矣。……对于权利之制限并非由权利以外所与于权利者，乃系由权利本身所发生者矣。"他进一步从社会成员共同生活的角度论述，"如斯意味之权利，其性质上自应受二种之限制：第一，个人主张权利者，须相伴于共同生活之保持以致繁荣之范围乃为正当。第二，权利于共同生活之保持以致繁荣有所必要时，则不可不行使之。若斯二端，系以权利由社会的观察之要受一定之制限者矣"。[①]

日本近代法律学者冈村司在其著作《民法与社会主义》一书中也从社会连带主义的角度论述了私有财产权限制的法律社会学基础："夫团体生活，乃人生之要件。今日之人类尤然，吾人为团体之一员，

[①] ［日］牧野英一：《法律上之进化与进步》，朱广文译，中国政法大学出版社2003年版，第115—117页。

乃得生存于世。不能离团体而独自生存也。而团体各员,其言语思想感情相同,利害与共,脉络相通,欲离不得。分工合作,互助以为生活。即社会连带说之真理存焉。……所谓所有权非个人绝对权,而为社会相对权者,盖言其应随团体生活之必要而认定变更者也。今日之所有权制度,果有害于团体生活,则应立即变更之。"①不过,冈村并不主张以"团体生活"之名义而无限地限制包括财产权在内的个人权利,他认为,"然则团体可蔑视个人本性,而恣意剥夺其生命财产乎!是亦不然。团体生活出于个人本性。保全个性,即所以保全团体。故为团体生活之必要,须保护个人之生命财产。此所以个人有自然权也。团体有时亦剥夺个人之生命财产。则个人之生命财产,保护剥夺,有何标准?以团体生活之必要为标准耳。……越此程度而剥夺之,是团体自灭之道也。要之个人权利为团体生活之必要所限制,而团体亦不得反乎团体生活之必要而剥夺个人权利也。"②

三 庞德:社会控制学说

庞德(Pound,1870—1964年),美国社会学法学派的创始人和集大成者。在庞德看来,法律的作用和任务在于确定、承认和保障各种利益以求达到社会控制的目的。"就理解法律这个目的而言,我很高兴能从法律的历史中发现了这样的记载:它通过社会控制的方式而不断扩大对人的需求、需要和欲望进行承认和满足;对社会利益进行日益广泛和有效的保护;更彻底和更有效地杜绝浪费并防止人们在享受生活时发生冲突——总而言之,一项日益有效的社会工程。"③

---

① [日]冈村司:《民法与社会主义》,刘仁航等译,朱晓喆勘校,中国政法大学出版社2003年版,第78页。
② 同上书,第79页。
③ 转引自[美]博登海默:《法理学、法律哲学与法律方法》,邓正来译,中国政法大学出版社1999年版,第147页。

在庞德的社会控制学说中,"社会利益"是重要关键词。庞德将利益分为三类:个人利益、公共利益和社会利益。庞德是在"个人—国家—社会"这样一种社会结构语境下论述利益问题的。如果将庞德对利益的分类与我国主流话语体系中的利益分类作比较,那么他的"公共利益"大致与我们的"国家利益"对应,他的"社会利益"基本上与我国的"集体利益"或"社会公共利益"对应。与我国主流意识形态所宣扬的"国家利益、集体利益高于个人利益""个人利益服从国家利益、集体利益"等集体主义价值观不同,庞德采取了"鸵鸟政策",拒绝就他提出的三种利益的高低贵贱作出明确表态,转向一种"平衡论"和"因时制宜"的灵活态度。他认为,在不同的时期,法律优先考虑的利益也应有所区别,"尽其可能保障所有的社会利益并维持这些利益之间的与保障所有这些利益相一致的某种平衡或协调"[1]。庞德所言的利益概念绝大部分是指财产利益,让三种利益不分高下,互相牵制,这的确是一种财产权限制的有效方式。究其原因,正如邓正来先生所言,"庞德在评价各种利益之严格价值标准问题上之所以表现出这种犹豫不决的态度,并不是因为他没有对这个问题进行考虑,而实是因为他坚决反对那种宣称存在着一种超越时空且永恒不变的自然法的观点所致"[2]。这其实不难理解,因为庞德的社会学法学本身就是在批判自然法学和分析法学等传统法学流派的基础上建立起来的。

庞德的财产权限制思想还体现在他对法律价值的研究中。尽管平等问题并非社会学法学家庞德关注的重点,但是他承认平等作为法律的基本价值之一的重要性。他的"平等"概念表现在两个方面:一是法律律令运作的平等,这要求权利的平等和法律救济措施适用的平等;二是发挥个人才能和运用个人财产的机会平等,为此,庞德研究

---

[1] 转引自[美]博登海默:《法理学、法律哲学与法律方法》,邓正来译,中国政法大学出版社1999年版,第148页。

[2] 邓正来:《社会学法理学的"社会神"》,载《中外法学》2003年第3期。

了诸如对财产权使用的限制，对契约自由的限制等问题。[①] 庞德从社会利益的角度赞成对财产权和契约的限制。"当下的趋势乃是人们愈来愈倾向于认为，法律所应当保障的乃是满足所有者在财产权方面的那些可以被一般化且被归入某些社会利益的欲求或主张，尤其是满足那些与邻人相同主张相符合的因而可以被认为是合理的主张。"[②] 他要求"努力限制以反社会的方式行使权利的做法"[③]。对此，邓正来先生已经作了较为全面的解释：

> 如果人们没有对个人把人类生存的物质资料用于满足个人权利主张的做法做出有序的安排，那么人类生存的物质资料就会蒙遭损失或浪费，或者我们至少可以说，人们从人类生存的物质资料中所获得的满足便会大大减少。只有当人们有效地消除和杜绝了人们在使用和运用现有物质资料过程中的磨擦和浪费以后，只有当人们有效地杜绝了对所拥有的财力的纵情享用以后，上述两种情况中的有序化才可能得到维续。[④]

第三节　法经济学依据：私有财产的外部性和交易成本理论

法律经济学或经济分析法学是法学和经济学联姻的产物，起源于20世纪60年代的美国，逐步发展成为一个颇有影响力的学派，其代表人物有科斯、波斯纳等。"效益"是这一学派的核心思想。科斯的

---

① ［美］庞德：《法理学》（第一卷），邓正来译，中国政法大学出版社2004年版，第442页。
② 同上书，第447页。
③ 同上书，第443页。
④ 邓正来：《社会学法理学的"社会神"》，载《中外法学》2003年第3期。

《社会成本问题》(1980)、波斯纳的《法律的经济分析》(1973)堪称法律经济学或经济分析法学的典范之作，而财产权配置和限制问题属于核心内容，其中，交易成本理论是他们分析财产权冲突和限制的理论工具。另外，经济学一般原理中也能找到财产权配置和限制的理论依据，例如外部性理论等。使用经济学的理论和方法来分析、评判、规范、解释和改革法律制度本身即意味着一种有益和卓有成效的尝试，不失为一种全新的视角。[①]

一　外部性理论

外部性理论是经济学术语。外部性亦称外部成本、外部效应或溢出效应。外部性可以分为正外部性（外部经济）和负外部性（外部不经济）。在很多场合，某个人（生产者或消费者）的一项经济活动会给社会上其他成员带来好处，但他自己却不能由此得到补偿，这样他从其活动中得到的私人利益就小于该活动所带来的社会利益，这种性质的外部影响被称为"外部经济"。例如一个企业对其雇用的工人进行培训，而这些工人可能"跳槽"，该企业并不能从其他单位索取补偿。又如某人将自己房屋周围的花园和草坪打理得整洁美观，他的邻居也收获了赏心悦目的好处而并未向他付费。另外，在很多时候，某个人（生产者或消费者）的一项经济活动会给社会上其他成员带来危害，但他自己却并不为此支付足够抵偿这种危害的成本，此时这个人为其活动所付出的私人成本就小于该活动所造成的社会成本。例如，工厂排放的烟尘污染了周围的居民区但并未向居民付费，吸烟者的行为危害了被动吸烟者的身体健康但并未向后者作出赔偿，产生了外部不经济效果。[②] 简言之，外部性是产品的私人消费或生产产生的

[①] 王哲、郭义贵：《效益与公平之间——波斯纳的法律经济学思想评析》，载《北京大学学报》（哲学社会科学版）1999年第3期。

[②] 高鸿业主编：《西方经济学》（上册），中国经济出版社1996年版，第420—421页。

社会溢出收益或成本。"如果不存在外部性,那么边际私人收益或成本等于边际社会收益或成本。但是,如果存在外部收益或外部成本,那么私人收益和社会收益或私人成本和社会成本之间就不相等了。这种差异表明,为了有效使用资源,就需要政府活动。"① 这里的"政府活动"就是政府通过立法和政策对于经济活动或者说财产权行使活动的干预和限制。在自由竞争的市场上,财产权的自由行使可能会带来诸如资源浪费、环境污染等外部不经济现象,这为财产权的限制提供了理论依据。

如何解决外部性问题特别是外部不经济现象?一是采用税收和津贴的政策。对造成外部不经济的企业征税,其数额应等于该企业给社会其他成员造成的损失,从而使其私人成本与社会成本相等。例如对污染者征税的数额应当等于治理污染的费用,这种政策建议是"福利经济学之父"庇古首先提出的,所以被称为"庇古税"。反之,对造成外部经济的企业,国家可以采取发放补贴的办法,使企业的私人利益与社会利益相等。无论如何,只要政府采取措施使得私人成本和私人利益与相应的社会成本和社会利益相等,则资源配置就可以达到帕累托最优状态。帕累托最优状态是福利经济学的重要概念,其基本含义是:对于某种既定的资源配置状态,任意改变都不可能使至少有一个人的状况变好而又不使任何人的状况变坏,则称这种资源配置状态为帕累托最优状态。② 征税和补贴能在很大程度上实现外部效应"内部化"的效果。

二 交易成本理论

在传统财产法和侵权法理论与实践中,解决财产权冲突问题的方式是单向度的,即保护受害方而限制加害方。科斯对此提出了质疑。

---

① [美]夏普、雷吉斯特、格里米斯:《社会问题经济学》(第十三版),郭庆旺、应惟伟译,中国人民大学出版社2000年版,第336页。
② 高鸿业主编:《西方经济学》(上册),中国经济出版社1996年版,第379页。

他认为:"人们一般将该问题视为甲给乙造成损害,因而所要决定的是:如何制止甲?但这是错误的。我们正在分析的问题具有相互性,即避免对乙的损害,将会使甲遭到损害,必须决定的真正问题是,是允许甲损害乙,还是允许乙损害甲?关键在于避免较严重的损害。""法院常常承认他们的判决具有经济含义,并意识到问题的相互性(而许多经济家却没有意识到)。而且他们一贯在判决中将这些经济含义与其他因素一起考虑。""问题的关键在于衡量消除有害效果的收益与允许这些效果继续下去的收益。"① 看来,科斯并不反对限制财产权,只是在限制谁的财产权问题上主张要算"经济账"。他主张损害具有"相互性",所谓"受害"和"加害"都是相对的,如果甲对乙的损害给甲带来的收益大于乙的损失,那么这样做就增加了社会财富的总值,从效益原则来看就是值得的,法律就应当允许。换言之,此时应当限制的是乙的财产权,要求乙容忍来自甲的损害。他用走失的牛损坏临近土地的谷物、工厂的烟尘给临近的财产所有者带来有害影响等案例具体论证了自己的观点,由此得出"科斯定理"。

科斯定理一般表述如下:"在交易成本为零的情况下,不管权利如何进行初始配置,当事人之间的谈判都会导致财富最大化的安排;在交易成本不为零的情况下,不同的权利配置界定会带来不同的资源配置;因为交易成本的存在,不同的权利界定和分配,则会带来不同效益的资源配置,所以产权制度的设置是优化资源配置的基础。""交易成本"是经济学家科斯提出的概念,也是其财产权理论即"科斯定理"的核心概念。交易成本是指达成交易所要花费的成本,包括传播信息、广告、与市场有关的运输以及谈判、协商、签约、合约执行的监督等活动所费的成本。

科斯定理的主要意图在于强调如下观念:财产权限定的明晰化对

---

① [美]科斯:《社会成本问题》,载[美]科斯、阿尔钦、诺思等:《财产权利与制度变迁》,刘守英等译,上海三联书店、上海人民出版社1994年版,第4、24、32页。

于资源配置和财富最大化的重要性。科斯认为"权利的界限是市场交易的基本前提",因此"法律体系的目标之一就是建立清晰的权利边界,使权利能在此基础上通过市场进行转移与重新组合"。① 界限明确和清晰的权利可以防止权利交易过程中的不确定性,并减少权利交易的成本。而权利界限即边界正是通过权利限制来实现的。② "对个人权力无限制的制度实际上就是无权力的制度。"③ 在科斯看来,为了实现社会财富和效益的最大化,法律应当首先确定财产权特别是私有财产权的归属和界限,限制谁的财产权,限制到什么程度,都必须事前明确,这样做是为降低交易成本,实现资源最优化配置。

作为法学家和法官的波斯纳是科斯理论的追随者,但他对包括财产权在内的几乎所有重要法律问题作出了比科斯远为全面和精致的分析和论证。波斯纳认为,有效的财产权制度应当包括三个特性:普遍性、排他性、可转让性。"如果任何有价值的(意味着既稀缺又有需求的)资源为人们所有(普遍性),所有权意味着排除他人使用资源(排他性)和使用所有权本身的绝对权,并且所有权是可以自由转让的,或像法学学者说的是可以让渡的(可转让性),那么资源价值就能最大化。"④ 不过波斯纳也承认,因为财产权具有"不相容使用"(incompatible uses)的特点,所以事实上,绝对的、无条件的排他财产权是不可能的。他认为,将财产权分配给对其具有更高价值的一方作为一种经济上的解决办法虽然并非是完美无缺的,"但在大多数情况下,只要不存在过度的成本,他们还是可能接近最佳财产权界定

---

① [美] 科斯:《企业、市场与法律》,盛洪等译,上海三联书店1990年版,第51页。
② 陈舜:《权利及其维护:一种交易成本观点》,中国政法大学出版社1999年版,第5—6页。
③ [美] 科斯:《社会成本问题》,载 [美] 科斯、阿尔钦、诺思等:《财产权利与制度变迁》,刘守英等译,上海三联书店、上海人民出版社1994年版,第51页。
④ [美] 波斯纳:《法律的经济分析》,蒋兆康译,中国大百科全书出版社1997年版,第42页。

的，并且这些近似的最佳界定可能会比财产权的经济性随机分配更有效地引导资源的使用"①。

波斯纳将有关财产权的交易区分为高交易成本和低交易成本两大类，后者可以完全通过市场进行，但是前者则需要政府干涉。以征收为例。根据经典的自由市场理论，当事人之间自愿交换的结果将使社会资源达到最佳配置。因此，如果当事人之间的交易成本不足以阻碍自愿交换的发生，那么政府不需要也不应当强行干预。② 根据有限政府理论，政府职能仅限于私人无法通过自愿交易而实现其目的之领域。如果某个领域的私人交易成本过高，则政府就获得了适当干预的正当性。征收权的行使也不例外。由于市场的不完善，某些交易由于交易成本过高而难以完成。比如政府修建铁路时一旦动工，变更路线的成本会非常高昂。了解这个信息后，铁路沿线的居民就有动力在谈判中抬高土地的出售价格，产生了拆迁过程中常见的"钉子户"问题，导致公共项目建设进度缓慢甚至搁浅。交易成本过高会造成公共产品和服务供应不足，进而导致社会福利的减损。法律赋予政府征收权，在一定的条件下将土地所有权的自由交换改变为强制转移，目的是克服自愿交易的障碍，防止私人出于种种原因"漫天要价"，阻碍或延误社会经济发展。尽管这实际上限制了土地所有人的财产权，但可以降低市场交易成本，提高资源配置效率，增加社会福利。

波斯纳的"财产权利不相容性"理论与科斯的"财产权相互性"理论是一脉相承的，"将财产权分配给对其具有更高价值的一方"是他们解决财产权冲突和限制问题的方法。这种方法贯彻的是经济学的效率原则，张扬的是强者的权利，限制的是弱者的诉求，而这样做是否公平并不在他们的考虑之列。为了保证效率，随着条件变化，财产

---

① [美]波斯纳：《法律的经济分析》，蒋兆康译，中国大百科全书出版社1997年版，第65页。

② Ronald Coase, The Problem of Social Cost, 3 Journal of Law and Economics 1, 1960.

权可能不断被重新界定。虽然从道德角度看，这似乎是一种"强盗逻辑"，可能导致"弱肉强食"的后果，但是在这样一个资源稀缺的世界里，经济分析法学的逻辑即使不能全面推广，但是在多数情况下应当是考量财产权限制的重要维度之一。

第四节　法理学依据：权利冲突原因论与权利位阶方法论

一　权利限制的模型论：内在限制论与外在限制论

权利是现代政治法律的一个核心概念，也是一个模糊不清的概念。怎样界定和解释"权利"一词是法理学上的一个难题。无论什么样的学派或学者都不可能绕过权利问题，相反，不同的学派或学者都可以通过界定和解释"权利"一词来阐发自己的主张，甚至确定其理论体系的原点。权利的概念、要件、类别和根据，是研究权利所要把握的基本问题。围绕这些问题，形成了权利的分析理论、价值理论和社会理论。权利的价值理论主要包括关于权利的重要性、权利限制以及权利衡量等问题的若干学说。[1] 权利能否被限制或压倒？权利为什么要受限制？为什么某种权利要在某些场合被其他的权利或利益所压倒？对权利的约束怎样才是正当的？这些都是关于权利的法理学研究必须回答的问题。对于权利限制的不同理解，不仅是一个价值选择问题，而且会影响权利制度的配置和运作。[2] 关于权利的限制，存在两种截然不同的理论模型："内在限制论"和"外在限制论"。

（一）内在限制论

"内在限制论"认为权利内含限制，该限制并非外在于权利，而

---

[1] 夏勇：《权利哲学的基本问题》，载《法学研究》2004年第3期。
[2] 丁文：《权利限制论之疏解》，载《法商研究》2007年第2期。

是权利的本质内涵或构成要素。权利依法仅享有一个确定、唯一的内容，权利限制是确定权利的外延或者内容的方法，故而权利必内含限制。① 该理论在法学方法论上采取"概念涵摄解释"，即首先对某项权利的概念进行解释，设定其保障范围，以此作为大前提去适用于个案。② 由于权利存在一定界限，因此那些超越权利界限的行为自始即不属于权利的保障范围。基于公共利益、国家法秩序要求对权利的限制，也是从权利的内部进行的必要的限制，这种限制应被称作内在限制，内在理论也由此而得名。③ 以所有权为例，内在理论采用"所有权本质蕴涵权利义务"的方法界定所有权，认为法令限制及由此产生的义务应纳入所有权的概念。所有权兼括权能和义务，限制及拘束乃所有权的本质内容。④ 内在限制论强调对所有权的限制也是共同决定所有权的因素之一⑤，私人财产权不仅要满足个人目的，还必须服务于公共的目的。⑥

（二）外在限制论

"外在理论"认为权利本身并不包含"限制"，权利的"构成"与"限制"是两个不同的问题。权利的"构成"是确定权利的主体和保障的行为，如果说存在保障范围的话，那么这个范围是比较宽泛的、存在无限可能性。权利的"限制"就是基于公共利益、他人权利、国家功能等因素的考量，从外部来确定不予支持的权利主张，此

---

① [法]盖斯旦、古博：《法国民法总论》，陈鹏等译，法律出版社2004年版，第704—705页。
② [德]卡尔·拉伦茨：《法学方法论》，陈爱娥译，台湾五南图书出版公司1996年版，第168—173页。
③ Robert Alexy. A Theory of Constitutional Right. Oxford University Press，2002，pp. 178-179.
④ 王泽鉴：《民法物权（1）：通则·所有权》，中国政法大学出版社2001年版，第159—160页。
⑤ [德]卡尔·拉伦茨：《德国民法通论》（上），王晓晔等译，法律出版社2003年版，第53页。
⑥ LAMETTI. The Concept of Property: Relations through Objects of Social Wealth. University of Toronto Law Journal，Fall，2003.

时权利的范围才最终确定。① 外在理论也一般地承认权利限制的正当性，但权利的存在状态可以是无限制的，限制与权利并无必然的联系，权利的构成并不包含对它的限制，只有当要求某个人的权利与其他人的权利或者公共利益和谐相处时，这种联系才凸显出来。② 权利本身相当于权利的"初步"保障范围，而限制后的权利才是一种确定的权利，即权利的实际保障范围。③ 以所有权为例，外在理论认为所有权先于国家而存在，国家存在的目的在于保护权利；所有权的定义应着眼于对物的全面支配性，至于法令限制是来自外部的，而不是所有权的本质要求。在外在限制论看来，虽然在现代社会中对所有权的自由和利益的限制日益增加，但还只是量变而非质变，并不影响权利概念的本质。将法令限制纳入所有权概念中，将会使得公权力过分介入所有权之私的领域。④

（三）两种理论模型的比较

通过比较不难发现，关于权利限制的两种理论模型是解释权利的两种不同的理论工具，本身无所谓对错之分，而只是体现了解释者的立场和价值观的不同。外在限制论者站在个人主义立场，坚持的是自由主义的价值观；而内在限制论者立基于"社会主义"（在与"个人主义"相对的意义上使用）立场，坚持的是团体主义（或称"集体主义"）的价值观。外在限制论者希望"公私分明"，担心的是公权力以公共利益之名恣意侵蚀私权利；内在限制论者主张"公私不分"，忧虑的是私权利的放任导致社会公共利益的损害。不过，在多数学者看来，两种理论的优劣之别是确实存在的。梁慧星教授认为，内在限制论存在否定个人权利的潜在风险，而外部限制论可以较好地

---

① Robert Alexy, A Theory of Constitutional Rights, Oxford University Press, 2002, pp. 178–179.

② Ibid..

③ Ibid..

④ 王泽鉴：《民法物权（1）：通则·所有权》，中国政法大学出版社2001年版，第159—160页。

协调个人利益与社会利益，为现代法治国家普遍采用的理论方法。

"权利的内部限制指权利本身包含义务，权利应为社会的目的而行使，混淆权利与义务的界限，最后发展为对个人利益和个人权利的彻底否定。学说上提倡对权利的内部限制，目的在于实践公益优先之原则，必要时牺牲个人利益以维护社会公益。殊不知社会公益有真假之别，所谓内部限制很容易成为借社会公益之名以剥夺个人权利的理论依据。所谓外部限制，是在承认并保障权利之不可侵性、权利行使之自由性的前提下，以公法的措施适当限制权利之不可侵性，以民法上的诚实信用原则、权利滥用之禁止原则及公序良俗原则限制权利行使之自由性。概而言之，通过权利的外部限制，可以较好地协调个人利益与社会利益，是为现今法治国家的通行做法。"①

一般而言，在私权利不彰而公权力过剩的时代和社会背景下，宜采用外在限制论，扬权利而抑权力；反之，在私权力过分强大而公权力疲弱的时代和社会背景下，采用内在限制论可以适当矫正极端自由主义的弊端。可以说，两种理论恰如两种不同的药方，分别对应不同的社会病症，问题的关键在于对症下药，要用在正确的时间和正确的地方，否则会后患无穷。对此，梁慧星教授针对我国当前的时代和社会背景的分析非常值得我们警醒，他认为："中国有过几千年封建社会的历史，缺乏民主法治传统，改革开放前曾经走过一段否定个人利益和个人权利的弯路，现在刚刚开始走上民主法治建设之路，人民大众和企业的权利意识、法律意识刚刚开始复苏，各种侵害个人和企业合法权益的事件还层出不穷，各种阻碍民主法治的因素和势力还严重存在，因此中国立法在处理对权利行使的限制这个问题时，不可不慎

---

① 梁慧星：《民法总论》（第三版），法律出版社2007年版，第257页。

之又慎！"①

笔者赞成采用外在限制论作为权利限制的法理学理论模型。理由有二：一是权利概念本身的科学化的要求，二是我国当前权利实践的时代背景的要求。

从法律概念的界定方式看，要在"权利"概念内部明确其所有限制内容是不切实际的。界定法律概念的方式有两种：一是完全列举式，这是一种面面俱到的方式，即穷尽地列举所描述对象的特征；二是一般概括加重点列举式，这是一种"抓大放小"的方式，即"不要求概念设计者已掌握对象之一切重要的特征，而在于基于某种目的性的考虑，就其对该对象所已认知之特征加以取舍，并将保留下的特征设定为充分而且必要，同时再将事实涵摄于概念之运作中，把其余特征一概视为不重要。"② 如果采用完全列举的方式定义权利，那么权利的所有属性或构成要素都应当被列举出来，而由于人类理性的有限性，这几乎是不可能完成的任务。而采用概括加重点列举式的界定方法，由于其抽象性和列举的不全面性，必然使得权利的限制或者界限不那么清晰，但这是一种比较符合人类认识规律的方法，是承认人的理性和认识能力有限的方法。即使采取概括和完全列举相结合的方式，也无法完全摆脱上述弊端，最多不过在一定程度上减轻单一的定义方式所固有的缺陷。内在限制论试图将"限制"内化于"权利"概念本身，由于对"限制"的列举和概括都无法穷尽限制的内容，这必然导致权利的边界模糊不清，因此不管采取何种定义方式，内在理论追求的权利的"固定范围"都是无法实现的。

如果采用外在理论，则采用概括加上重点列举的方式来定义权利，立法者只需将法律概念所涵摄的对象区分为一般与例外，概念只反映一般情形而排除例外。权利的核心区域是清晰的，而其边缘是不

---

① 梁慧星：《民法总论》（第三版），法律出版社2007年版，第257页。
② 黄茂荣：《法学方法与现代民法》，中国政法大学出版社2001年版，第39页。

确定的。① 在外在理论中,权利具备弹力性:权利限制消灭后,被限制的权利均应回复到其应有的状态。"权利限制无非是从私人生活的外部,根据当事人的愿望、法律秩序、社会公共利益的要求而不得不进行的设置。权利限制是对于权利边界的压缩,权利限制并非权利之必然,而为临时性的手段,是针对特定情景采用的衡平措施。"② 王泽鉴教授认为,所有权的弹力性指所有权因同一标的物设有用益物权或担保物权而受限制,但此限制一旦除去,所有权即回复其圆满状态。债权也具有一定程度的弹力性或扩张力,例如债权因设定权利质权而受限制,权利质权一旦消灭,债权即回复其不受限制的状态。③ 只有按照这种方式定义权利,才能以私权为基准点建立讨论问题的参考坐标。④ 人们通常所说的"权利限制"就是运用外在理论的产物。如果说权利本身已经包含限制,那么"权利限制"的说法就显得多余了。

从权利的本质属性看,内在限制论可能会混淆权利和义务的界限。关于权利的本质属性,众说纷纭。霍布斯、斯宾诺莎宣称权利即自由,康德、黑格尔认为权利就是"自由意志",耶林宣称权利就是受到法律保护的利益。功利主义者认为权利的实质是社会功利。夏勇教授认为权利主要包含五种要素:利益、主张、资格、力量和自由,其中任何一个都可以表示权利的某种本质。⑤ 我们发现,中外学者们界定的"权利"的本质属性或构成要素中并未出现"义务""责任""限制""负担"等对于权利人而言属于消极意义的权利,相反都是

---

① Jeremy Waldron. Rights in conflict. Liberal Rights 203, 224 (1993).
② 张平华:《私法视野里的权利限制》,载《烟台大学学报》(哲学社会科学版) 2006 年第 3 期。
③ 王泽鉴:《民法物权(1):通则·所有权》,中国政法大学出版社 2001 年版,第 151 页。
④ Hsiung, Bingyuang. A Methodological Comparison of Ronald Coase and Gray Becker. American Law and Economics Review, 2001, 3 (1).
⑤ 夏勇:《权利哲学的基本问题》,载《法学研究》2004 年第 3 期。

能为权利人带来某种潜在"好处"的具有积极意义的内容。而上述"消极意义的内容"正好是"义务"或"责任"的属性或构成要素。"所有权包含义务""自由与义务是所有权的双重属性"①，或者"权利附条件"等理论观点，使权利与义务的界限不再明确，危及权利体系的严密性。我们说所有权是对世权，是说在所有权法律关系之中，权利人即所有人是特定的人，义务人则是"除他之外"的所有其他的人。有学者指出，"所有权本身包含义务"的理论观点"让人感觉到把辩证法运用得有点像变戏法"，甚至有可能使得"整个财产法乃至整个法学的大厦都要被推倒重构了。"② 只有采用外在理论界定权利，才不至于混淆权利与义务的界限。

"内在理论"在深层次上反映了一种法律实证主义的观念，强调的是权利的"合法性"，对权利保障范围采取较为狭窄的解释方法，很可能会使公民的许多行为利益或自由被排除在权利保护范畴之外。"外在理论"对权利保护领域尽量给予从宽认定，并将行为或事项广泛地纳入权利的保护范围，国家必须提出正当理由才能对其进行干预或限制。有国外学者总结了如下规律：坚持个人主义立场或权利本位的人一般会偏爱外在限制论，主张社会本位的人会选择内在限制论。③ 我国民事立法到底应采用何种本位模式？学术界并未达成一致意见，有主张权利本位的，有主张社会本位的，也有主张采用"权利本位兼社会本位，但以权利本位为主，社会本位为辅"。④ 笔者认为，我国民法应坚持权利本位，因而应采用外在理论作为权利限制的理论基础。社会本位在西方法律中是为消除自由经济带来的环境破坏、贫富差距悬殊、严重的社会不公等负面现象而提出的，是修正权利本位的

---

① [德]霍恩、科茨、莱塞：《德国民商法导论》，楚建译，中国大百科全书出版社1996年版，第189页。
② 余能斌、范中超：《所有权社会化的考察与反思》，载《法学》2001年第1期。
③ See Robert Alexy, A Theory of Constitutional Rights, Translated by Julian Rivers, Oxford University Press, 2002, pp. 178–179.
④ 刘凯湘：《论民法的性质与理念》，载《法学论坛》2000年第1期。

产物，可以说是后天形成的。与此不同，我国长期奉行高度集中的计划经济，而计划经济先天就是"极端的社会本位"或"国家本位"。[1] 我国正处在计划经济向市场经济转型的进程中，极端社会本位的思维惯性仍然强大，行政权力以社会公共利益为由侵害私权的现象仍然严重。例如，在城市房屋拆迁中，私权保护理念严重缺位：行政管理观念取代了私权保护应有的地位；公权力任意干涉私房所有权人的权利行使；私房所有权人的利益被虚假公益目的所侵害却难以获得法律救济等。城市私房拆迁往往超出公共利益的目的，甚至以公共利益为幌子，实际是为某些团体甚至个人获得盈利而滥用房屋拆迁权力，严重侵害了民众的财产私权。[2] 所有权观念淡薄的国家不应采纳"所有权承担义务"的理论。[3] 为此，我国民法应旗帜鲜明地采取权利本位，在私权、公权之间设置有效的屏障，尽量减少极端社会本位的消极影响，最大限度地实现保障人权和自由，促进社会进步与发展。

二 权利限制的原因论：权利冲突理论

利益冲突是人类社会的普遍现象和永恒主题。在一个法治化的社会，法律是解决利益冲突的最主要方式。法律规则通过为人们设定权利和义务的方式来化解冲突。但这远不是一劳永逸之事，因为"权利设置的目的是为了克服利益冲突，但法律的局限性使得法律规则系统出现种种漏洞，使得利益冲突并未能完全消除反而转化为权利冲突"[4]。而且，在苏力先生看来，社会生活的发展和人们交往的频繁，使权利相碰撞的可能性不断增长，"我们事实上总是处在一种权利相互性的境地"，因此"仅仅一般地在法律文本上承认公民或法人有权

---

[1] 顾昂然、王家福、江平：《中华人民共和国民法通则讲座》，中国法制出版社 2000 年版，第 79 页。
[2] 费安玲：《私权理念与城市私房拆迁的立法》，载《政法论坛》2004 年第 5 期。
[3] 余能斌、范中超：《所有权社会化的考察与反思》，载《法学》2001 年第 1 期。
[4] 胡余旺：《权利冲突的法哲学思考》，载《河北法学》2010 年第 8 期。

利远远不够,因为所有这些被承认的权利在某种程度上某些时刻均可能发生冲突。"① 不过,这样的逻辑抑或经验并非所有人都能认同,学术界目前对权利冲突问题尚未达成基本共识,存在肯定论和否定论两种截然不同的认识。

(1) 肯定论。苏力认为,在承认社会资源稀缺的前提下,权利具备冲突性或相互性:一种权利的实现意味着另一种权利的不可实现,既然任何一方权利的实现必然构成对他人权利的侵犯,承认权利的相互性就必须承认权利冲突的普遍存在。② 王克金认为,权利冲突是由于权利边界存在模糊性,在两个或数个合法的权利之间,法律未对其关系作出明确界定,导致权利边界的不确定性和权利之间的矛盾状态,可称为权利冲突。③ 张平华认为,构造权利边界的手段失灵,实质合理性与形式合理性之间的紧张关系以及法律解释的非客观性都是权利冲突的产生原因。④

(2) 否定论。英国学者米尔恩认为道德权利之间可能存在冲突,但法定权利之间不会发生冲突,因为"所有的法定权利要服从于司法的界定和解释,并且由法院决定特定的法定权利,授权权利主体享有什么",所以"一份支持一方反对另一方的司法判决,便消除了各方法定权利冲突的可能性"。⑤ 国内学者郝铁川先生从权利边界的清晰性、可确定性角度出发,认为权利冲突是"一个不成问题的问题",是"伪命题","忽略了任何权利都有特定的边界",只要人们努力找到并守望权利边界,就不会发生权利冲突。⑥

---

① 苏力:《秋菊打官司案、邱氏鼠药案和言论自由》,载《法学研究》1996年第3期。
② 同上。
③ 王克金:《权利冲突的概念、原因及解决——一个法律实证主义的分析》,载《法制与社会发展》2004年第2期。
④ 张平华:《权利冲突是伪命题吗?——与郝铁川教授商榷》,载《法学论坛》2006年第1期。
⑤ [英]米尔恩:《人的权利与人的多样性——人权哲学》,夏勇、张志铭译,中国大百科全书出版社1996年版,第145—148页。
⑥ 郝铁川:《权利冲突:一个不成问题的问题》,载《法学》2004年第9期。

本书认为权利冲突是客观存在的法律现象。权利冲突命题之真伪的判断取决于对如下问题的回答：权利是绝对的还是相对的？权利边界是清晰的、可确定的，还是模糊的、不可确定的？法律是准确的还是模糊的？裁判或法律解释的结果是唯一的还是多元的？[1] 权利的边界是否清晰，法律的内容是否确定，裁判的结果是否唯一，对于诸如此类的问题，可以通过复杂的逻辑和理论模型来推演，也可以用法学常识和生活经验来回答。"在中国的法治进程中，权利冲突已经成为一个越来越普遍的法律现象，并广泛地存在于法制的各个环节之中，尤其是存在于司法审判、行政执法和日常生活中。"[2] 张平华先生结合权利冲突产生的原因，从关系和行为两个维度将权利冲突定义为：因为权利边界的模糊性、交叉性等而产生的，两个或两个以上的主体间的权利矛盾关系或者因行使权利而导致他人受到侵害的行为。[3] 笔者赞同这个定义。

权利冲突说明法律本身存在局限性，解决冲突的办法也许可以采用"先人后己""无私奉献"之类的道德准则，但是其有效性和可持续性却值得怀疑，而制度化、可实现的解决方式只能在法律本身的范围内寻找。有立法和司法两条道路可供选择。其一是立法。通过法律的立、改、废，尽量明确权利的边界，或对某些权利施加必要的限制，或确定在一定条件下的权利行使的优先性原则和规则。其二是司法。在进行涉及权利冲突的裁判时必须采用利益衡平的方法，综合考量权利平等原则、权利位阶原则、最大利益原则、保护弱者原则等。[4] 可见，不管是立法还是司法，要想顺利解决包括财产权在内的权利冲突，实现法律秩序和社会秩序的和谐稳定，都必须采用权利平衡和限

---

[1] 张平华：《权利冲突是伪命题吗？——与郝铁川教授商榷》，载《法学论坛》2006年第1期。
[2] 刘作翔：《权利冲突：一个应该重视的法律现象》，载《法学》2002年第3期。
[3] 张平华：《权利冲突辨》，载《法律科学》2006年第6期。
[4] 胡余旺：《权利冲突的法哲学思考》，载《河北法学》2010年第8期。

制手段。或者说权利冲突是原因，权利限制是结果。这里的权利冲突包括：(1)财产权之间的冲突，又包括物权与债权的冲突，物权与知识产权的冲突，以及物权、债权、知识产权内部的冲突。(2)财产权与人身权的冲突，例如紧急避险情况下，为了保护人身而对财产的损害。(3)财产权与政治权利的冲突，例如游行示威阻塞道路导致车辆无法通行。在强调以人为本的今天，财产权在通常情况下被要求为人身权和政治权利让路；在财产权相互之间的冲突中，一般原理认为物权的效力高于债权，而要解决物权与知识产权的冲突，也必然要对其中一方或者双方的权利作出一定程度的限制。

三 权利限制的方法论：权利位阶理论

(一) 权利位阶的内涵和依据

"位阶"的本义是指"依某种次序形成的阶梯"，因此权利位阶即可定义为不同的权利按照某种次序或价值形成的阶梯或序列。韩国学者权宁星认为，"有权利冲突就必有权利位阶，权利位阶是解决权利冲突的必然措施。"[①] 也有学者不承认权利位阶，例如刘作翔认为"权利体系并没有位阶关系"，主张"权利的平等保护"应作为解决权利冲突的一个原则。[②] 苏力先生认为，言论自由在许多国家都被规定为公民的基本权利，优先于其他权利。"言论自由可以说本身就是这样一种公共选择或社会选择得以进行的先决条件和前提条件；因此具有一种逻辑上的先在。""言论自由的重要性不在于其被规定为公民的基本权利，从根本上看，在于这种规定的制度效益。"[③] 针对该观点，有学者撰文反驳说，"言论自由和人身权是两种同等重要的法律权利，两者不存在主次之分和何者优先的问题。言论自由优先配置

---

① [韩] 权宁星：《基本权利的竞合与冲突》，韩大元译，载《外国法译评》1996年第4期。
② 刘作翔：《权利冲突的几个理论问题》，载《中国法学》2002年第2期。
③ 苏力：《秋菊打官司案、邱氏鼠药案和言论自由》，载《法学研究》1996年第3期。

不符合我国国情。"① 也有学者坚决支持苏力的观点，认为"无论从纯粹的法学理论上还是从实定法的实际运作上来看，权利类型之间的平等，恐怕都是一种独特的臆想"。②

权利位阶理论的依据是人们的需要、欲望、要求和利益具有层次性。在两种或多种需要发生冲突时，法律应当优先满足更为紧迫的需要。权利位阶由高到低的顺序是按照需求的层次和紧迫性排列的。越是与人的低级需要相对应的权利，其位阶越高，越是与人的高级需要相对应的权利，其位阶越低。在低位阶的权利与高位阶的权利发生冲突的情况下，高位阶的权利应优先保护。③ 美国法学家庞德将法律划分为两种类型：等同法和排序法。前者以私法为典型，以经济效率和交换正义为主要价值目标，用损害赔偿等类似方式对权利进行普遍保护。后者以公法为典型，以社会公平和分配正义为主要价值目标，采用价值权衡方式优先保障某些利益，对特殊阶层进行照顾性保护。④ 德国法学家拉伦茨认为处理权利冲突的原则应当是：依据基本法的价值秩序，考察一种法益相对于其他法益是否有明显的价值优越性，无疑，相对于财产性的利益，人的性命或人性尊严有较高的位阶。因为言论自由权及资讯自由权对民主社会具有结构性的意义，联邦宪法法院明确赋予两者较其他基本权更崇高的地位。⑤ 张新宝教授认为在两种利益冲突的情况下必须寻求平衡，而某一种利益是否重大取决于它对于利益主体的重要性以及立法者的价值观。人格利益一般高于财产

---

① 关今华：《权利冲突的制约、均衡和言论自由优先配置质疑》，载《法学研究》2000年第3期。

② 林来梵、张卓明：《论权利冲突中的权利位阶——规范法学视角下的透析》，载《浙江大学学报》（人文社科版）2003年第6期。

③ 刘国利、谭正：《人文主义法学视野下的解决权利冲突的原则》，载《法律科学》2007年第4期。

④ ［美］庞德：《法理学》，邓正来译，中国政法大学出版社2004年版，第267—268页。

⑤ ［德］卡尔·拉伦茨：《法学方法论》，陈爱娥译，商务印书馆2004年版，第285页。

利益;公民对于政治方面的利益(如投票权)高于普通社会利益(如对于社区服务的改进意见的反映);而公民的生命健康权则具有最高的价值。① 博登海默认为:

> 人的确不可能凭据哲学方法对那些应当得到法律承认和保护的利益作出一种普遍有效的权威性的位序安排。然而,这并不意味着法理学必须将所有利益都视为必定是位于同一水平上的,亦不意味着任何质的评价都是行不通的。例如,生命的利益是保护其他利益的正当前提条件,因此它就应当被宣称为高于财产方面的利益。健康方面的利益似乎在位序上要比享乐或娱乐的利益高。②

(二) 权利位阶原则:一元论和多元论

作为一种裁判方法,权利位阶包含权利规则和权利原则两个部分。权利位阶规则是指明确规定不同权利的效力优先顺序的法律规则,据此得出的权利的优先顺序是确定的。权利位阶原则是指以确定权利的价值轻重为内容的法律原则,据此得出的权利的优先顺序是相对的。依据建立原则的标准的不同,权利位阶原则可以分为两种形式:一元论和多元论。一元论从统一的价值判断标准出发建立一种阶梯结构,使各项权利都有一个固定的优先顺位,呈现出完整的、元素周期表式的权利图谱。多元论根据多个价值判断标准,使权利位阶表现出灵活、可变的特点和多层次的网格结构。③

一元论的权利位阶原则主要表现为如下形式:

---

① 张新宝:《名誉权的法律保护》,中国政法大学出版社1997年版,第90—91页。
② [美] 博登海默:《法理学、法哲学及其方法》,邓正来译,中国政法大学出版社1999年版,第400页。
③ 张平华:《权利位阶论——关于权利冲突化解机制的初步探讨》,载《法律科学》2007年第6期。

(1) 以功利或效益最大化为标准。18 世纪英国功利主义法学家边沁认为，功利主义的重点在于扩大立法者治理之下的社会共同体的幸福，"政府的业务在于通过赏罚来促进社会幸福"。[①] 不论是个人的行动还是政府的措施都要符合功利。这就要求立法者谋求最大多数人的幸福，而且应当一视同仁地为每个人谋求福利。[②] 如果说功利标准还略显抽象而难以操作的话，那么以美国经济学家科斯为代表的经济分析法学派的主张就更为具体，他们认为权利冲突的解决必然依赖于成本收益的计算，总体的社会效益最大化应当成为解决权利冲突的最终依据。[③]

(2) 以人的需求层次为标准。美国心理学家马斯洛创立了需求层次理论。该理论将人的需求分为五种，像阶梯一样从低到高，按层次逐级递升，分别为：生理需求、安全需求、社交需求、尊重需求和自我实现需求。需求层次理论有两个基本出发点，一是人人都有需要，某层需要获得满足后，另一层需要才出现；二是在多种需要未获满足前，首先满足迫切需要；该需要满足后，后面的需要才显示出其激励作用。同一时期，一个人可能有几种需要，但每一时期总有一种需要占支配地位，对行为起决定作用。任何一种需要都不会因为更高层次需要的发展而消失。各层次的需要相互依赖和重叠，高层次的需要发展后，低层次的需要仍然存在，只是对行为影响的程度大大减小。因此低层次的需求应当更具有优先性。有学者根据该理论将权利从低层到高层排列如下：(a) 生命健康权；(b) 基本财产权、劳动权、休息权以及最低生活保障权；(c) 性权利、生育权；(d) 生活安宁权、安全保障权、自由权、平等权；(e) 文化教育权、社会尊重权、政治自由；(f) 非基本财产权；(g) 非基本权利，如自我实现权、娱乐

---

① [英]边沁：《道德与立法原理导论》，时殷弘译，商务印书馆 2000 年版，第 122 页。
② [英]边沁：《政府片论》，沈叔平译，商务印书馆 1995 年版，编者导言。
③ 苏力：《秋菊打官司案、邱氏鼠药案和言论自由》，载《法学研究》1996 年第 3 期。

权、追求更高层次的物质精神享受权。这样的分层未必科学，但是具有参考价值。

（3）国际人权法标准。在当今国际社会，维护和保障人权是一项基本的道义原则，也是一项法律原则。现代人权的发展主要经历了三个时期：第一个时期是17、18世纪资本主义上升时期，仅限于人人生而平等，自由等政治权利，这些权利被"消极的权利"，即保护公民自由免遭侵犯的权利，被称为第一代人权。第二个时期是19世纪后，人权逐步从政治领域扩大到经济、社会、文化等各个领域，这些权利被称为"积极的权利"，即由国家采取积极行动来配合实现的权利，被称为第二代人权。第三个时期是20世纪50年代以后，随着民族解放运动的发展，传统人权概念有了突破，从个人人权发展到集体人权，增加了民族自决权、发展权、和平权、环境权、自然资源权、人道主义援助权等内容，这些权利从国内保护扩展到国际保护，要求在维持和平、保护环境和促进发展等领域加强国际合作，被称为"第三代人权"。三代人权也形成一个序列即权利位阶，人权的代数越高，其紧迫性越低。同理，出现越早的人权，其越具有优先性。必须强调的是，在国际人权法中有一些人权是"不可克减的"，即公认的无论以何种理由、在任何情况下都不得侵犯和限制的权利，比如国家在根据国际法克减其保护人权的义务时，不得包含纯粹基于种族、肤色、性别、语言、宗教或社会出身的歧视措施，不得克减生命权利、免受酷刑或残忍的、不人道的或侮辱性待遇或刑罚的权利、免为奴隶或被强迫役使的权利、免受债务监禁的权利、不服从溯及既往的刑事法律的权利、法律面前平等的权利以及思想、良心和宗教信仰自由的权利。在自由主义者看来，这些权利就是将个人权益置于一般福利之上的王牌。只有坚守这些权利，才能遏制"功利主义的暴行"。例如，《公民权利和政治权利国际公约》第4条规定，在社会紧急状态威胁到国家的生命并经正式宣布时，本公约缔约国得采取措施克减其在本公约下所承担的义务（主要是保护人权的义务），但是该条同时规定，克减措施不得与该国根据国际法所承担的其他义务相矛盾，不得包含纯粹基于种族、肤色、性别、语言、宗教或社会出身的歧视，而且不得克减该公约第 6 条、第 7 条、第 8 条（第 1 款和第 2 款）、第 11 条、第 15 条、第 16 条和第 18 条所规定的权利。这些权利是生命权利，免受酷刑或残忍的、不人道的或侮辱性待遇或刑罚的权利，免为奴隶或被强迫役使的权利，免受债务监禁的权利，不服从溯及既往的刑事法律的权利，法律面前平等的权利以及思想、良心和宗教信仰自由的权利。1950 年《欧洲人权与基本自由公约》也作了相似的规定。这些权利只是通常所谓的"基本人权"的一部分，但它们无疑是最核心的一部分。①

一元论满足了在统一价值尺度下评价事物的逻辑规则，容易理解和掌握，富有吸引力。② 它使权利体系完全秩序化，能简单化解权利冲突，确保裁判结果的客观性，具有实用价值。③ 但一元论有削足适履之嫌，因为它忽视了一个基本事实，即任何权利都不是单一价值的载体，而是多种价值的综合体。就经济效益最大化而言，"财富"一词抹去了法律争议中的不同货物之间存在的质的区别。如果说经济效益尺度对于衡量财产权还差强人意的话，那么它对于人格权和政治权利就勉为其难了。单一的经济效益标准忽视了效益低的权利的合法需求，难免使法律变成富人恃强凌弱的利器，使社会变成劫贫济富的名利场，"增长的极限"将在所难免，人类社会的可持续发展将化为泡影。

"多元论"视野中的权利位阶原则构成一个相互依赖和互补的体系。当人们同时追求各种基本价值时，会发现它们之间存在着复杂的

---

① 夏勇：《权利哲学的基本问题》，《法学研究》2004 年第 3 期。
② [美] 本杰明·卡多佐：《法律的成长 法律科学悖论》，董炯、彭冰译，中国法制出版社 2002 年版，第 124 页。
③ [美] 凯斯·孙斯坦：《自由市场与社会正义》，金朝武等译，中国政法大学出版社 2002 年版，第 133 页。

相互依赖性，有时不同价值之间会具有互补性，也可能存在冲突。互补性的一个例子是较高程度的繁荣会导致更大安全性的情形，因为有更多的物质资源能被用来确保未来的自由。冲突的例子如在一共同体内，较大的个人自由意味着较少的和平。① 对各种价值之间的替换往往难以评估，因为它们因环境而异，因此，"重要的是不要选出一个优于所有其他价值的特殊价值。……对特殊意愿的追求永远要受制于多重价值间的权衡。……基本价值之间的关系不是静态的，它取决于为实现这些价值而采用的手段和追求这些价值时所持有的时间视野——若具有长期的时间视野，冲突往往转化为互补。"价值间的冲突一般多见于短期，短期内冲突的价值从长期来看可能是互补的。例如在短期内，安全往往与繁荣冲突。将稀缺资源从私人投资和消费转用于国防开支时便会出现这种矛盾。但从长期来看，繁荣的国家更安全，而安全的国家会吸引较多的资本和企业，这又有益于增进繁荣。②

我们也可以用数学中的坐标系来理解多元论建立的权利位阶体系。以建立该体系的法律理念或原则为坐标轴，每个权利都可以在该坐标系中找到自己对应的坐标点。这样的坐标系可以是二维的、平面的，也可以三维的、立体的。由于法律理念的多元性，这样的坐标系可以有许多个，因为构成坐标系的坐标轴可以有多种组合。例如，如果以自由和秩序这两个法律价值为坐标轴组成坐标系来考察政治权利和人格权的位置，那么政治权利将更具自由价值，因此更靠近自由这根轴，而人格权更具秩序价值，因此将更接近秩序这根轴。如果以效率和公平这两个法律价值为坐标轴组成坐标系来考察财产权和人格权的位置，那么财产权将具效率价值，因此更靠近效率这根轴，而人格权将更具公平价值，因此更接近公平这根轴。立法者和司法裁判者的工作，就是寻找权利在坐标系中的定位。

---

① ［德］柯武刚、史漫飞:《制度经济学——社会秩序与公共政策》，韩朝华译，商务印书馆 2002 年版，第 87—88 页。
② 同上。

多元论采取多元价值标准，注重对现实生活中具体主体和特定权利进行具体分析，因人因时因事制宜，从多角度观察问题，有利于更准确地界定权利的价值，从这个意义上说，多元论比一元论更具有合理性。

（三）我国现行法中的权利位阶规则

我国现行法律体系已经在相当程度上体现了权利位阶规则。兹举例说明：

1. 物权优先于债权。该规则又可以细化为以下两种情形：其一，在某物既为债权给付的标的物，又为物权的客体时，无论物权成立时间先后，物权优先于债权；其二，债务人的特定财产上存有限制物权，就出卖该特定物所得的价金，限制物权人有优先于一般债权人受偿的效力。[①]《物权法》第 170 条规定："担保物权人在债务人不履行到期债务或者发生当事人约定的实现担保物权的情形，依法享有就担保财产优先受偿的权利。"《企业破产法》第 109 条也规定了担保物权人对于破产人的特定财产的优先受偿权。担保物权人的优先受偿权构成对普通的无担保债权人的权利的限制。

2. 担保物权之间的优先法则。担保物权重在物的交换价值而非使用价值，因此同一财产上可以并存多项担保物权，但在行使权利时需要确定优先顺序，顺序在后的担保物权受到顺序在前的担保物权的限制。《物权法》第 199 条规定："同一财产向两个以上债权人抵押的，拍卖、变卖抵押财产所得的价款依照下列规定清偿：抵押权已登记的，按照登记的先后顺序清偿；顺序相同的，按照债权比例清偿；抵押权已登记的先于未登记的受偿；抵押权未登记的，按照债权比例清偿。"《物权法》第 239 条规定："同一动产上已设立抵押权或者质权，该动产又被留置的，留置权人优先受偿。"最高人民法院《关于适用〈中华人民共和国担保法〉若干问题的解释》第 79 条规定，同

[①] 谢在全：《民法物权论》，中国政法大学出版社 1999 年版，第 34—35 页。

一财产法定登记的抵押权与质权并存时，抵押权人优先于质权人受偿。同一财产抵押权与留置权并存时，留置权人优先于抵押权人受偿。

3. "在先权利"优先于"在后权利"。这体现了人们"先来先得"的心理预期和一般规则。我国《专利法》和《商标法》中的先申请原则体现了这一规则。《专利法》第 9 条规定："同样的发明创造只能授予一项专利权。两个以上的申请人分别就同样的发明创造申请专利的，专利权授予最先申请的人。"《商标法》第 29 条规定："两个或者两个以上的商标注册申请人，在同一种商品或者类似商品上，以相同或者近似的商标申请注册的，初步审定并公告申请在先的商标；同一天申请的，初步审定并公告使用在先的商标，驳回其他人的申请，不予公告。"对于申请专利的条件之一即新颖性的判断标准也是时间。《专利法》第 22 条第 2 款规定："新颖性，是指该发明或者实用新型不属于现有技术；也没有任何单位或者个人就同样的发明或者实用新型在申请日以前向国务院专利行政部门提出过申请，并记载在申请日以后公布的专利申请文件或者公告的专利文件中。"《商标法》第 3 条规定："申请商标注册不得损害他人现有的在先权利，也不得以不正当手段抢先注册他人已经使用并有一定影响的商标"，确立了保护在先权利人和在先使用人的法律政策。

4. 承租人的权利优先于所有权人的权利。《合同法》第 229 条建立了"买卖不破租赁"原则：租赁物在租赁期间发生所有权变动的，不影响租赁合同的效力。第 230 条确立了承租人的优先买权：出租人出卖租赁房屋的，应当在出卖之前的合理期限内通知承租人，承租人享有以同等条件优先购买的权利。

5. 职工劳动债权优先。劳工在近现代社会也被视为典型的弱势群体，法律给予特殊保护，其中典型表现之一就是优先保护劳动债权，比如，根据《海商法》第 22 条第 1 款第 1 项和第 25 条第 1 款，船长、船员和在船上工作的其他在编人员根据劳动法律、行政法规或者劳动合同所产生的工资、其他劳动报酬、船员遣返费用和社会保险费用的给付请求权优先于船舶留置权和船舶抵押权。在《企业破产法》颁布之前，对于职工债权和担保物权在破产清算时何者优先问题，存在相当激烈的争论，因为优先保护前者体现以人为本，优先保护后者则是维护市场经济秩序，如何取舍，成为《企业破产法》立法的艰难抉择。该法第132条最终确立了担保物权优先于职工劳动债权的一般规则。《企业破产法》第109条规定：对破产人的特定财产享有担保权的权利人，对该特定财产享有优先受偿的权利。第132条规定：本法施行后，破产人在本法公布之日前所欠职工的工资和医疗、伤残补助、抚恤费用，所欠的应当划入职工个人账户的基本养老保险、基本医疗保险费用，以及法律、行政法规规定应当支付给职工的补偿金，依照本法第103条的规定清偿后不足以清偿的部分，以本法第109条规定的特定财产优先于对该特定财产享有担保权的权利人受偿。《企业破产法》第113条规定："破产财产在优先清偿破产费用和共益债务后，依照下列顺序清偿：破产人所欠职工的工资和医疗、伤残补助、抚恤费用，所欠的应当划入职工个人账户的基本养老保险、基本医疗保险费用，以及法律、行政法规规定应当支付给职工的补偿金；破产人欠缴的除前项规定以外的社会保险费用和破产人所欠税款；普通破产债权。破产财产不足以清偿同一顺序的清偿要求的，按照比例分配。"可见，《企业破产法》第113条确立的破产财产清偿顺序依次为：破产费用，共益债务，职工劳动债权，国家税收债权，普通无担保物权。

6. 购房人权利优先于工程款优先受偿权。工程款优先受偿权优先于抵押权和其他债权。《最高人民法院关于建设工程价款优先受偿权问题的批复》（法释〔2002〕16号）规定，建筑工程的承包人优先受偿权优于抵押权和其他债权；消费者交付购买商品房的全部或者大部分款项后，承包人就该商品房享有的工程价款优先受偿权不得对抗买受人。

综合分析上述六种情形下的权利位阶规则可以发现：前三种情形的目的在于确保交易的安全，主要体现了"秩序"这一法律价值或者权利位阶原则；而后三种情形主要体现了"公平"这一法律价值或者权利位阶原则，因为它实际上把承租人、职工和购房人定位在"弱势群体"地位，体现了"弱者保护"的法律理念。

物权法中的权利冲突表现为物权和债权的冲突以及物权之间的冲突。解决前一冲突的规则通常是物权优先于债权，因为物权是权利人直接支配特定物的权利，债权是特定人之间的请求权，没有直接支配物的权能，正是因为物权的直接支配功能，导致其与债权无法两立时，能排斥债权而优先实现，即"物权优先于债权"。但当特定债权如租赁权、劳动债权、购房者的债权被赋予特殊价值时，它们将排斥或者说优先于物权，从而形成例外。解决后一冲突即一物上存有数个有冲突的物权的规则通常是顺位，即根据物权设定时间的先后次序来排列同一财物上负担的限制物权的实现顺序。这体现了"时间早者权利先实现"的规则。此外，还有限制物权优先于所有权等根据物权特性以及当事人意思表示来决定物权地位的特殊规则。[①]

（四）权利位阶与权利限制的关系

权利位阶与权利限制的关系为：权利位阶反映了权利效力间的高低、强弱或者价值上的轻重关系，在权利位阶中居于强势地位的权利便是优先权。优先权具备下列效力：其一，优先权在实现时间上优先于劣势权利；其二，优先权构成对劣势权利的限制。劣势权利须服从优先权的效力、尊重优先权的价值；其三，优先权先于劣势权利而获得保护，低位阶权利必须容忍高位阶权利对其的损害与"侵犯"。[②]权利能否受限制，取决于有没有高于权利的价值以及能否援用那些可

[①] 常鹏翱：《物权法上的权利冲突规则——中国法律经验的总结和评析》，载《政治与法律》2007年第5期。

[②] 李友根：《权利冲突的解决模式初论》，载浙江大学公法与比较法研究所主编：《公法研究》，商务印书馆2004年版，第28—29页。

能高于权利的价值来压倒权利。① 只能为了满足高位阶权利的需要而限制低位阶权利,不能为了保全低位阶权利而限制高位阶权利。一般而言,政府消减公民自由必须令人信服地援用重要社会利益。要侵犯核心的宪法价值,政府一方应该有更重要的价值保护。② 权利优先顺序的有效排列,使得权利位阶理论有条件成为权利限制的方法论。

美国联邦最高法院在1938年United States v. Carolene Products Co. 一案中宣告了某些基本权利的优先地位。大法官Stone在法庭意见的"第四脚注"中提出,对于某些立法不应当适用"合宪性推定",这些立法包括:从表面上看就属于美国宪法明确禁止的事项的,对政治过程进行限制和干预的,涉及宗教、少数种族的。③ 这一理论发展为:对与言论、出版、宗教等权利相关的法律进行"严格审查",而对与经济自由相关的法律则进行"合理性审查"。④ 此所谓"双重基准理论"。该理论后来又进一步发展出介于二者之间的"严格合理性基准",使"双重基准"发展为"三重基准"。

在德国,宪法学者一般认为各个基本权利之间是存在价值位阶秩序的,某些权利的价值位阶高,而另外一些权利的价值位阶则较低。⑤ 当不同位阶的基本权利发生冲突时,应当优先保障价值位阶较高的基本权利。在《德国基本法》中,有些基本权利未作限制性规定,有些基本权利具有明确的限制性规定,还有一些基本权利则是由基本法即宪法授权普通法律作出限制。一般认为这三类基本权利之间的价值位阶是依次递减的。通常的解释是,以公共利益为取向的基本权利应

---

① [德]卡尔·拉伦茨:《法学方法论》,陈爱娥译,商务印书馆2004年版,第285页。

② [美]史蒂芬·霍尔姆斯、凯斯·桑斯坦:《权利的成本——为什么自由依赖于税》,毕竞悦译,北京大学出版社2004年版,第73页。

③ See 304 U.S. 144 (1938).

④ See David M. Burke, The "Presumption of Constitutionality" Doctrine and the Rehnquist Court: A Lethal Combination for Individual Liberty, Harvard Journal of Law & Public Policy, Fall 1994, Vol. 18, Issue 1.

⑤ 李震山:《基本权利之冲突》,载《月旦法学杂志》1995年第5期。

该优位于以个人利益为取向的基本权利,如言论自由高于经济自由,等等。

由上可见,在权利位阶理论中,私有财产权是经常被限制的对象。一个不争的事实是,在与政治权利、人格权益以及社会公共利益的博弈中,私有财产权总处于相对弱势的地位,因此也是更容易遭受限制的目标。

本章小结

私有财产权限制的本质是对于私有财产权所负载的自由价值的减损。私有财产权限制的理论依据在于:在法哲学层面,它是调和财产的自由和平等价值之间紧张关系的需要;在法社会学层面,它是平衡财产的个人利益与社会利益的需要;在法经济学层面,私有财产的外部性理论和交易成本理论能够较好地解释私有财产权限制的必要性;在法理学层面,外在限制论宜作为私有财产权利限制的理论模型,而权利冲突理论对于权利限制的原因具有较强解释力,权利位阶理论为权利限制提供了方法论依据。

第三章
私有财产权限制的比较法考察

第一节 西方法律史中私有财产权限制的源流

一 古希腊、古罗马：私有财产权限制的早期发达史

（一）古希腊时期的私有财产权限制

学术界曾长期盛行和信奉的观点是"西方法律传统滥觞于罗马法"。[1] 易继明教授在其著作中对此说法提出质疑，他详细比较了古希腊的《格尔蒂法典》和古罗马的《十二表法》这两个代表性法律文本，得出如下结论："西方法律传统，特别是私法传统，其渊源在古代希腊。"[2] 这无疑将西方法律传统向前推进了一大步。古希腊法中尚未发现对物权的绝对性的抽象观念，"雅典人对物主张权利只意味着较 A、B 或 C 有更优越的权利"[3]。在古希腊人的宗教观念里，神是喜欢安定而固定于家庭的，而家庭必然附着于土地上，因此家庭拥

---

[1] ［美］格伦顿、戈登、奥萨魁：《比较法律传统》，米健、贺卫方、高鸿钧译，中国政法大学出版社1993年版，第1页。

[2] 易继明：《私法精神与制度选择——大陆法私法古典模式的历史含义》，中国政法大学出版社2003年版，第31—57页。

[3] A. R. W. Harrison, The Law of Athens, Oxford, the Clarendon Press, 1968, p. 201.

有土地成为必要，而且由于土地与神的密切联系，使得家庭拥有的土地也具有了某种神圣性，除非经过宗教处分和仪式，否则土地几乎不能转让和剥夺。换言之，土地的宗教色彩限制了土地财产所有权的交易。土地所有权属于家庭，个人并无处分权。直到公元前5世纪梭伦改革之后，法律才允许土地自由买卖，但私有财产主要是土地的多少与公民等级挂钩，出于政治权利和社会地位的考量，事实上土地所有权转让的情形并不多见。

在财产权的主体方面，希腊法剥夺了奴隶取得财产权的资格。在财产权取得的具体方式中，有一些僵化的限制性规定，例如所有权凭证的合法持有者只有对自己权利的转让才是有效转让，而且对于不动产的转让需要有报告员的宣告，或者在证人面前的让与声明，或者是由官方进行交易登记。在财产权的行使方面也有诸多限制，例如，所有人不得任意处分土地上的橄榄树，因为橄榄树属于女神雅典娜；禁止土地所有人在其土地的边界从事种植树木、开挖沟渠等可能影响其邻居的活动；禁止土地所有人在其土地上任意建造人工建筑，对因土地所有人的人造建筑而导致水流阻塞或流水冲击造成他人财产损失的，土地所有人应负赔偿责任。[1] 另外，矿产所有权属于国家，未经国家许可的采矿是非法的。

希腊法中不动产所有权交易的困难，使得他物权制度发达起来。他物权是对财产所有权的限制，但是有助于实现财产的价值。同时他物权的设定本身也有一些限制性要求。以地役权为例。在雅典，在以下几种情况下可依法设定地役权：（1）自己的土地离公用井超过4stades（1stades相当于607—738英尺），而于自家地掘井至10英尺仍未见水，则可从邻地井抽水6choai/次（1choai相当于4.5加仑），一天可抽2次；（2）橄榄树和无花果树距邻界不得少于9英尺种苗，其他为五英尺；（3）蜂巢至少离邻居蜂巢300英尺以上；（4）地处上

---

[1] 何勤华、魏琼：《西方民法史》，北京大学出版社2006年版，第58页。

游，必须将给下游土地的排水损害控制在最小限度内。① 这些规定如此细致入微，以至于许多现代法律文本都相形见绌。

在希腊契约法方面，以人身为担保的借贷契约经历了一个从合法到非法的演变过程，体现了对债权的限制。公元前594年以前存在所谓"六一汉"（hektemoroi）的合法交易："六一汉"为了酬答某一较富有的土地所有者的借贷与帮助，立约向其交出所耕土地产品的六分之一，如不能履行义务，他和他的全家就沦为该土地所有者的奴隶。② 梭伦改革终结了这一制度。禁止以人身为担保的借贷被认为是梭伦改革中"最具民主特色的"和"最重要的"成就，"一举而永远地解放了人民"。③ 这是债的关系发展史上一次重大突破，使债务人免于沦为奴役状态，实则是将人身关系清除出契约关系之外，它是"从身份到契约"运动的前提条件，只有这样，契约才有可能是一种真正的意思表示而不是一种压迫工具。④ 由于土地集中在少数所有者手里，加上严重的贫富不均现象，使得借贷成为普遍现象。债权的限制，换来的是作为社会绝大多数的债务人的人身自由。如果说在契约的担保方面，希腊法的态度是从不限制到限制，那么在契约的效力方面，希腊法也印证了契约法从仪式到合意的发展过程，也就是一个从限制到不限制的过程。

（二）罗马法中的私有财产权限制

罗马法特别是其私法的发达及其世界性影响，让后世许多立法者和研究者奉为经典，以致诸多思想大家和学术巨匠都叹为观止。法国思想家孟德斯鸠认为，至罗马法是"欧洲法律的基础"，"这些法律

---

① A. R. W. Harrison, The Law of Athens, Oxford at the Clarendon Press, 1968, pp. 249 – 250.
② [英]安德鲁斯：《希腊僭主》，钟嵩译，商务印书馆1997年版，第89页。
③ [英]亚里士多德：《雅典政制》，日知、力野译，商务印书馆1959年版，第12、9页。
④ 易继明：《私法精神与制度选择——大陆法私法古典模式的历史含义》，中国政法大学出版社2003年版，第108页。

的自然作用是造成一个伟大的民族"。① 恩格斯也称赞"罗马法是简单商品生产即资本主义前的商品生产的完善的法，但是它也包含着资本主义时期的大多数法权关系"。② 在罗马法中，早期表示财产权的词汇是"mancipium"，共和国后期称为"dominium"，除了表示家长对财产的支配权以外，还包括家长的一般权力或对于任何主体权利的拥有。③ 这与私法上的一般财产权有很大不同。罗马法中另外一个更具技术性的表示财产权的词汇是"proprietas"，作为人对物的最高权利，是相对完整的个人所有权。有西方学者研究发现，罗马时期的财产所有人除了处分权之外，对自己的财产所拥有的权利并不像现代的人们所认为的那样不受限制，罗马法使财产所有人限制在善意的相互关系范围之内，而所谓的罗马时期财产权的"绝对性"特征，基本上是后世那些受到非罗马法观念蒙骗的法学家们在罗马法教科书中杜撰的。④ "在西方漫长的财产法历史中，单纯没有附加义务的所有权几乎只在罗马时代的末期存在过。"罗马法对财产权的限制是全方位的：从限制的角度看，有权利主体的限制、权利客体的限制、权利内容的限制；从限制的原因看，有出于国家性质或者国家利益的限制，出于社会利益或者公共利益的限制，出于宗教信仰的限制，以及出于对物尽其用之经济考虑的限制。

1. 国家性质或者国家利益的限制

罗马法将奴隶和外国人排除在所有权主体之外。这是由罗马的奴隶制国家性质决定的，也与罗马法的特点有关。在古罗马，正如亚里士多德所言，"奴隶是会说话的动物"，他们本身是作为奴隶主财产权的客体对待的。罗马法由市民法和万民法两大部分构成，前者是规

---

① [法] 孟德斯鸠：《罗马盛衰原因论》，婉玲译，商务印书馆1962年版，第52页。
② 《马克思恩格斯全集》第36卷，人民出版社1975年版，第169页。
③ [意] 彼德罗·彭梵得：《罗马法教科书》，中国政法大学出版社1993年版，第196页。
④ [英] 彼得·斯坦、[英] 约翰·香德：《西方社会的法律价值》，王献平译，中国法制出版社2004年版，第164—165页。

范罗马贵族和自由民的法,后者是规范外国人的法。所有权依据市民法取得,只有贵族和自由民才有"市民"资格,因此奴隶和作为"万民"的外国人是不能取得所有权的。在财产的转让上,罗马法规定,有些物权只能在罗马自由民内部转让,不能将罗马人的财产转让给外邦人。公元468年安特米乌斯皇帝执政时规定:外人无权以任何方式占有都市的土地。如果一个自由民想转让其享有权利的土地,那么除非他将之转让给此地的在册居民,否则通过任何一种契约转让其土地所有权和占有都是非法的。外人应当知道,如果他故意违反这一禁令而完成上述交易或占有该土地,那缔结的契约是无效的,契约要被解除,且只返还其交付的价金。[①]

2. 社会利益或者公共利益的限制

罗马法规定,河流两岸的土地所有人,应当在必要的范围内使其土地供公众使用。国家可以因公用而征收私人土地。傍河的公路被洪水冲毁或因其他原因崩塌时,则傍河修筑的新公路的土地即可无偿地被征收。在修筑水渠时,得征购所通过的土地,并就地以合理价格征用修渠所必需的材料。若土地所有人有意刁难,则由公家征购其全部土地,再将不需要的部分卖给他人。公元2—3世纪时,由于住房和粮食短缺现象时有发生,罗马法对土地和房屋所有人的权利作了较大的限制,规定土地荒芜而不耕种的,则耕种该土地的他人在耕种两年后即可取得该土地的所有权;房屋拆除后应建筑而不建筑的,则由在其上建筑房屋的人取得该土地的所有权。此外还规定打麦场邻地的所有人不得在其土地上建筑房屋致阻挡阳光和扬麦时所需要的风。[②] 在罗马帝政以后,禁止权利滥用的学说兴起,财产所有人不得专以损害他人为目的而行使其权利。

---

① [意]桑德罗·斯契巴尼选编:《物与物权》,范怀俊译,中国政法大学出版社1999年版,第115页。

② 周枏:《罗马法原论》(上册),商务印书馆2002年版,第302—303页。

3. 宗教信仰的限制

在古罗马社会，宗教对社会生活和包括财产所有权在内的政治法律制度具有举足轻重的影响和限制。在罗马法中，如果某人未经同意而将尸体或骨灰埋在他人的土地上，虽然侵犯了土地所有人的权利，但因为死者属于低级的神，所以不经大祭司或皇帝发布挖掘令，土地所有人不得擅自将尸体或骨灰掘走。墓主在没有适当的道路通往墓地时，可向皇帝或行省长官提出通行请求，土地所有权人不得阻碍其前往墓地，如果土地所有权人无正当理由而拒绝的，墓主可申请大法官判给通行权，并给土地所有权人以适当的补偿。① 从所有权的客体方面看，罗马法对物的分类也体现了宗教信仰的影响。一般来说，在古罗马，物的"最基本的"划分可以分为"神法物"和"人法物"，神法物又可分为"神用物"和"安魂物"，人法物又分为公有物和私有物。② 罗马法限制和禁止私人个人对神法物和公有物享有所有权。

4. 物尽其用之经济考虑的限制

（1）他物权。土地等不动产所有权的确立导致了土地的占有和利用的矛盾。为解决这一矛盾，提高土地的利用效率，罗马法创造了他物权制度，形成所有权与他物权并存的制度构造。罗马法中的他物权体系包括用益权、地上权、地役权、永佃权、居住权等。土地、房屋的所有权和使用权分离而形成用益权；建筑用地的所有权与使用权分离形成地上权；基于相邻不动产使用的便利形成地役权；土地所有权与使用权、收益权分离形成永佃权。他物权的出现和扩张在客观上是对所有权人支配和控制财产利益的限制。这些限制大多基于所有权人的意思，是其行使所有权的体现，是自愿形成的限制，但也有基于法律的强制形成的限制。通过他物权的设立，所有权人将一部分利益让

---

① ［意］桑德罗·斯契巴尼选编：《物与物权》，范怀俊译，中国政法大学出版社1999年版，第115页。

② ［古罗马］盖尤斯：《法学阶梯》，黄风译，中国政法大学出版社1996年版，第80—82页。

渡给他物权人，二者虽互有牵制，但各得其所，有助于实现物尽其用的经济效果。

（2）相邻关系。罗马法中的所有权受到相邻关系的限制。《十二铜表法》第七表"土地权利法"第一条规定：建筑物周围的空地，须留2尺宽。第二条规定：如果沿着近邻地区挖掘壕沟，则不得超过限界；如设置围墙，则必须（从近邻的地区起）留出空地1尺；如果是住宅，则留出2尺；如果是挖掘坑道或墓穴，则留出的尺度与挖掘的深度同；如果是井，则留出6尺；如果是栽种橄榄树或无花果，则从近邻的地区起留出空地9尺，而其他的树木，则为5尺。第九表规定：凡高度达15尺的树木，为使其阴影不致损害近邻地区，其周围须加修剪。[①] 立法者之所以不厌其烦地对相邻关系问题作出如此详细的规定，是因为所有权特别是相邻的土地和房屋在使用过程中存在空间冲突的风险，而邻人是相互的，如果不加限制，则势必损害邻人的财产利益，最终会导致所有的不动产所有权都将处于被邻人不动产损害的危险状态，如此则在经济上是没有效率的。反之，相邻关系的规定，虽然在一定程度上限制了所有权，但总体上有利于实现所有权的利益。

（3）取得时效。如果说相邻关系制度是罗马法在空间上对财产权的限制，那么取得时效则是从时间角度对于财产权的限制和干预。取得时效是指因持续占有某物经过法定期间而取得对该物的所有权。古罗马人相信：凡是曾被不间断地持有一定时期的商品即成为占有人的财产。[②]《十二铜表法》规定："持续占有使用他人之物，经过法定期间而取得对该物的所有权。"[③] 该法规定使用土地的取得时效是两年，其他物件为一年。罗马共和国末期，取得时效的适用扩展到房屋和其

[①] 世界著名法典汉译丛书编委会：《十二铜表法》，法律出版社2000年版，第28—32页。
[②] [英] 亨利·梅因：《古代法》，沈景一译，商务印书馆1959年版，第161页。
[③] 周枏：《罗马法原论》（上册），商务印书馆1994年版，第344页。

他动产。一方面是懈怠行使所有权的权利人；另一方面是实际上长期持续占有财产的无权占有人，到底谁的利益更值得保护？这是一个需要艰难抉择的问题。古罗马的立法者最终选择了后者。这多少带有一种"强盗逻辑"，似乎与公平正义等宏大的理想价值无关，而纯粹是一个实用主义的决定和选择：其一是让"物"在有需要它的"人"那里发挥其价值；其二是督促财产所有权人积极行使权利，其目的都在于提高财产的利用效率，充分发挥财产的经济和社会价值，同时也是尊重持续的事实状态、安定社会经济秩序的需要。

二 欧洲中世纪：私有财产权限制的多元化和碎片化

中世纪（Middle Ages）（约476—1453年），是欧洲主要是西欧历史上的一个时代，自公元476年西罗马帝国灭亡起，直到文艺复兴时期（1453年）之后，资本主义抬头时期为止。这是西欧封建制度占统治地位的时期。这个时期的欧洲没有一个强有力的政权来统治。封建割据带来频繁的战争，造成科技和生产力发展停滞，人民生活在毫无希望的痛苦中，所以中世纪或者中世纪早期在欧美普遍被称作"黑暗时代"，传统上认为这是欧洲文明史上发展比较缓慢的时期。随着西罗马帝国被日耳曼人所灭，欧洲建立了许多"蛮族国家"，日耳曼法因此取代罗马法的统治地位，成为西欧中世纪早期封建制的法律形态。日耳曼法主要是以习惯法的方式存在。进入封建割据时期以后，王室法获得发展。教会也深刻地影响了中世纪的社会生活并为之提供了一套完整的法律体系。这种"法出多门"的状况使得欧洲中世纪的私有财产权限制呈现出多元化态势，而且由于法律渊源主要体现为习惯法、国王的政令、教规等，难以形成系统的明确的规则，因此欧洲中世纪私有财产权限制规则表现为"碎片化"倾向，需要仔细的"整理"和"拼接"才能发现其庐山真面目。

（一）日耳曼法中的财产权限制

日耳曼法的财产权制度不同于罗马法，表现为具体的占有形式而不是抽象的概念。土地是最具经济价值的财产，也是财产权制度的核心。团体主义是日耳曼财产法的理念和典型特征。在部族法至法兰克王国早期，日耳曼人实行土地马尔克公社所有制，将土地划分为三类：房屋及其周围用篱笆围起来的小块园地即份地为家庭私有；耕地属于马尔克公社集体所有，平均分配给社员使用；森林、牧场、沼泽、河流、道路等归公社集体所有，全体社员共同使用。公社对耕地保有管理权和处分权，社员拥有使用权和收益权。法兰克王国中后期形成教俗大贵族土地所有制，教俗大贵族享有土地的管理权和处分权，而农奴享有土地的使用权和收益权。当然，农奴须以实物和货币交纳各种捐税及服劳役等义务。① 法律史学家梅因指出，封建时代概念的主要特点是它承认一个双重所有权，即封建主所有的高级所有权以及同时存在的佃农的地级财产权或地役。② 日本学者村上淳一认为，在日耳曼的德意志法律观念中，dominium 即优越从属关系，对土地不是掌握其实体的权利，它意味着可以对多种多样的转移部分进行划分的权利，也意味着随情况而变化的多种多样的权利和权力。③ 美国法学家伯尔曼也持类似看法："封建法最重要的一体化因素之一就是政治权力与经济权力的结合，也即管理的权利与使用处分土地的权力的结合。"④ 土地的财产权利承担着政治职能。

中世纪西欧存在着较强的制约私人财产权利及其行使自由的政治制度、经济制度和意识形态，最主要的是封臣封土制度、农奴制度、公地制度、行会制度、君主制，以及社会对私有财产和行使私人财产权利的自由的一般看法。受到这些制度和观念限制的私人财产权利，

---

① 何勤华：《德国法律发达史》，法律出版社2001年版，第45页。
② ［英］亨利·梅因：《古代法》，沈景一译，商务印书馆1996年版，第167页。
③ ［日］村上淳一：《近代所有权概念的成立》，载星野英一：《私法的新问题及展开》，有斐阁1975年版，第210页。转引自易继明：《论日耳曼财产法的团体主义特征》，载《比较法研究》2001年第3期。
④ ［美］伯尔曼：《法律与革命》，贺卫方等译，中国大百科全书出版社1993年版，第383页。

远不如近代西方资本主义的私人财产权利完整强硬，具体表现在私人财产权利残缺，行使私人财产权利的自由受较大的限制，私有财产受以王权为主的一些政治权力的侵犯。① 在封土制度下，封土的高级财产权属于封君，低级财产权属于封臣。由于土地层层分封，因此土地上的财产权利叠床架屋，互相掣肘，谁也无法获得完整的所有权。封建契约本身就是以封臣有条件地持有（hold）或占有（possess）而非所有（own）为前提的。土地上负有许多义务，因此土地的转让受到严格限制，比如未经封君允许不得出售封土、封土不可世袭等，这些限制与土地权利中包含的军事政治职能密切相关，使得所有权成为一项负有责任的职权，而并非仅仅是各项经济特权的结合。

（二）王室法中的财产权限制

在欧洲中世纪，现代意义上的民族国家尚未成型，由于宗教的统治地位，各国世俗王权仅"被作为一件装饰品来保留"②。这样的历史图景在12世纪发生了转向，世俗领地王国的出现使得习惯法式微，王国的自主立法渐成风气。英国王室1278年颁布的一部法律赋予了地主一项新的救济，他们可以对定期租户将土地闲置的行为提出抗议，而这项救济同时也可以阻止地主通过财产收回之诉毫无理由地驱逐定期租户。1279年的一部法律规定了禁止以"死手保有"的方式赠与土地。"死手保有"是指土地不因继承问题而发生租户的改变。这种土地通常为教会所有。爱德华一世规定，未经国王和领主的同意不得同此类组织发生转让关系。1285年颁布的《限嗣法令》通过限定继承人的资格来阻止封土的转让和买卖。1290年的《买地法》规定，完全土地保有制下的非限嗣继承的租户可以享有自由转让权，条件是买受人必须履行出卖人对其封君所履行的义务。在欧洲大陆，德

---

① 赵文洪：《私人财产权利体系的发展——西方市场经济和资本主义的起源问题研究》，中国社会科学出版社1998年版，第59—60页。

② J. K. Bluntschil, The Theory of the State, Oxford, 1921, pp. 382 - 386. 转引自何勤华、魏琼主编：《西方民法史》，北京大学出版社2006年版，第171页。

国的封土世袭问题长期在大小封建主之间争执激烈，甚至演变成内战。有关的采邑法令规定，所有的采邑不论大小，均由男系继承。1158年，德国国王腓特烈一世规定，公爵、侯爵和伯爵的领地今后不可分割，而其他普通采邑，只要继承人愿意且所有继承人都宣布效忠封主，都可以分割。由此逐步确立了大封建主的长子继承制规则。1356年的《黄金诏书》再次确认了长子继承制的地位。这些王室立法是对日耳曼习惯法的修正和发展，但在财产权的限制力度上似乎比后者有过之而无不及。

（三）教会法中的财产权限制

教会法是基督教会规定和编纂的关于个人品德、行为和教会制度方面的规则和章程的总和，形成于4—9世纪，10—14世纪进入独立发展的鼎盛时期，15世纪以后走向衰落。中世纪大多数的法律体系总是局限于某个特定的区域，而教会法则与众不同，在欧洲成为具有普遍效力的"国际法"。在如何对待私有财产问题上，教会法似乎总是犹豫不决，一方面它不得不承认私有财产普遍存在的现实，另一方面又希望私有财产能承担起博爱和慈善的崇高使命，这显然是一道难题。从教会法对高利贷的态度中或许可见一斑。基督教"从最早的时候起，就禁止教士放款取息，从9世纪起，教会也禁止了俗人放款取息。"① 在《格拉蒂安教令集》中，一切商业利润都受到谴责，投资行为被视为高利贷而遭到谴责。但是客观现实促使教会法不得不作出妥协，教会法学家后来区分了高利贷与正当的商业利润，付出劳动、时间和金钱所得利润是"诚实的报酬"，反之就是"卑劣利息"。教会判定商人是否有罪主要是以存在获利的动机为依据的。中世纪著名的教会法学家托马斯·阿奎那认为："当一个人使用他从贸易中求得的适度的利润来维持他的家属或帮助穷人时，或者当一个人为了公共

---

① [比利时] 亨利·皮朗：《中世纪欧洲经济社会史》，乐文译，上海人民出版社2001年版，第11页。

福利而经营贸易,以生活必需品供给国家时,以及当他不是为了利润而是作为他的劳动报酬而赚取利润时"①,这种贸易就是合法的。显然,这样的限制和要求对于逐利的商人阶层来说是很难有操作性的,不过是教会法学家们的一厢情愿和心理安慰而已。高利贷禁令在实践中"只打蚊子不打老虎",主要针对小额的消费信贷,而资金雄厚的大借贷者如银行家,则逃脱了教会法院的法网。当然,高利贷禁令并非一纸空文,它对于基督徒心灵的影响是深刻的,他们往往会因为这种"罪恶"的行为而忏悔,并用大量的捐赠来"赎罪"。西方国家的大资本家有许多也都是大慈善家,这与基督教的教诲和教令具有相当大的关联性。

为了解决财产的私有与公共福利的紧张关系,教会法学家继承了亚里士多德的衣钵,主张"私有公享"理论,认为人法的内容决不能损害自然法或神法的内容,物质财富是为了满足人类的需要而准备的,因此由人法产生的划分并据为己有的行为不应当妨碍人们对这种财富的需要的满足,一个人无论有什么多余的东西自然应该分给穷人以满足他们的生活需要。他们甚至主张一个人在急需的情况下偷窃是无罪的。中世纪欧洲的公地制度就反映了这种"私有公享"宗教神学理论的影响。不过,教会法学家反对公共权力机构通过征税或其他手段任意剥夺私人财产,他们认为统治者的没收或征用行为是专制的暴政,财产所有人有权反抗。当然,如果是出于合理目的,并经过财产权人的同意,统治者可以征税,但是这种同意必须是自由的、自愿的,如果存在强迫,则同意无效,税收不合法。② 这种教会法律思想为人们保卫私有财产不受公权的肆意掠夺提

---

① [意]托马斯·阿奎那:《阿奎那政治著作选》,马清槐译,商务印书馆1963年版,第144页。

② See John F. McGovern, Private Property and Individual Rights in the Commentaries of the Jurists, A. D. 1200 – 1550, Cincinnati, 1991, p. 131. Cited from James A. Brundage, *Medieval Canon Law*, Longman Publishing, 1995, pp. 80 – 81.

供了强有力的理论武器，同时也为近代以来的自由主义财产权思想和制度实践埋下了伏笔。

三 近代西方：私有财产权保护的兴盛和限制的失落

（一）所有权绝对原则的确立

在14—18世纪的几百年间，欧洲打破了中世纪长达千年的黑暗和沉寂，迎来了文明发展的新曙光。文艺复兴、宗教改革、启蒙运动等历史大戏先后上演，张扬人性、解放人心、倡导人权，将欧洲的近代化历程一步步推向高潮。与此同时，罗马法复兴运动，恰如一场静悄悄的革命，在欧洲有条不紊地展开。理性主义、个人主义、自由主义的政治和法律思想在经过了几个世纪的风云激荡后，终于在19世纪开花结果，在西方诸国的宪法和法律领域留下了自己不灭的印记。保护民众的私有财产权与保护他们的生命和自由一样，成为法律的最重要使命。"维护财产权是社会契约的首要目标。"[1] "私有财产神圣不可侵犯"成为各国宪法的一项基本原则，"所有权绝对"成为近代西方民法的基本精神。"所有权绝对"的基本含义在于，"权利的行使与否，系属个人的自由（其行使为固有自由，其不行使亦为其自由），而行使自由包括行使的方式、行使的时期、行使的后果等，任何人不得干涉。"[2] 而且不仅生前可以绝对地支配，即使权利人死后亦可以遗嘱自由处分，从而有遗嘱自由原则和财产继承制度。[3] "所有权绝对"实际上是"私有财产神圣不可侵犯"的政治和宪法原则在法律领域的具体化和操作化。

绝对私人所有权最早出现于17世纪的英国。1624年，英国著名法学家约翰·拉斯特尔（John Rastell）出版的一本拉丁文法律著

---

[1] ［美］伯纳德·施瓦茨：《美国法律史》，王军等译，中国政法大学出版社1997年版，第143页。
[2] 郑玉波：《民法总则》，三民书局1993年版，第11页。
[3] 李宜琛：《民法总则》，正中书局1977年版，第32页。

作《博士与学生》一书再版时添加了"property"这一词条,是指一个人对于任何东西拥有的或能够拥有的最高权利,它全然不受任何其他人的支配。① 17 世纪英国革命以立法废除了封建的骑士领有制,土地的王权所有让位于私人所有。轰轰烈烈的圈地运动让公地制度寿终正寝。在法国,大革命以秋风扫落叶之势立法废除了封建的财产制度。法国大革命中颁布的 1789 年《人权宣言》第 2 条规定,任何政治结合的目的都在于保存人的自然的和不可动摇的权利,这些权利就是自由、财产、安全和反抗压迫;第 17 条规定,私有财产是神圣不可侵犯的权利,任何人对这种权利都不得剥夺。1804 年《法国民法典》第 544 条规定:"所有权是对于物有绝对无限制地使用、收益及处分的权利,但法令所禁止的使用不在此限。"这标志着近代西方绝对私人所有权原则最终确立。"法国民法典与它的自由主义和个人主义意识相适应,致力于树立这样一种原则,所有人对其所有权的行使不受来自任何方面的限制,不受其他人所有权的限制,甚至也不受国家的限制。"② 有学者甚至认为《法国民法典》第 544 条的规定:"暗示着所有人有权毁损和滥用其财产,所有人可以对财产为从道德的立场上来说是邪恶的挥霍使用;然而由法律上看,那是所有人的权利。"③ 1896 年的《德国民法典》第 903 条规定,所有权是指物的所有人可以随意处分物并排除他人任何干涉的权利。"所有人可以随意处分物"体现了所有权的积极权能,"排除他人任何干涉"体现的是所有权的消极权能,其目的在于从正反两方面强调所有权人的自主的不受限制的状态,为所有权人划出了一块自由挥洒的领地,构筑了一座抵抗外来侵犯的坚强堡

---

① 赵文洪:《私人财产权利体系的发展——西方市场经济和资本主义的起源问题研究》,中国社会科学出版社 1998 年版,第 268 页。

② [美] 詹姆斯·高得利:《法国民法典的奥秘》,张晓军译,载梁慧星主编:《民商法论丛》第 5 卷,法律出版社 1996 年版,第 557 页。

③ Gottfried Dietze, In Defense of Property, The Johns Hopkins Press, 1971, p. 90.

垒。在美国，1787年宪法作为私有财产的保护神，在世界范围内都具有典范意义，它通过判例的形式不断地实现着美国的自由和民主。

（二）所有权绝对原则的历史意义及其局限

人是一种生物性存在，不首先解决衣食住行等基本物质需求，其他一切都是浮云。这些需求或许很"低级"，但是很"刚性"，而且没有一样不需要财产来解决。即使是精神需求，同样需要财产的支撑。中国古谚说"衣食足而知荣辱，仓廪实而知礼节"，讲的正是这个道理。心理学领域有一个著名理论叫需求层次理论，亦称"基本需求层次理论"，由美国心理学家亚伯拉罕·马斯洛于1943年在《人类激励理论》论文中所提出。马斯洛理论把需求分成生理需求、安全需求、归属与爱的需求、尊重需求和自我实现需求五类，依次由较低层次到较高层次排列。但这种次序不是完全固定的。需求层次理论有两个基本出发点，一是人人都有需要，某层需要获得满足后，另一层需要才出现；二是在多种需要未获满足前，首先满足迫切需要；该需要满足后，后面的需要才显示出其激励作用。一般来说，某一层次的需要相对满足了，就会向高一层次发展，追求更高一层次的需要就成为驱使行为的动力。同一时期，一个人可能有几种需要，但每一时期总有一种需要占支配地位，对行为起决定作用。任何一种需要都不会因为更高层次需要的发展而消失。各层次的需要相互依赖和重叠，高层次的需要发展后，低层次的需要仍然存在，只是对行为影响的程度大大减小。

财产对于人的价值，正在于它能满足人的物质或精神需求。人的需求具有无限性，而财产具有稀缺性，财产权对于人之生存和发展具有特殊重要的意义。从这个意义上说，物权与人格权从本质上并不是泾渭分明的，而是可以通约的。"意志并不守在自己那里，而是与其客体纠缠在一起的"，黑格尔认为，无取得财产的能力，没有行使所有权的自有，同奴隶制、农奴制一样是割让人格的实例。① 通过资产阶级革命推翻了封建制度压迫的人们，在法律上要求给予个人财产权极大尊重，即所有权绝对原则之确立，实质上是个人人格独立要求的化身。此外，作为市场经济存立的基础，也必须从法律上保障私有财产权。在所有权绝对的旗帜下，人们摆脱了身份和地位对个人活动以及对财产的限制和束缚，人们受到的是物或者说"财产"对人身的束缚，但这种束缚相对于人对人之间的束缚来说，显得更为自由和宽松，况且这种束缚往往是人们自愿的自由的选择的结果，是人们通过自身努力可以改变的，这对于激发人的创造力，保障资本主义社会的自由竞争局面具有至关重要的意义。

对于西方近代法律而言，从英美法系到大陆法系，都是围绕"私有财产神圣不可侵犯"这一主题展开和建构的。区别在于，前者通过渐进方式，用数百年的时间去完成制度演进，而后者则狂飙猛进，透过法典化将理想和信念在一夜之间变成现实。但总体而言，"私有财产神圣不可侵犯"这一主题，得益于启蒙运动中的个人价值和人道精神的高扬，得益于自由经济秩序的要求和推动，终于在观念和制度上，在西方成为现实。② 私有财产神圣不可侵犯在反对封建专制王权对私人财产的侵犯，保护个人财产安全和自由权利，有利于商品经济与资本主义的发展方面，有其积极进步的一面。但另一方面，绝对私人所有权和完全的自由竞争造成了人与人之间巨大的财富差异和社会的极大不平等。人类绝不应容忍一边是酒池肉林，一边是饿殍遍野的现实。但是富有者在私有财产神圣不可侵犯的原则下，凭借着其对政治权力的支配，反对调整不合理的财产结构，这也是为什么19世纪西欧劳苦大众的悲惨处境得不到改善，无产者与资产者矛盾冲突如此

---

① [德] 黑格尔：《法哲学原理》，范扬、张企泰译，商务印书馆1961年版，第34、74页。

② 俞江：《近代中国民法学中的私权理论》，北京大学出版社2003年版，第227—228页。

激烈的原因，因此该原则具有消极的一面。① 正因为如此，私有财产神圣不可侵犯原则的兴起和鼎盛具有相当程度的"地方性知识"色彩，是历史的原因造成的，它只是财产法而且主要是西方财产法历史上的一个引人注目的发展阶段，而绝不是历史的终结。

（三）私有财产权限制的失落

在近代西方诸国资产阶级革命的喧嚣中诞生的宪法和民法典，似乎总有趋炎附势的性格，浮华的语言似乎是在将革命者的政治诉求迫不及待地向人民宣示，成功地让"私有财产神圣不可侵犯"作为新的教条深入人心，以致紧随其后的"所有权受限制"的"但书"成为无人问津的具文。然而白纸黑字的事实是无法改变的，在众多声名显赫的法典中，财产权限制的条款与财产权保护的条款犹如孪生兄弟般落地生根。法国1789年《人权宣言》第17条一方面开宗明义地宣示了所有权的神圣不可侵犯；另一方面又强调"当合法认定的公共需要所显然必需时，且在公平而预先赔偿的条件下"，私有财产权是可以被剥夺的。《法国民法典》第544条的但书"但法令所禁止的使用不在此限"就让该条前段中的"绝对""无限制"的宣言大打折扣。第545条规定"非因公益使用之原因且事先给予公正补偿，任何人均不得受强迫而让与私有权"，也表明私有财产权在一定条件下是可以强迫转让的。甚至《法国民法典》第二编的标题即为"财产及对所有权的各种限制"（第516条至第710条），反映了立法者对于私有财产权的理性和谨慎态度。《美国宪法》第5条规定："未经正当法律程序，不得剥夺任何人的生命、自由和财产；非有恰当补偿，不得将私有财产充作公用。"第3条规定："士兵在和平时期，非经房主许可不得驻扎于任何民房；在战争时期，除依照法律规定的方式外亦不得进驻民房。"换言之，"正当法律程序""恰当补偿""依照法律规定的方式"都是限制财产权的正当理由和合法依据。

---

① 金俭：《不动产财产权自由与限制研究》，法律出版社2007年版，第77页。

从逻辑上讲，既然有如此之多的限制性规定，那么"神圣不可侵犯"的说法就是不成立的，但是立法者和学者们还是趋之若鹜地重述之，在笔者看来，不外乎是"矫枉必须过正"的道理在起作用。人们已经忍受了中世纪长达千年的漠视私有财产的专制统治，厌倦了中世纪财产权的盘根错节和私有财产的虚无状态，所以刻意用看似绝对和过分的语言来表述新时代的财产权利准则，实际上是在表明一种态度，一种与过去决裂的坚决态度。这是历经磨难终于修成正果的胜利者的慷慨陈词。一个人在大悲大喜的情境下说了一些过头的话，他人又何必苛求呢？"神圣不可侵犯"不过是掩人耳目的逻辑游戏而已。无论如何，近代西方的财产权立法旨在改变私有财产权保护不力的状况，提高财产权保护水平，在这样的冲动下，财产权的限制问题自然显得有些"不合时宜"，在立法中的轻描淡写和理论研究中的视而不见也就不难理解了。

四　现代西方：私有财产权的式微和社会化转向

（一）福利国家政策对私有财产权的冲击

在自由资本主义繁盛的公元 18 世纪和 19 世纪，乃至此前更长的历史时期内，西方社会存在一种流行的观念，即贫穷是人类自身弱点如懒惰、挥霍等导致的后果，是"自作自受"，因此不属于法律控制和干预的范围。英国济贫法委员会 1834 年的报告认为，现行的济贫法无法实现其目的，因为这些法律力图消除"这样一条自然法则，即由于某人鼠目寸光的做法和错误的行为而导致的后果将由其本人和其家庭来承担。"[①] 该报告促使英国政府极大地减少了传统上给予居住在自己家中的贫民的救助。这样的社会观念在 19 世纪 80 年代发生了转变，政府也逐渐承认很多贫穷现象是由一些穷人自身无法控制的因素造成的，而无限制的财产权利使得富人有能力去压榨穷人。在政治

---

① P. S. Atiyah, The Rise and Fall of Freedom of Contract, Oxford, 1979, p. 239.

领域，随着越来越多的低收入阶层民众获得了选举权，随着社会主义思潮发展为汹涌的政治运动，出于迎合低收入选民的需要和对社会主义的担心，西方国家的社会政策发生了微妙的变化：社会公平和平等的重要性开始超越自由和财产的重要性。德国法学家拉德布鲁赫说，"如果要用法律语言来表述我们所见证的社会关系和思潮的巨大变革，那么可以说，由于对'社会法'的追求，私法与公法……之间的僵死划分已越来越趋于动摇，这两类法律逐渐不可分地渗透融合，从而产生了一个全新的法律领域，它既不是私法，也不是公法，而是崭新的第三类：经济法与劳动法。"[①] 德国的"铁血宰相"俾斯麦对已经宣布为非法的德国社会民主党在德国工人中间所取得的成功非常重视，并且实施了社会保障计划以对患有疾病、受工伤的人以及老年人提供福利。英国1911年的《国民保险法》为患病、失业的工人提供援助。1912年英国颁布了《最低工资法》。

　　如果说第一次世界大战前的社会立法主要是为遭受事故性伤害、失业和老龄而处于困境的人们提供援助，因而具有保险性质的话，那么在第二次世界大战前的大萧条时期，社会立法已经从对不幸进行保险转变为对"舒适生活"的保障。经济大危机催生了英国的"人民预算"和美国的"罗斯福新政"。富兰克林·罗斯福在1932年的竞选活动中宣称："每一个人都拥有生活的权利，而这意味着他同样拥有享受舒适生活的权利。"[②] 第二次世界大战后建立起新的福利制度，后被泛称为"福利国家"。1942年《贝弗里奇报告》对战后英国福利社会的建设产生了巨大影响。《贝弗里奇报告——社会保险和相关服务》是英国经济学家威廉·贝弗里奇爵士的传世经典。1941年，英国成立社会保险和相关服务部际协调委员会，着手制订战后社会保障计划。经济学家贝弗里奇爵士受英国战时内阁不管部部长、英国战后

[①] [德] 古斯塔夫·拉德布鲁赫：《法学导论》，米健等译，中国大百科全书出版社1997年版，第77页。

[②] Carl N. Degler, Out of Our Past, New York, 1959, p.413.

重建委员会主席阿瑟·格林伍德先生委托，出任社会保险和相关服务部际协调委员会主席，负责对现行的国家社会保险方案及相关服务（包括工伤赔偿）进行调查，并就战后重建社会保障计划进行构思设计，提出具体方案和建议。第二年，贝弗里奇爵士根据部际协调委员会的工作成果提交了题为《社会保险和相关服务》的报告，即著名的《贝弗里奇报告》。它是社会保障发展史上具有划时代意义的著作，曾影响英国、欧洲乃至整个世界的社会保障制度建设和发展进程，被业内人士视为福利国家的奠基石和现代社会保障制度建设的里程碑，为无数的经济学家和社会保障工作者所推崇、研究和学习借鉴。该报告主张的社会福利可以概括为"3U"思想：普享性原则（Universality），统一性原则（Unity），均一性原则（Uniformity）。普享性原则是指所有公民不论其职业为何，都应被覆盖以预防社会风险。统一性原则是指建立大一统的福利行政管理机构。均一性原则即每一个受益人根据其需要而不是收入状况获得资助。英国政府1944年发布了《社会保险白皮书》，基本接受了《贝弗里奇报告》的建议，并制定了《国民保险法》、《国民卫生保健服务法》、《家庭津贴法》、《国民救济法》等一系列法律。如1946年颁布的《国民保险法》规定参保人必须按照年龄、性别和婚姻及就业状况不同缴费，在业人员待遇按照同等比例确定，失业、生育、疾病、丧偶和退休等各项福利待遇都是如此。1948年，英国首相艾德礼宣布英国第一个建成了福利国家。贝弗里奇也因此获得了"福利国家之父"的称号。报告和英国福利国家社会保障制度的实施，影响到了整个欧洲。瑞典、芬兰、挪威、法国、意大利等国也纷纷效仿英国，致力于建设福利国家。

  福利国家首先是一种国家形态，其次是一种社会运动，是指国家对于公民的基本的社会福利负有保障责任，它突出地强化了现代国家的社会功能。福利国家萌芽于19世纪末20世纪初，发展于第二次世界大战后，在20世纪60—70年代进入黄金时期，70年代末出现危机，90年代开始艰难转型。福利国家在20世纪下半叶成了西欧社会的时代精神和基本制度。福利国家理念广泛传播，其中最典型的是北欧国家，几乎成了西方福利国家的"样板"。而作为福利国家策源地的英国，自20世纪70年代遭遇财政困难后，开始改革并逐渐削减福利规模。此后，削减福利的改革浪潮逐步席卷几乎所有西方发达国家。而从1990年苏东剧变以后，北欧国家却逆向而行，实行了扩大福利制度的改革。可以说，北欧国家继承了英国模式的"衣钵"，成为贝弗里奇模式的典范。

福利国家的出现空前地扩大了国家的责任，从根本上改变了国家作为"守夜人"的西方传统观念。国家责任的扩大反过来不可避免地导致了国家更多地涉足社会经济生活并对其进行更多的干预，而这可能是对私人财产权的威胁。一方面，正如哈耶克所指出的那样，"当国家希望承担其他一些重要职能时，它会发现只有采用强权手段才能进行，而自由和民主将遭到破坏。"[1] 政府对私人财产施加管制，通过环境保护法令对土地和房屋的使用进行限制，通过规定最低工资、控制租金等措施对契约自由进行干预，类似的干预发生在经济活动的方方面面。对私人财产权的限制如此全面，以致"今天的私有财产已经与过去数百年中的财产很不一样，越来越像附带条件的保有权"[2]。另一方面，福利国家政策的实施需要庞大的资金规模，而这必然需要税收来获得。对收入征收正式的直接和累进的税收是福利国家政策的副产品。福利国家计划实际上将现代政府转变成为规模巨大的从事私人财富再分配的机构：借助于收入税，政府把企业和公民收入的很大一部分收归己有，其中一部分用于支付管理福利计划的费用，而剩余的部分则在福利计划的受益者之间进行分配。1965年美国总统约翰逊在哈佛大学发表演讲时宣称："仅仅有自由是不够

---

[1] Albert O. Hirschman, The Rhetoric of Reaction, Cambridge, Mass., 1991, p.112.
[2] [美]理查德·派普斯：《财产论》，蒋琳琦译，经济科学出版社2003年版，第272页。

的……我们寻求的不仅仅是自由还有机会……不仅仅是在权利和理论意义上的公平,而且是在事实和结果意义上的公平。"[1] 作为现代国家追求社会公平的结果,私有财产权受到持续的限制和冲击,已是不争的事实。

西方福利国家政策对私有财产权限制的正当性不断遭遇质疑的声音。有西方学者充满忧虑地认为,原来私的所有权之受限制以及社会化概念的出现乃出于社会正义的考量,这些限制是为了创造更多的机会,以帮助那些社会地位低下或有残疾的人取得和占有财产,然而不久,这一发展趋势显得极其荒谬。对财产的限制不再是为了创造更多的机会,而是将财产直接给予那些未能很好地利用和把握机会的人。财产在历史的长河中曾经是人们行动的最大激励因素,如今因其他人的懒惰而遭受限制。为社会正义而限制财产的理念正在日益蜕变,似乎不可避免地要滑入为实现福利国家的社会平等理想而受限制。[2]

(二) 私有财产权内容和主体的限制与客体的扩张并存

谢怀栻先生认为:"近代民法发展到现代民法就把个人本位的法逐渐地加以改变,也把权利本位的法逐渐地加以限制。"[3] 现代西方法律对私有财产权的限制表现在多方面。从权利的内容看,主要是对权利的行使方式进行干预;从权利的主体看,主要是发展了社会所有权观念,导致私人财产权的衰落。19世纪的绝对所有权理论对于所有权人如何利用财产采取了不干涉主义,这种立法态度在20世纪发生了转变,私有财产权的命运也因此被改写。1919年德国《魏玛宪法》第153条第3款规定,"所有权负有义务,其行使应同时有益于公共福利";第155条规定,"开拓利用土地为土地所有人对于公共所负之义务。"《魏玛宪法》实施后不久,社会的所有权思想与纳粹思想相结合,转化为法西斯式的绝对全体主义的所有权思想。1933年

---

[1] Hugh Davis Graham, The Civil Right Era, New York, 1990.
[2] Gottfried Dietze, In Defense of Property, The Johns Hopkins Press, 1971, p. 94.
[3] 谢怀栻:《外国民商法精要》(增补版),法律出版社2006年版,第17页。

纳粹取得政权后，即以社会的所有权思想为理论依据，借公共利益之名义对个人私有权任意无偿征用。结果致使个人财产权被剥夺殆尽，而本来以匡正个人所有权之缺失为目的的社会所有权观念遂因之而彻底变质。① 而在30年以后的波恩基本法下，财产的社会化观念在波恩议会那里比在魏玛国民大会那里获得了更加坚实的认同。② 在法国，财产的社会观念也通过宪法实现了合法化。第一次世界大战后，国家干预主义逐渐取代第三共和国宪法确立的自由主义原则。第三共和国期间的反自由主义在第二次世界大战后得到了回应和巩固，以致第四共和国宪法在认同《人权宣言》中的自由权利的同时，引进了一系列"社会权利"，而且对这些社会权利进行特别的列举。而第五共和国宪法第2条甚至将法国宣布为"社会"国家。伯尔曼说，"在所有西方国家，包括房屋在内的社团、商业的和工业的财产，正日益受到行政法的调整，而个人所有者未经政府的许可，则几乎不能种植一棵树或扩建他的厨房。"③ 现代社会以所有权为代表的私有财产权被限制如此之深刻，以致有学者在讨论其性质时得出了这样的结论：它只是一种介于公私法之间的权利。④

福利国家的出现在很大程度上扩张了私有财产权客体的范围。福利国家对私有财产权的影响是双面的。一方面，如前所述，高福利必然伴随着高税收，就被征税的企业和公民而言，他们的私有财产权被限制了，因为高税收意味着对经济自由或者说财产权自由的干预。在有些西方学者看来，征税的权力不过是一种"不给补偿的国家征用权"，是"毫无根据的充公行为"，"通过税收，政府在最为狭隘的意义上来对待财产，最终取得了原先曾为私人所持有的东西的所有权和

---

① 梁慧星：《原始回归，真的可能吗？》，载梁慧星：《民商法论丛》第4卷，法律出版社1996年版，第8页。
② Gottfried Dietze, In Defense of Property, The Johns Hopkins Press, 1971, p. 123.
③ [美]伯尔曼：《法律与革命》，贺卫方等译，中国大百科全书出版社1996年版，第40页。
④ 梅夏英：《财产权构造的基础分析》，人民法院出版社2002年版，第72页。

占有权……税收很显然就是取得私有财产。"① 另一方面，就接受社会福利的民众而言，他们的财产权益扩张了。在美国，罗斯福新政的实施使得人们对基本"权利"的认识从政治层面扩展到了经济层面。在西方法律传统中，"权利"是一个否定性的概念："免受……（宗教压迫、任意逮捕、审查等诸如此类）的自由。"现在它们获得了肯定性的意义，具有了"有权获得"（住房、就业、健康保障等）这个含义，人们认为政府有责任去满足这些要求，而且不是出于仁慈或者施加恩惠的考虑，而是将其作为公民的权利而实行的。1941 年，罗斯福总统在向国会发表的国情咨文时提出把"四项自由"——言论自由、宗教信仰自由、免予匮乏的自由和免予恐惧的自由——作为和平时期的目标。其中前两项是传统的自由，并受到了宪法的保护，而后两项自由则是全新的提法。"免予匮乏的自由"实际上不是自由而是权利——获得由公众出资购买的生活必需品的权利，也就是取得不是由本人拥有的东西的权利。

1964 年，查尔斯·赖希在《耶鲁法律评论》上发表了题为《新财产权》的著名论文②，认为政府通过各种方式给付给公民的各类利益形式，包括执业许可证、对农业商业的补贴、航线航道、无线电频谱、有关国防/教育等的长期政府合同、针对个人的社会保障金等，即政府给付本身应当作为一种"财产权利"受到宪法和财产法的保护。考虑到这些福利利益与传统财产的显著区别，他称之为"新财产权"（new property）。他充满激情而又不无担忧地评价说，"过去数十年中在美国发生的最重大的变化之一就是政府成为财富的主要来源。政府就像一个巨大的吸管，它吸入税收和权力，喷出的是财富：金钱、福利、服务、合同、特许权和许可证。……它们总是代替了财富

---

① Richard A. Epstein, Taking, Cambridge, Mass., 1985, p. 100.
② Charles A. Reich, The New Property, 73 Yale Law Journal 733 (1964), pp. 733 – 787. 中译本参见［美］查尔斯·赖希：《新财产权》，翟小波译，载易继明主编：《私法》（总第12 卷），华中科技大学出版社 2007 年版。

的传统形式——那些作为私有财产而为人持有的形式。社会保障代替了私人储蓄。政府的合约代替了商人的顾客和信誉。越来越多的美国人所拥有的财富取决于其与政府的关系。美国人的生计越来越多地依靠政府的慷慨解囊——在服从所谓'公共利益'的条件下，由政府自行分配，并且由接受赠送的人所持有。"[1] 1965 年，赖希又发表了题为《个人权利和社会福利：正在出现的法律问题》的论文，更为直接地提出了"福利权"这一概念。[2] 1970 年，在古德伯格诉凯利一案[3]中，美国最高法院布伦南大法官在判决中引用了赖希的观点，认为福利国家中特有的利益形态如补贴、许可、救济等构成了"新的财产权"，并且应当受到宪法保护。可见，从理论到实践，社会福利作为私有财产权利的客体，获得了强有力的肯定和认可。

（三）财产权重心的转移：从静态所有到动态利用

诞生于 19 世纪初的《法国民法典》和 19 世纪末的《德国民法典》都在不同程度上继承了罗马法以所有权为中心的立法体系，着眼于有效地保护财产的静态归属，固守所有权的完整性，在物权乃至财产权体系中表现为所有权优位，其他权利处于次要或附属地位。20 世纪以来，市场经济和社会化大生产的高度发达使得人类对资源的需求超越了以往任何时代，所有权人自给自足的田园诗般的生活一去不复返了，"有而不用、用而不有""不求所有、但求所用"成为社会经济生活的常态，生产要素的自由流动成为迫切的社会需求。而传统物权理论和立法极力维护的所有权优越地位逐渐显得不合时宜而被淡化，以对他人所有的财产进行使用和收益为目标的用益物权等他物权表现出空前的活力而日益受到重视。物权的法律结构的重心，显示出从静态所有到动态利用的转移。

---

[1] Charles A. Reich, The New Property, 73 Yale Law Journal 733 (1964), p. 733.

[2] Charles A. Reich, Individual Rights and Social Welfare: The Emerging Legal Issues, 74 Yale Law Journal 1245 (1965), pp. 1245 – 1257.

[3] Goldberg v. Kelly, 397 U. S. 254 (1970).

大陆法系特别是德国民法传统理论严格区分物权和债权，二者关系中又以物权为重心，认为债权不过是获得物权之手段。但随着资本主义的发达，财货的交易日趋频繁，人们在经济上必须分工合作，唯有依据自由意思成立的契约方能满足要求。特别是债权与担保物权结合后，使债权得以强化，并使担保物权同其命运，为债权所支配。物权本来优先于债权，但债权挟其金融优势，与担保物权结合后，反可推翻用益物权。在这种情形下，债权之优越地位，遂卓然确定，此为静的安全到动的安全的转化过程。在20世纪，这一过程仍在不断地得到强化。[①] 这应该可以理解为：在财产权利体系中，物权的优越地位越来越受到来自债权的限制。善意取得、表见代理等制度都表明，现代民法越来越由意思倾向于信赖，由内心趋向于外形，由主观倾向于客观，由表意人本位倾向于相对人或者第三人本位，交易安全已成为现代民法的重要价值关怀。

第二节　中国法律史中私有财产权限制的演变

美国社会学家米尔斯在《社会学的想象力》一书中说，"可以肯定地讲，一个时代的结束和另一个时代的开始只是一个如何'定义'的问题。"[②] 不同的历史分期，其划分标准与凸显的意义有很大不同；就是相同的时期划分，可能因为视角不同，对历史的理解也有很大的差距。[③] 就中国历史分期而言，如果用"古代—近代—现代"这样的格式来划分的话，那么目前在我国教科书的观点是以公元1840年和1949年为分界点，即1840年之前为中国古代史，从1840年鸦片战争

---

① 谢在全：《民法物权论》，中国政法大学出版社1999年版，第10—11页。
② [美] 赖特·米尔斯：《社会学的想象力》（第二版），陈强、张永强译，生活·读书·新知三联书店2005年版，第180页。
③ 刘超：《古代与近代的表述：中国历史分期研究——以清末民国时期中学历史教科书为中心》，载《人文杂志》2009年第4期。

开始到1949年中华人民共和国成立为中国近代史，1949年之后为中国现代史。近代著名传教士丁韪良将中国历史粗略分为四个时期，即周代以前的神话传说时期、周代封建制时期、秦代至清朝的中央集权制度时期和1840年以后的近代化时期。① 法国汉学家谢和耐在其著作《中国社会史》中根据政治形态的变化将中国社会分为五个阶段，其中"近代中国"开始于1644年，"当代中国"开始于1900年。法国汉学家谢和耐根据政治形态的变化将中国社会分为五个阶段，分别为：上古时代（公元前1600—前220年左右）、尚武的帝国（公元前220—960年）、官僚帝国（960—1644年）、近代中国（1644—1900年）、当代中国（1900年以后）。我国法史学者李贵连先生对此有不同的观点：

> 社会转型以及由此而来的思想、文化、学术、政治、经济、制度等等的全面转型，中国有两次。第一次是春秋战国，"废井田，开阡陌；废分封，立郡县"是这次转型的全部内容。……第二次是1840年以后的中国社会转型。古老的农业经济转向工商经济，专制皇权将被民主民权所代替，由此带来的思想、文化、制度、学术等等的全面变革，是这次转型的应有之义。不过，这个转型到现在还没有完结。经济上没有完结，政治、思想、文化、学术、制度也都没有完结。②

李贵连先生认为"法治转型是围绕社会转型进行的"，与中国第一次社会转型相应的法治转型是"由贵族法治转为帝制法治"；"近代中国开始使用西方式法治，大约是19世纪90年代。清朝末

---

① 王文兵、张网成：《重建与解释：丁韪良的中国历史研究述评》，载《学术研究》2009年第4期。
② 李贵连：《从贵族法治到帝制法治——传统中国法治论纲》，载《中外法学》2011年第3期。

年，不但梁启超、孙中山等把西方法治作为自己的追求目标，晚清法律改革的主持者沈家本，也把改革的诉求定位在西方'法治'上。"① 他在另一篇更早的名为《近代中国法律的变革与日本影响》的论文中也就中国近代法的起始时间和转型过程得出了类似的结论：

> 20世纪初年，由沈家本主持的晚清法律改革，最终导致中华法系的解体。中国法律从体例到内容，从术语到精神，都发生了深刻的变化。……近代中国引进西方法律，以戊戌为断，大体可分两期。戊戌以前，基本处在自发阶段。由于法律改革尚未提上议事日程，国内对世界各国法律的了解十分肤浅，因而没有明确的引进方向。但是，日本明治维新后法律的变革，已引起了国人的注意。戊戌以后，法律改革成了国内政治改革的主题之一，而日本的强盛，法学的发达又特别为国人所注目，因此，日本法成为中国采用西法的主要对象，成为影响中国法律改革的最重要的法源。②

关于传统中国法治的性质和特点，李贵连先生认为："由贵族法治（礼治）到官僚（帝制、君主、专制）法治，是适应中国国家社会大转型而出现的制度转型。用新的制度/规则/规范去治理新的社会、新的国家。所谓法治，据笔者的理解，就是这种制度之治、规范之治、规则之治。"如果将"法治"理解为"制度之治、规范之治、规则之治"，而不一定是近现代以来西方式的"法治"的话，那么中国传统社会也是"法治社会"的另外一个版本。虽然社会转型与法治转型在很大程度上存在着牵连和互动关系，但未必是同步发展的关

---

① 李贵连：《从贵族法治到帝制法治——传统中国法治论纲》，载《中外法学》2011年第3期。
② 李贵连：《近代中国法律的变革与日本影响》，载《比较法研究》1994年第1期。

系。如上所述，史学的研究表明，将1840年鸦片战争作为中国社会近代化的开端已经取得了较为广泛的共识。中国社会近代化的过程，实际上就是"西风东渐"的过程，即西方文化的"冲击"和中国文化的"回应"的过程。这个过程在开始的几十年里是以"师夷长技以制夷"和"中学为体西学为用"为指导思想的"洋务运动"来推动的，与日本明治维新大张旗鼓地移植西法不同的是，西方法律文化基本上被屏蔽在清帝国法律的版图之外。真正意义上的"西法中渐"肇始于戊戌变法。笔者赞同并且采纳李贵连先生对于中国近代法起始时间的观点，将1898年戊戌变法以前的法律史称为古代法时期，1898年戊戌变法至1949年中华人民共和国成立之前称为近代法时期，即清末法律改革和民国时期，将1949年新中国成立至今的法律史称为现代法时期。

一 中国古代法：私有财产权的贫困化与限制的政治化

（一）私有财产权客体的限制

中国古代法律和法学没有使用大陆法系的"物权"概念，也没有出现独立意义的"物"这一法律概念。英美法的"动产""不动产"概念在传统中国法律史上也难觅踪迹。但是，从财产权利的客体看，中国古代法律的确已经注意到财产的不同性质和存在形态，在法律上一般将可以移动的财产统称为"财物"，类似于英美法的"动产"概念，而将不可移动的财产称为"物业""产业"，类似于英美法的"不动产"概念。在规定财产的转移、处分等程序时，一般将财产区分为几个大类：田宅、奴婢、畜产、一般财物，以及禁止私人拥有的违禁物。除了对于一般财物没有特别限制外，其他类型的财产作为财产权客体都在法律上受到或多或少的限制。[①]

[①] 此部分的史料，主要参考郭建：《中国财产法史稿》，中国政法大学出版社2004年版，第31页以下。

1. 田宅

耕地是古代农业社会最重要的生产资料,也是朝廷税收的主要对象。历代法律都有对于耕地的特别规定,如从湖北云梦睡虎地秦墓出土的秦竹简文献中即可发现秦国已有专门的《田律》,以后历代一般也都有"田令",显示对于耕地的高度重视。房宅是人的安身之所,是具有重要使用价值的财产,中国古代曾经在很长一段时间里征收房屋税,或者以房屋的大小及质量为主要依据来评定户口等级,征收"户税"(资产税)。耕地房宅作为最重要的财产以及共同的不动产性质,使古代法律往往将二者相提并论,合称"田宅",与其他财产相对。历代法律对于田宅的取得、占有的规模以及转移,都设有专门的限制性规定以及特定的程序。战国时期各国的变法中有大量的内容都是确认私人对于田宅的所有权,并用田宅奖励"耕战之士"。商鞅变法要求私人向政府申报所拥有的土地房宅,"名田宅"。湖北张家山汉墓出土的西汉初年的《收律》,规定重罪罪犯都要连坐妻子儿女,并处没收"财、田宅";该墓出土的《户律》详细规定朝廷对各爵位等级所授给"田宅"的数量,以及私人向政府申报"名田宅"的具体程序。[1]《唐律疏议·户婚律》引《户令》"应分田宅及财物者,兄弟均分";《贼盗律》对于谋反大逆等重罪适用没收财产,明确规定"奴婢、资财、田宅"全部都要没收。

2. 奴婢

中国古代一般将丧失人身自由、受其主人控制的奴隶称为"奴婢",男性为奴,女性为婢。秦将属于官府所有的奴隶称"隶臣"(男)"隶妾"(女),属于私人所有的奴婢在先秦及秦代多统称为"臣"(男)"妾"(女),后世一般统称为"官奴婢""私奴婢"。早期奴婢大多为战争中的俘虏,另一个主要的来源是罪犯及其被连坐的家属。私奴婢则大多来自因债务陷入被奴役地位的平民,以及

---

[1] 《张家山汉墓竹简》,文物出版社2001年版,第178页。

奴婢的后代。中国古代一般将奴婢视为官府或其主人的财产，而且是作为一种具有代表意义的财产。中国古代文献中有时提到的"奴仆""家人"往往只是泛称，有的并非法律意义上的奴婢。如隋唐时期的"部曲"、明清时期的"雇工人"是法律上的贱民，但并非奴婢，仍然被视为"人"而非财产。另外明清时期社会上"长随""长班"等名目的"家人"，尽管有时被斥为"家仆奴子"，但实际是平民身份的佣仆，与其主人是雇佣关系。① 司马迁在《史记·货殖列传》中列举可作为重要经营资本象征的财产，将"僮手指千"（一千个男奴的手指，即拥有一百名男奴）和"车船长千丈""铜器千钧"等并列。后世的史籍中一般也以"家奴数百"描写富豪之家。明代以前的法律都明确奴婢是贱民，只是其主人的一种财产。《唐律疏议·名例律》疏："其奴婢同于资财"、"奴婢贱人，律比畜产"；《户婚律》疏："奴婢既同资财"；《贼盗律》疏："奴婢比之资财，诸条多不同良人。"因此掳掠他人奴婢相当于强盗罪，诱拐他人奴婢相当于盗窃罪。奴婢的子女视为主人财产的孳息，其身份仍为奴婢。

鉴于奴婢作为"财产"的特殊性，中国古代法律一般都规定奴婢的买卖要经过特别程序，可以认为是在程序上对取得奴婢这种"财产"的限制。在唐代，买卖奴婢除了必须订立书面契约之外，还必须经过"过贱"程序，由地方官府派人确认奴婢身份，在市场管理部门专门的文件上盖印才算有效，交易的情况还要报朝廷太常寺汇总。清朝入关，允许旗人收买贫民子孙为奴婢，但要求经过当地官媒画押证明，官府加盖官印，是为"红契"。清条例规定："凡买卖男妇人口，凭官媒询明来历，定价立契，开载姓名、住址、男女、年庚，送官钤印。该地方官预给循环印簿，将经手买卖之人登簿，按月缴换缉

---

① 参见郭建等：《中国法制史》，上海人民出版社2000年版，第152—164页。另参见郭建：《帝国缩影》，学林出版社1999年版，第147—169页。

查。倘契中无官媒花押及数过三人者，即究其略卖之罪。"①

然而古代法律也承认奴婢具有一定的人格，可以享有财产，负担债务，允许奴婢以财产自赎。奴婢虽被视同财产，但主人并不能随意刑杀。秦律虽规定主人擅杀、刑臣妾为"家罪"，为"非公室告"，他人不得纠举，但也规定杀奴、刑奴必须经过官府"谒告"程序。两汉时法令禁止残害、虐待奴婢，西汉末年王莽之子王获擅杀奴婢，王莽为收买人心，逼迫王获自杀。②东汉光武帝以"天地之性，人为贵"，下诏："其杀奴婢，不得减罪……敢炙灼奴婢，论如律。免所炙灼者为庶民。"③后世法律与之基本相同，如唐以后各代都规定主任擅杀奴婢，处杖一百；无故残杀一般要处徒一年。

奴婢的身份也有可能改变。官奴婢可以通过朝廷的大赦而放免，私奴婢也可以因朝廷的法令而获得自由。如汉高祖五年（公元前202年）诏："民以饥饿自卖为人奴婢者，皆免为庶人。"④东汉初年也曾多次下诏，规定因战乱被掠卖为奴婢者，皆免为庶人。⑤后世在大乱之后建立的王朝也往往发布类似的诏令。私奴婢还可以因主人的意思表示而放免。按唐代法律，奴婢也可以"自赎免贱"。放免的奴婢即成为平民百姓，登记于官府户籍，可以在三年之内免除赋役。明代法律禁止一般人家豢养奴婢。《大明律·户律·户役》有"庶民之家豢养奴婢者，杖一百，即放从良"的条文。尤其是废除了"奴婢视同畜产"之类的法律定义，具有相当的进步意义。明代还立法限制贵族官僚存养奴婢的数量。"公侯家不过二十人，一品不过十二人，二品不过十人，三品不过八人。"⑥清律沿袭了这些法律条文。这表明，在中国古代法律史上，奴婢长期作为财产权的客体，这固然体现了古

---

① 《大清律例通考》卷二五《刑律·贼盗下》。
② 《汉书》卷九九《王莽传》。
③ 《后汉书》卷一《光武帝纪》。
④ 《汉书》卷一《高帝纪》。
⑤ 《后汉书》卷一《光武帝纪》。
⑥ 《大明会典》卷五二《户部·民政》。

代法的野蛮性，但从时间维度考察，奴婢作为财产权客体的限制逐渐增多，而作为"人"的地位有渐次提高的倾向，这犹如黎明前的黑暗，虽然漫长但总在不断迈近那象征希望的曙光。

3. 畜产

牲畜在中国古代作为私有财产的历史比土地和房屋更为久远。牲畜也是人们祭祀神灵的重要祭品，其屠宰和分配等行为往往变成古代社会的神圣仪式。牲畜拥有量的多寡一般成为私有财产和社会地位的象征。春秋时期，牛被用于耕地，使得农业生产力发生了革命性的进步。同时在激烈的兼并战争中，马拉的战车以及后来"胡服骑射"后的骑兵，都要求提供更多的马匹。经济和军事功能使得牛、马成为战略物资，受到国家的严格管制，私人不得随意处置。

湖北张家山汉墓出土的汉《田律》规定，在牛马行走的地方不得设置陷阱或猎捕装置，违者即使没有造成损害，仍然要处以"耐为隶臣妾"的刑罚；如果因此导致牛马受伤害的，与偷盗牛马同样处罚。《唐律疏议·厩库律》规定，私自屠宰马牛是应处以徒刑的犯罪："诸故杀官私马牛者，徒一年半……主自杀马牛者，徒一年。"马牛只能是在已经不堪役用的情况下，要经过官府验证、批准后才能屠宰。《宋刑统》规定，故杀官私马牛者，脊杖二十，配役一年；故杀自己马牛者，脊杖十七。耕牛伤病倒毙后，必须报告官府，经核实方可屠宰开剥。牛角、牛筋、牛皮都必须上交官府。出卖的牛肉，每斤限价二十文。告发屠牛者有赏，知而不告者同罪。南宋时的处罚更重，凡屠宰耕牛者徒二年，配役一千里。知情买食牛肉者同样处罚。唐宋时发布大赦，往往特别规定屠牛和杀人放火之类的重罪不得赦免。屠宰耕牛案件的发生率也直接影响到地方官的政绩。元朝的法律也基本相同，只是处罚有所减轻。私宰耕牛杖一百，两邻知而不首，笞二十七。明朝法律规定故杀他人马牛者，杖七十徒一年半，私宰自己马牛，杖一百。耕牛伤病死亡，不报官府私自开剥，笞四十。清朝又改为私自宰杀耕牛者，初犯杖一百、枷号示众两个月，再犯则发附近充军。

除了不准私人擅自处置外,中国古代法律还对马牛等大牲畜的转让进行严格限制。《唐律疏议·杂律》规定在转让马牛等大牲畜时必须在官府的市场管理部门的监督下订立书面契约,有第三方保人担保交易合法,否则处以笞二十的刑罚。

4. 禁止私人拥有的违禁物

由于宗教、政治、经济等原因,中国古代法律一般禁止私人拥有某些财产,主要包括具有宗教禁忌性质的礼仪用品、政治权力的象征性物件、可能威胁朝廷统治的武器和某些书籍以及可能影响朝廷财政经济政策的物资等几大类。

(1) 礼仪用品。商周时代禁止平民及下层贵族拥有祭祀天地神灵、宗族祖先的牺牲和玉器,只准许承担主持祭祀的"宗子"保存。以后各代法律中都保留类似的内容,如天文观测器具因为涉及对于"天命"的判断,会影响朝廷统治的合法性,因此历代法律都严厉禁止私人拥有。《唐律疏议·卫禁律》规定,私人拥有"玄象器物"的要判处徒二年。《大明律·礼律·仪制》规定,私人收藏"天象器物""金玉符玺",处以杖一百,器物全部没收。凡属于皇帝"服御"用品,民间一律不得仿造和拥有。《唐律疏议·卫禁律》规定私下借用、持有乘舆服御物,处徒三年。明清律仍然维持这一罪名。

(2) 武器。出于政治统治的安全考虑,中国古代法律禁止民间持有杀伤力较大的武器。汉代法律禁止私人持有毒箭及其使用的毒药,违者"皆弃市"。[①]《唐律疏议·擅兴律》规定有一张弩的要判两年半徒刑,有弩五张即死罪。即使是拾得官府遗失的弩,三十天内没有报官的,与私自持有同样处罚,私造的罪加一等。此外还禁止私人拥有长度达到"丈八"(约合今四米)的长矛(一般称"槊"),因其是当时骑兵主要突击武器,被认为对社会安全威胁很大,因此被列为

---

① 《张家山汉墓竹简》,第136页。

"禁兵器"，只能由国家掌握，私藏的要判处一年半徒刑，私自制造的加重一等处罚（两年徒刑）。私人持有全副盔甲的，一副盔甲要流二千里，有三副以上的处死刑。明清时期火器逐渐成为主要作战武器，因此统治者严禁民间传播、研究火器技术。《大清律例·军政》规定私铸"红衣"大炮者一律处斩，妻子家产入官，甚至邻居、房东等人也要处死。私自持有鸟枪处杖一百。

（3）禁书。历史上最著名的禁止私人收藏书籍的法令莫过于秦朝的"焚书令"和"挟书令"。公元前213年，秦始皇接受李斯的建议，下令民间私人不得收藏除医药、占卜、种树以外的书籍，现有书籍限三十日以内一律缴官烧毁，违者"黥为城旦"。以后历代再没有这样全面禁止私人拥有书籍的法令，但法律一直规定私人不得收藏某些被认为有碍朝廷统治的书籍。《唐律疏议·卫禁律》规定，有关天文知识的图书，以及从儒家经典或自然界某些征候来推算社会政治变化的书，教授军事知识的"兵书"，按照日月和五大行星排列的历书"七曜历"（不遵守朝廷立法即意味着反叛），教授特殊的卜卦算命的书"太一、雷公式"，私人都不得拥有，违者徒二年。在《大明律》中"禁书"的范围还包括"历代帝王图像"，违者处杖一百。

（4）朝廷专卖物资。中国历代朝廷对盐、铁、酒、茶等大宗日用商品长期实行国家专卖政策，在实行专卖时期，私人不得生产、销售专卖商品。传说管仲辅佐齐桓公，控制齐国特产"渔盐之利"来实现国富兵强。西汉武帝时期（公元前119年）正式开始全面实施盐铁官营，各地设置盐官和铁官负责生产和运销，严禁私人煮盐和炼铁。天汉三年（公元前98年）又禁止民间私人卖酒，由官府统一酿酒出卖。唐朝"安史之乱"后，因朝廷财政紧张，再次开始大规模实施日用品专卖，除了盐铁酒之外，还开始对茶叶实施专卖，经营"私茶"罪至处死。两宋时期延续这套制度，专卖的物资还包括香料等大宗海外进口货物。明清时期缩小了专卖的种类，仅对盐、茶继续实行专卖,但"私盐"罪仍然很重。

5. 知识财产权的限制

中国古代为人类文明贡献了四大发明,但是中国古代法在保护以知识产品为代表的无形财产方面却乏善可陈。有学者以传统中国的版权问题为视角研究中国古代私人财产法律制度创设的障碍,结果表明,中国古代的出版管制法令体现了王朝视其自身利益中心的变化而因时制宜,或轻或重,或有或无。当且仅当营利出版商和作者将自己的出版物与王朝的政治利益联系起来时,才偶有可能获得王朝的注意。这种状况对宋代及整个传统中国创制包括版权在内的私人财产法律制度产生了负面影响:如果出版商和作者出版的书籍与王朝利益无关,比如出版商相继翻印其他人整理创作的日常书籍如通俗文学读物、儿童启蒙书籍等,而与涉及国家为维护王权而出版专有的书籍,如日历、律例及科举用书无关,则失去向官府寻求保护的正当性依据。面对整个社会大量盗版现象,营利出版商和作者只能是心有余而力不足,在通往版权以至私人财产法律制度创设或选择的道路上举步维艰。传统中国的版权问题说明中国从来不缺乏权利意识,缺乏的是对权利的有效保障。包括版权、发明、商标等在内的知识财富整体在财产权利制度严重缺失的社会中,难以实现创作者或创造者的利益回报,遏制了人们创作或创造的积极性和主动性,盗版及窃取他人技术发明的现象在历代盛行。[①]

综上所述,中国古代法对包括知识产权在内的私有财产权利客体的限制是相当严厉的,这种保护很不力和限制很"给力"的状况带来了严重的后果。有学者在探讨中国没能发生科技革命和工业革命而造成近代经济衰落的原因时也提出,中国长期以来一直没有形成类似于西方那种肯认和践行私有财产保护的观念和制度,严重地限制和扼

[①] 邓建鹏:《财产权利的贫困:中国传统民事法研究》,法律出版社2006年版,第268—270页。

杀了人们发明创造的自由权利和利益驱动，为此导致中国在近代科技与经济发展的相对衰落确乎在情理之中和势在必然。① 该结论应当说是非常有见地的，而不是空穴来风。

(二) 土地上私有财产权的限制

1. 土地私有权与国有化的竞争

(1) 井田制的兴盛与瓦解。西周实行分封制，周王将土地授予各级诸侯，诸侯也向下分封。分封土地以"井田"为单位，各级获得分封土地的领主对周王或者上级领主承担相应的政治经济义务。全国所有的土地都属于周王，土地不得买卖，所谓"田里不鬻"②。实际上天子、诸侯及各级封主的土地除了部分直接控制、占有使用外，大部分应该是依然由原始共同体的部落占有和使用的。井田制在性质上属于王有或国有。西周中期开始，由于荒田的垦殖以及因兼并战争导致公田化解为私田，井田制逐步瓦解，土地私有制逐步发展。各诸侯国逐渐采取以设定土地私有者义务的方式来承认土地的私有权。最著名的承认土地私有的事件是公元前594年鲁国的"初税亩"，开始按照私人实际占有土地的面积收税。"私田"的迅速增加从根本上动摇了以井田制为主干的奴隶制土地国有制。另一种私有土地是由国家根据军功等原因按照爵位等级制授予的土地，接受者负担纳税义务。力图以国家授予的形式来包容土地私有的现状，而不是明确在法律上确认土地私有权利，这种情况的产生显然与"溥天之下，莫非王土，率土之滨，莫非王臣"的悠久传统以及君主专制中央集权国家政权的强大有关。③ 战国时期国家承认私有土地的另一个"对价"是对于土地私有者设定维护公共通行道路的义务。商鞅变法明令要求土地私有人"为田开阡陌"，强制规定私人耕地中必须设立公共通行道路并且承

---

① 蔡宝刚：《私有财产保护的意义追问——以"李约瑟难题"的法律解答为例》，载《法学评论》2005年第3期。

② 《礼记·王制》。

③ 郭建：《中国财产法史稿》，中国政法大学出版社2004年版，第52页。

担日常维护义务，同时规定要设立地界标志。

（2）历代的"限田"制度。传统中国是一个农业社会，土地在社会政治经济生活中具有极端重要性。国家的强力干预是土地所有制的主要表现形式。历代都有大量关于土地的立法，不是试图以国有形式来包容土地私有制，就是直接对土地私有制加以某种程度的限制。土地私有制与国有化的拉锯战使得土地权利呈现出半公半私、亦公亦私的模糊状态，以致有学者认为中国中古封建是以皇族地主的土地垄断制为主要内容，而缺乏土地私有权的法律观念[1]，甚至有学者主张"以西方私有制与所有权这对命题定义古代中国土地权利状态的论断是值得怀疑的"[2]。不难看出古代法律对于私有土地权利的限制程度之深。从限制的角度看，主要是严格限制私有土地的规模，这在古代法律术语中称为"限田"或"田制"。

秦汉时期按照爵位限定田宅私有规模，朝廷往往采取暴力剥夺的办法来处理"田宅逾制"的豪强。比如迁徙各地豪强移居皇陵所在的关中地区，按照爵位另行授予土地，而将其原籍土地收归国有，以"强京师，衰弱诸侯，又使中家以下得以均贫富"[3]。西汉哀帝即位当年（公元前7年）下令"限田"，规定各级官吏"名田"的限额，商人不得"名田"。王莽篡汉后规定全国所有土地全部称为"王田"，禁止土地买卖。东汉末年以及三国时期，战乱频繁，"限田"政策已无可能。西晋初年，虽然有大臣李重主张"王者之法不得制人之私"[4]，但西晋还是在统一全国的当年就颁布了"占田制"，平民百姓男子每人私有土地面积被限制在七十亩以下，女子为三十亩，另外对于各级官僚也按照官品设定占田限额。隋唐时期的均田制进一步明确

---

[1] 侯外庐：《中国封建社会史论》，人民出版社1979年版，第10页。
[2] 邓建鹏：《私有制与所有权？——古代中国土地权利状态的法理分析》，载《中外法学》2005年第2期。
[3] 《汉书》卷二四《食货志下》。
[4] 《晋书》卷四六《李重传》。

以官品限制私有土地面积。《唐律疏议·户婚律》即专设"占田过限"条："诸占田过限者，一亩笞十，十亩加一等；过杖六十，二十亩加一等，罪止徒一年。若于宽闲之处者不坐。"律疏的解释是："王者制法，农田百亩，其官人永业准品，及老小寡妻受田各有等级，非宽闲之乡不得限外更占。"农民只能是一夫百亩，官僚"准品"以外的私有土地也要受到处罚。唐代均田制的实际目的是以一个理论上平均的土地数额来确定每个丁男应承担的赋税，实行按丁征收租庸调，以简化征税程序。而且很早就并不切实实施，农民受田不足是普遍现象，而超过限额被处罚的事例一件也找不到。①

宋朝法律规定官僚私有土地享有免役特权，权贵阶层多占田将影响朝廷财政收入，因此朝廷大力推行"限田"政策。宋仁宗即位的乾兴元年（1022年），以"赋役未均，田制不立"为由，下诏"限田"，规定"公卿以下，毋过三十顷。牙（衙）前将吏应复役者，毋过十五顷，止一州之内。过是（此）者，论如违制律，以田赏告者"。这一限田法令遭到了权贵阶层的反对，最终"任事者终以限田不便"，很快就被废除。② 到北宋末年，由于官员占田免役，导致很多人将自己的土地以虚假买卖的方式挂在权豪官僚的名下来逃避赋役，造成朝廷财政困境。因此宋徽宗再次下诏"限田"："一品百顷，以差降杀，至九品为十亩（当为顷之误）。限外之数，并同编户差科。"这一制度延续至南宋一直有效，称之为《限田条格》。③ 南宋立法规定官员可按品级比《限田条格》规定的限额减半享受免役特权，而且其子孙可以再减半享受免役特权，"准法：品官限田，合照原立《限田条格》减半与免差役。其死亡之后，承荫人许用生前曾任官品

---

① 张建一：《〈唐律〉具文考述》，载叶孝信主编：《中国法律史研究》，学林出版社2003年版，第72—74页。
② 《宋史》卷一七三《食货志一》。
③ 同上。

格与减半置田。如子孙分析,不以户数多寡,通计不许过减半之数。"①

　　传统的限田制度在元、明、清几朝发生了转向。影响统治者的立法思想是不再积极主动干预土地私有权。明代丘浚所著《大学衍义补》曾作为皇子的教材,其中的《制民之产》专篇总结前代的"王田""限田""均田"之法,认为这些立法都是"拂人情而不宜于土俗,可以暂而不可以常也,终莫听民自便之为得也!"土地私有权不应受限制的观念已成为"人情土俗",得到民间的尊重和统治者的确认。清朝雍正皇帝在《大义觉迷录》中批驳吕留良、曾静"复井田"之说,宣称:"自古贫富不齐,乃物之情也。人能勤劳节省,积累成家,则贫者可富。若游惰侈汰,耗财散业,则富者易贫。富者之收并田产,实由贫民自致窘迫,售其产于富户也!"乾隆八年(1743年)漕运总督顾琮建议实行限田,每户以三十顷为限。乾隆帝严加驳斥曰:"夺富予贫,万万不可。而衰多益寡,且富人之有余,终不能补穷人之不足",并认为"限田之法,地方官勉强举行,究于贫民于何补?是不但无益,而且有累也"。②

　　2. 土地上"担保物权"和"用益物权"中的限制因素分析

　　现代中国民法中的用益物权和担保物权制度都是舶来品,但这并不意味着中国古代没有这类制度。由于人类生活的共通性,中国古代法中确实存在类似大陆法系的用益物权和担保物权制度,其类型之丰富、内容之复杂、结构之精致程度丝毫不亚于后者。当然,这些财产权利都是来自民众的创造,历代朝廷的法律总体而言对其持谨慎态度,要么主动限制,要么放任自流。笔者选取典权和指抵,分别作为"用益物权"和"担保物权"的代表,通过对其发展历程的梳理,对其权利构造中的限制因素展开分析。

---

① 《名公书判清明集》卷三《赋役门·限田》。
② 《东华录》卷七,乾隆七年九月谕旨。

（1）典权。典权是中国古代特有的一项民事权利，其特点是出典方（"业主"）将土地房屋之类的不动产转移给典权人（一般称"典主"）以获得一笔远低于卖价的典价，典权人获得该项不动产的全部占有、使用、收益权及其转典的处分权，出典人只保留在约定的若干年后以原典价赎回该项不动产的收赎权。依据现代民法原理判断，典权应当属于用益物权的范畴。

典权制度的形成有一个长期的演变过程。作为一项法律规范的民事制度，典权制度的直接起因是北朝实行均田制时期对于土地买卖的限制，但又允许"帖卖"，"帖"及"贴"，一般而言与"质"同义。唐朝法律禁止土地的自由买卖，但有条件的允许"贴赁"和"质"，而且"典""质"混用。《通典·食货·田制下》载唐开元二十五年（737年）《田令》："诸田不得贴赁及质，违者财没不追，地还本主。若从远役、外任，无人守业者，听贴赁及质。""官人百姓，不得将奴婢田宅舍施、典、卖与寺观。违者价钱没官，田宅奴婢还主。"表明唐朝立法者力图避免允许自由买卖土地的迹象，以租赁、质押的名称来包容土地的转移方式。从民间的实践看，出让方以"质"的形式来迅速获取所急需的现款，并规避官府禁止出卖口分田、永业田的法令，还可以避免债权人的高利盘剥，在若干年后能够以原价赎回原土地；接受方可以远低于买价的价格获得田产，只要出让的一方无法归还原债务，就可以长期占有田产，并且可以规避官府法律有关土地买卖及私有土地面积方面的限制。因此土地的"质"在民间相当普及。由于无法阻止民间以典质为名的土地交易，至唐中叶朝廷已不得不承认典质土地的合法性，但强调获得土地一方必须承担赋税。《旧唐书》卷十五《宪宗本纪》：唐宪宗元和元年（813年）敕"应赐王公、公主、百官等庄宅、碾碨、店铺、车坊、园林等，一任贴、典、货卖，其所缘税役，便令府县收官"。

《宋刑统·户律》特设"典卖指当论竞物业"门，正式确立了出典、买卖、指质、倚当这四种民间最主要的田宅交易方式的合法地位。宋朝法律承认典主（典权人）在约定的年限"典期"（一般为三至六年）内有全部的占有、使用、收益以及一定的处分权，主要是转典权和先买权，不包括出卖权。元朝法律规定，出典田房与买卖一样，必须经过官府发给公据，在典权人的先买权方面，将典权人的顺序移到亲邻之后。明代法律中有关田宅典权的制度主要沿袭宋元的原则，但内容比较模糊。清代法律力图规范典权交易，对于收赎期和典期进行限制，明确区分典、卖，强调凡典契必须注明"回赎"字样，卖契必须注明"绝卖"及"永不回赎"字样。《户部则例》将出典的年限限制为十年，超过十年视为卖契，要追缴契税。但是民间对这些限制似乎并不买账，各级官府也缺乏严厉实施的决心。

从典权制度设计的结构看，出典人和典权人的权利在同一不动产上重叠的同时形成互相牵制的局面。出典人的回赎权和不得转卖的限制使得典权人对典物的长期利用和收益存在风险。在典期内不得回赎以及典权人先买权的规定使得出典人的财产权利受到很大限制。从经济利益的公平性考量，典权人在典期内所得收益一般都会超过借贷利息，在出典人无力回赎的情况下，典权人可以长期占有不动产而继续收益。而出典人要出卖不动产时又受到典权人先买权以及实际占有状态的制约，难以找到买主。典权人即以此压低"找价"的价格，往往不过原有价值的1/3。出典人对此并无有效的对抗措施，在急需资金的情况下只好无奈接受。这或许也是历代朝廷对于出典交易进行限制和规范的重要原因。

典权制度能够长期在中国经久不衰，很大程度上是由于商品经济不发达的社会经济因素造成的。农产品主要部分支付地租以及家庭消费，并非在市场出卖，因此农民缺乏资金，一旦因为生、婚、丧、病之类情况急需现金时，要避免高利贷盘剥，就只能以土地来变现，而出卖土地在传统文化中被认为"败家子"行为，于是出典就成为一个较好的替代选择，尽管出典的经济效果较差，但由于回赎权的存在满足了家族财产传承的期待，因此出典仍然受到欢迎。另外，儒家

"均衡"思想对于朝廷民事立法的影响也不可忽视。至少在唐宋时期，法律并不保护计息债权。唐以后的历代朝廷之所以对于民间流行的出典行为的规范较为积极，正是因为表面上看来出典是没有利息的交易，符合了不保护计息债权的原则。①

（2）指抵。这是一种担保物权制度，类似于现代民法的抵押权，但有所不同。现代民法中的抵押权是"为担保债务的履行，债务人或者第三人不转移财产的占有，将该财产抵押给债权人的，债务人不履行到期债务或者发生当事人约定的实现抵押权的情形，债权人有权就该财产优先受偿"②的权利，在债务人不履行债务的情况下，债权人以拍卖或变卖抵押财物后获得的价金优先抵偿债务，其本质是以财物的交换价值而非直接以财物本身来担保债权。中国古代的指抵，是债务人指定某项田宅为债务的担保，当不能清偿时就向债权人移交该项田宅。其本质是直接以财物本身来抵偿债务，实践中往往成为地主强取豪夺的土地兼并方式。因此大多数朝代的法律对于这种交易采取的是不保护、不干预的态度，甚至往往以立法加以禁止。

就债务设定某项田宅为担保，早在秦汉时就已经相当流行。《通典·刑典六·决断》载有一个东汉的案例：乌程有孙氏两兄弟，分家后各有田十顷，孙并早死，留下孤儿寡妻，弟弟孙常经常接济一些粮食，事后就"计直作券，没去其田"，逐渐把孙并的土地全都作为抵债归了自己。孙并的儿子长大后去告孙常，地方官员都认为，孙并的儿子告发叔父"非顺逊也"，要判其败诉。督邮钟离意却认为孙常不抚育兄弟的遗孤，反而"怀挟奸诡，贪利忘义"，应该将孙常已得的土地归还孙并的儿子。姑且不论此案的处理结果，仅就当时大多数官员的意见来看，这种以土地作为债务抵押的方式是当时民间的惯例，至少获得法律的默认。

---

① 郭建：《中国财产法史稿》，中国政法大学出版社 2004 年版，第 132 页。
② 《中华人民共和国物权法》第 179 条。

在唐代，指定田宅作为债务担保的民事行为在法律上称为"指质"，指即制定，质即质押，即仅指定而暂不实际转移占有，债务人应将田宅的证书（地契或分家时的分书）提交给债权人保存至清偿时赎回。唐律对于私人之间的指质债权采用了暧昧的态度，并不明确予以确认和保护，"任依私契，官不为理"，仅仅正面规定只有为偿还官债时才可以用田宅直接抵销债务。到宋代时，法律明确规定债权人如果要求债务人以田宅抵偿计息债务的属于违法行为。《续资治通鉴长编》卷八八载北宋大中祥符九年（1016年）诏书："民负息钱者，无得逼取其庄土、牛畜以偿。"南宋的《名公书判清明集》卷九《户婚门·违法交易》也引法律条文："在法：典卖田宅以有利债负准折价钱者，也还主，钱不追。"元明清时期的法律对此问题也延续了类似的限制政策，田宅买卖契约中往往都要声明是"正行买卖"，并非"债负准折"。而在民间经济活动中，因这种担保方式可以保留田宅的全部占有、使用、收益，具有相当的生命力，实际上是经常发生的交易。

3. 关于墓田坟地的特殊权利限制

中国古代历来有祖先崇拜的文化传统，有关祖先的丧葬及祭祀在礼教和法律上都被作为头等大事对待。祖宗的坟墓被视为神圣之地，获得习俗和法律的重点保护。墓田是指坟墓及其周围一定距离内的土地，如有丘陵及在山区一般称为坟地。民间对此有很多禁忌和习惯，历代法律对此都有特别的制度。

（1）墓田的设定及限制。先秦时期，中原地区的丧葬礼仪与习俗中还没有坟丘设置，死者下葬后土地即被平整，恢复原样。儒家经典《礼记·檀弓上》称："古也，墓而不坟。"注："凡墓而无坟，不封不树者，谓之墓。"所以"墓"原先就是指安放尸体的墓穴，也就无所谓墓田了。春秋晚期从南方传来的土墩墓式样迅速在中原普及，形成墓田和墓区。从已知的史料看，至少从唐代以降，历代法律均严格按照身份等级限定墓田坟地的大小。《唐令拾遗》中有《丧葬令》：

"诸百官葬，墓田：一品，方九十步，坟高一丈八尺；……四品以上筑阙，五品以上立土堠，余皆封茔而已。"南宋明确规定平民百姓的墓田尺寸，绍兴十二年（1142年）都省指挥："庶人墓田，依法置方一十八步。"敕令所看详："四方各相去一十八步，即系东西南北共七十二步。"① 由于"入土为安"的传统文化影响，实在没有土地的人家只能向人或买、或讨、或借一小块土地埋葬亲人，这样就形成所谓"讨送阴地"的民间习惯。"讨送阴地"的习俗应该起源很久，最著名的事例莫过于明太祖朱元璋为葬父母而向邻人"讨送阴地"。除了贫穷导致没有土地安葬外，还因为普遍相信"风水"之说，当看中某地块风水绝佳而地主不愿全部出卖时，习惯上允许仅买一块"墓田"，形成在他人耕地内的一处"飞地"。这些习俗不能不说是对地主财产权利的限制。

（2）墓田的保护。中国古代法律对于坟墓所在墓田有特殊的保护性规定，破坏墓田要处以严酷的处罚。《史记》卷一一八《淮南衡山王传》记载：西汉时衡山王刘赐"数侵夺人田，坏人冢以为田，有司请逮治衡山王"。可见当时此为重罪。《唐律疏议·户婚》专设"盗耕人墓田"罪名，"诸盗耕人墓田，杖一百；伤坟者，徒一年"。而一般的盗耕罪名计亩论罚，一亩以下仅笞三十，累加至五十亩以上才徒一年半。明清律将盗耕墓田罪合并于盗墓罪。《大清律例·刑律·盗贼》"发冢"条规定："平治他人坟墓为田园者，（虽未见棺椁）杖一百，（仍令改正）。"后在嘉庆年间进一步加重处罚。墓田构成古代法律上的"死手产业"，不得出卖，也不得以任何其他形式转移。即使是朝廷抄家，对于墓田仍要网开一面。如《大明会典·刑部》载洪武元年令："凡籍没犯人家产田地，内有祖先坟茔者，不在抄箚之限。"另外，从民间迷信"风水"之说而言，轻易迁坟不仅是违反礼教孝义的举动，还可能导致后代倒运。因此无

---

① 《名公书判清明集》卷九《户婚门·坟墓》引。

论经济如何困难，人们绝对要避免出卖坟地。万不得已将土地出卖殆尽，仍然力图保留坟地。而买方往往也不敢擅自犁平卖方的坟地，唯恐被卖方以毁墓罪名起诉。这就形成了"卖地留坟"的习俗。①可见，不管是坟地主人的子孙还是外人，不管是土地出让方还是受让方，甚至对于官府而言，坟地的存在和特殊保护对其财产权利行使都是一个很强的限制因素。

（3）上坟祭扫权。墓田坟地的重要性在于它是后代子孙定期祭扫的地点，具有寄托哀思和维系家族体系的重大意义。"讨送阴地"和"卖地留坟"的习惯也就自然产生坟地主人具有经过他人土地、按时上坟祭扫的权利。从现代民法的原理看，这应当属于一种"地役权"。古代文献中有关"上坟祭扫权"的具体记载相当稀少。从民国初年的民商事习惯调查来看，大多数地方的习惯都是允许卖地人保留祭扫、迁葬的权利，但禁止卖地人再行安葬。②

二　中国近代法：私有财产权限制的西风东渐与附庸风雅

（一）清末法律改革中的私有财产权限制

清末法律改革虽然在主观上是一种被动、被迫的立法活动，修律本身也存在根本的缺陷和局限性，但在客观上引进了西方资本主义的法律蓝本，为中国法律的近代化奠定了基础。《大清民律草案》是修律的重要成果之一，是中国历史上第一部民法典草案，对后世的民事立法产生了重要影响。《大清民律草案》的制定由修订法律馆与礼学馆共同承担：修订法律馆负责起草前三编总则、债权、物权，后两编亲属与继承由礼学馆制订。起草工作开始于1907年，1911年8月完成。《大清民律草案》全文共36章，1569条。《大清民律草案》曾交资政院审议，但至清朝灭亡也未能公布。《大清民律草案》遵循的立

---

① 郭建：《中国财产法史稿》，中国政法大学出版社2004年版，第161页。
② 参见《民商事习惯调查报告录》第八十五页、第一百〇五页、第一百二十七页、第二百七十七页、第三百六十三页、第六百五十八页。

法原则主要有以下三个方面：（1）采纳各国通行的民法原则；（2）以最新最合理的法律理论为指导；（3）充分考虑中国特定的国情民风，确定最适合中国风俗习惯的法则，并适应社会演进的需要。民律前三编以"模范列强"为主，在起草者松冈义正的影响下，以日本、德国、瑞士民法典为参照，体例结构取自《德国民法典》。在总则编中，采取了私有财产所有权不可侵犯、契约自由、过失致人损害应予赔偿等资产阶级民法的基本原则。在物权编中主要规定了对各种形式的财产权的法律保护及财产使用的内容等。这些内容主要是以西方各国特别是大陆法系通行的民法理论和原则为依据，其所构筑的个人财产制等外来制度与中国传统的家产制等本土制度在百年中国民法发展史上一直纠缠不清。俞江教授认为，百年中国民法发展史，需要超越"本位"的角度，从财产制角度加以反思。这样可以发现两条主线：第一是外来的个人财产制与传统的家产制之间的矛盾；第二是土地所有权上国有制和私有制并存带来的矛盾。从中国近代以来的立法和社会纠纷中，都能看到这两种矛盾带来的困扰。一方面，个人财产制与家产制的对立冲突，使民法的一些制度被架空，而社会中的家产关系和纠纷得不到规范和调整。这种冲突格局集中反映在今天的农村分家、土地承包经营、城市家庭的财产分割等问题上；另一方面，土地所有权双层结构违反所有权平等原则，是近代以来私人的不动产所有权得不到有效保障的主要原因。[①]

王伯琦先生曾论述道："时至清末，当我们变法图强之初，正是西洋法律由权利本位移向社会本位之际，所以我们所接触到的西洋法律，已是社会本位的法律，所谓社会本位的法律，是在权利本位的法律上，加了一层形同义务的色彩，这一层色彩，恰恰与我们旧律上的义务观念接轨，于是整套的西洋社会本位立法，可以很顺利

---

① 俞江：《中国民法典诞生百年祭——以财产制为中心考察民法移植的两条主线》，载《政法论坛》2011年第4期。

地被接受。"① 从松冈义正开始，不是"所有权绝对"，也不是"私有财产神圣不可侵犯"，而是"所有权之制限"成了所有权理论的核心。所谓所有权之限制，在松冈义正看来，一是公法上的限制，如因军事或公益事业需要的土地征收等。二是私法上的限制，分为两类，一类为"对于紧急行为之制限"，即紧急避难活正当防卫等不得已情况下造成的对他人所有权的侵害；另一类为"对于相邻土地所有权之制限"。②《大清民律草案》第 991 条："土地所有权于法令之限制内及于地上、地下。若他人之干涉无碍其所有权之行使者，不得排除之。"该条是针对不动产所有权的一般条款，其后段大大限制了所有权的行使，成为所有权限制理论的集中体现。对于该条，立法理由书声称："所有者依其物之性质及法律规定之限制内，于事实上、法律上管领其物之权利也。故土地所有人在法令之限制内，于地面、地上、地下皆得管领之，然因此遽使土地所有人于他人在其地上、地下为不妨害其行使所有权之行为，均有排除之权，保护所有人未免偏重。在所有人既无实益，而于一切公益不无妨碍，此本条之由设也。"《大清民律草案》第 991 条的规定，几乎一字不漏地被《民国民律草案》第 772 条和《民国民法典》第 773 条沿用。

(二) 民国法律中的私有财产权限制

民国时期确立私有财产不受侵犯的法律原则，但是强调必须限制在不违背国家利益的范围内。《中华民国民法》是中国历史上第一部正式颁布的民法典。该法深受大陆法系《德国民法典》和《瑞士民法典》的影响，适逢西方民法由个人本位、权利本位向社会本位转变的历史时期，在明确私有财产不受侵犯原则的同时，采取以"国家本位为主"的立法原则，十分强调对社会公益的保护，强调个人利益只

---

① 王伯琦：《王伯琦法学论著集》，三民书局 1999 年版，第 127 页。本部分所引之民国时期学者的著作，均转引自俞江：《近代中国民法学中的私权理论》，北京大学出版社 2003 年版。

② 俞江：《近代中国民法学中的私权理论》，北京大学出版社 2003 年版，第 220 页。

有不违背社会公共利益时，始予保护。① 为防止财产所有人因滥用所有权而造成他人或社会利益的损害，《民国民法典》第765条规定，所有权必须"于法令限制范围内行使"；第773条规定，"土地所有权，除法令有限制外，于其行使有利益之范围内及于土地之上下。如他人之干涉无碍其所有权之行使者，不得排除之"。第774条至第800条关于相邻权或其他之规定，目的也在于限制所有权的行使。《土地法》第8条规定，凡湖泊、水道及其沿岸、海岸、公共交通道路、矿泉地、瀑布、名胜古迹及其公共用水水源地，不得为私人所有。《土地法》第14条规定，各省、市地政机关有权决定私人所有土地的最高面积。"南京政府的土地所有权体系，允许国家所有权在效力上优先于个人所有权，这具体体现在政府可用收买的形式消灭个人土地所有权，而个人对这种收买没有抗辩能力。"② 抗战全面爆发后，大量人口向后方集中，房屋严重供不应求，房屋所有人趁机牟取暴利。1943年国民政府公布《战时房屋租赁条例》，对于出租人收取的租金担保金及终止租约，都设定了严格的限制，并认许承租人于租限届满后得继续承租，以资救济。战后由于各大都市人口骤增，"房荒"现象有增无减，因此国民政府1947年公布《房屋租赁条例》，内容大致为："强制出租以开辟屋源"，"限制租金、担保金以防出租人之居奇苛索"，"限制出租人之终止契约权使承租人得以安居"，"限制转租以免二房东从中取利"，以及"许原承租人再度承租以弥补其损失"。③ 条例旨在限制房屋所有权的行使，以维护承租人的利益。该条例当时获得实务界和学界一致好评，并被认为是所有权社会

---

① 孟祥沛：《中国民法近代化的开端和完成——〈大清民律草案〉与〈中华民国民法〉的比较研究》，载张伯元主编：《法律文献整理与研究》，北京大学出版社2005年版，第234页。

② 俞江：《中国民法典诞生百年祭——以财产制为中心考察民法移植的两条主线》，载《政法论坛》2011年第4期。

③ 柯凌汉：《房屋租赁条例之研究》，载《法律评论》第15卷第12期，1947年12月8日，第2—3页。

化理论指导下的立法典范。

一般而言,民国时期所谓"土地所有权的限制"仍然体现在公法和私法两个方面。私法方面,单独将"紧急避险"和"正当防卫"算作限制的学者很少。在《民国民法典》第 773 条的内容和相邻关系之外,还加上地上权、地役权等定限物权或订立遗嘱等限制所有权的情况。① 民法学者从两个方面解释第 773 条。一方面是以例示说明的方法,将该段意义限制在极少数的情况下;另一方面则以"一般人之利益"以确立该条的合理性。有学者认为该条之解释应限于空中和"地身":"但社会进步,利用地表上之空间及地表以下之地身,以供一般人之公益者日多,本条为调和社会与个人之利益起见,故土地所有权之积极方面,特定明于法律之制限外,以所有权行使有利益之范围内为限,于消极方面,则以他人之干涉,无碍其所有权之行使者为限。"② 刘志敩先生对此条款的解释似乎更为清晰:"我民法第 773 条法意,应分两层研察:其前段谓所有人虽在法定范围(指该地之上下言),亦不得仅求一己利益,而阻碍社会之公众生活,此所有权自身应受法令拘束之说也。后段则谓之他人之行使权利,有时纵涉及于己,然苟无碍所有权之行使,即不许辄予排除,此排他权不得滥行之说也。具此二义,始有土地所有权之范围可言。"③ 在这里,不再有所谓的可合法干涉他人所有权的权利。对他人所有权的限制,其前提应该是行使自己的权利,并无碍他人所有权之行使,否则都可以排除。相比过去,这实际上提高了所有权限制的条件。所有权限制学说实际上已经过渡到禁止私权滥用原则。不过,虽然有不少学者对"所有权限制"学说存在怀疑,但并没有真正动摇该学说在近代中国民法学中的地位。④

20 世纪 40 年代,财产所有权限制理论和制度在中国已经系统化

---

① 曹杰:《中国民法物权论》,商务印书馆 1937 年版,第 55 页。
② 黄右昌:《民法诠解·物权》,商务印书馆 1945 年版,第 132 页。
③ 刘志敩:《民法物权》(上),大东书局 1936 年版,第 136 页。
④ 俞江:《近代中国民法学中的私权理论》,北京大学出版社 2003 年版,第 227 页。

了。在私法方面，当时有一本关于不动产所有权理论的著作，在相邻关系学说基础上归纳了所有权人的义务，包括注意义务、单纯不作为义务、忍耐义务、其他义务等。[1] 在公法方面，对所有权的限制几乎发展到了可以任意取消所有权的地步。[2] "土地所有权，不能反乎公共利益而存在。故国家因公共利益之必要，不问为军事、政治、经济或其他公的私的事件，均得依法律就私有土地为征用或征收，除征用或征收，有违法侵权之瑕疵，被征用或被征收之土地所有人，得依诉愿法或行政诉讼法，提起诉愿或行政诉讼为救济外，咸不得基于所有权之效力，而有所反抗。"[3] 换言之，国家不需要任何理由即可以没收私人财产。所谓"公共利益"的解释权在国家，国民政府可以打着"公共利益"的旗号，将私人房屋夷为平地，将私有财产收归国有；"社会利益"已经等同于"国家利益"了。从20世纪40年代开始，由于这些规定，中国已经没有了近代意义上的所有权及财产法。[4] 俞江教授在考察了近代中国土地所有权制度的变迁后认为：

> 近代土地所有权经历了两大阶段，第一阶段是清末至民国北京政府时期，所有权立法的基本思路，是以私人享有土地所有权为原则，以国库占有无主地为补充。这一时期的中国公民，算是第一次真正在法律上享有了土地所有权。第二阶段是民国南京政府时期，这一时期，在《民国民法典》中继续承认公民的土地所有权，但按照1947年施行的民国宪法，在个人所有权之上还有国家所有权。[5]

---

[1] 陆仲良主编：《不动产（土地、定着物）所有权》，世界书局1944年版，第67—84页。
[2] 俞江：《近代中国民法学中的私权理论》，北京大学出版社2003年版，第233页。
[3] 陆仲良主编：《不动产（土地、定着物）所有权》，世界书局1944年版，第64页。
[4] 俞江：《近代中国民法学中的私权理论》，北京大学出版社2003年版，第233页。
[5] 俞江：《中国民法典诞生百年祭——以财产制为中心考察民法移植的两条主线》，载《政法论坛》2011年第4期。

所有权限制理论在20世纪上半叶的中国法学界如日中天，与西方的社会法学派思想繁盛和流行有很大关系。其中，受到狄骥的社会连带学说影响最巨。从法理学到部门法学都在复述狄骥的学说。多数民法学者相信，未来世界的所有权立法的方向，必然是以社会连带学说为指导："近世各国所有权立法普遍所采之原则，即所有权义务化、社会化，亦即前述社会职务说之理论。"① 依据该理论，财产所有人实负有使用财产之义务，所有权之行使应受社会公共利益之限制，国家机关应社会公共利益的要求，对于私人财产得为公用征收之处分；关系社会利益较为重要不利于私有之财产，不应为私人所占有；财产价值之增加，非基于所有人本人之努力于其职务（即非因所有人施以劳动或资本而增加者），而系由于国家行政之设施（即社会原因）者，其所增加之价值，即不应由所有人独自享有。换言之，凡因公共事业发达而导致财产上的"自然增值"，是社会发展的原因，都不能视为当然的所有权，应"还诸公共，再以之发展社会事业，方为合理"。② 如此，则私有财产权在事实上已经被取消了。

可以说，在20世纪上半期的"西风东渐"的历史大潮中，"西法东渐"已成为意识形态话语而势不可挡，义务本位的中国传统法律与正在由权利本位向社会本位转型的西方法律正面遭遇，于是不甘落后，希望两步并作一步走，一步到位地实现社会本位。况且，社会本位在表面上与义务本位有着不少相似之处。但由于未经权利意识的全面启蒙和觉醒，使得社会本位的诉求很容易滑向义务本位的深渊而不自知。这样的法律移植总会给人一种不合时宜和附庸风雅的感觉。

---

① 吴芳亭：《所有权观念之演变》，《中华法学杂志》新编第1卷第7号，1937年3月，第95页。

② 同上书，第101—102页。

三　中国现代法：私有财产权限制的极端化与理性回归

（一）新中国成立后的纯粹计划经济时期：私有财产权限制的极端化过程

新中国成立后采取了一系列暴风骤雨般的革命措施，强力废除地主阶级的土地所有制，实行农民的土地所有制，剥夺官僚大资本家的私有财产。1950年，中央人民政府颁布《土地改革法》，掀起了中国历史上规模最大的土地改革运动。土地改革的基本内容，就是没收地主阶级的土地，分给无地少地的农民，从根本上废除地主阶级封建剥削的土地所有制，实行农民的土地所有制。到1952年，除了少数地区外，全国的土地改革基本结束，3亿无地少地的农民分得了约7亿亩土地和其他生产资料。没收官僚资本的进程是与人民解放军的军事推进同步的。1948—1949年初，三大战役胜利后，人民解放军基本上接管了长江以北的官僚资本企业。1951年，中央人民政府政务院相继发布了《企业中公股公产清理办法》和关于没收私营企业中战犯、汉奸、官僚资本及反革命分子股份及财产的指示。将原国民政府及其国家经济机关、金融机关、前敌国政府及其侨民在企业中的股份及财产和没收归公的战犯、汉奸、官僚资本家等在企业中的股份及财产，均收归人民政府所有，彻底清查处理隐藏在民族资本企业中的官僚资本。对城市住房实行社会主义的公有制。一是没收属于官僚资本和国民党反动派的城市房产；二是将民族资本主义房地产业赎买改造成全民所有的住宅；三是通过国家投资，兴建住宅，扩大全民所有的住宅总量。1956年开始，在改造资本主义工商业的同时，也开始了对资本主义性质的私人出租房屋实行社会主义改造。"文化大革命"中由于极左思想影响，私有房产成为被剥夺和消灭的对象。[①] 农村土地改革、城市私房的社会主义改造以及此后的历次运动，逐步实现了

---

① 金俭：《房地产法研究》，科学出版社2004年版，第393页。

土地公有制和城市住房的社会主义公有制占主导地位的格局。①

农民在土地改革中获取的土地所有权很快面临被社会主义改造的命运。刚刚掌握政权的中国共产党相信并履行了革命导师马克思规划的路线图，即在无产阶级革命以后，"将以政府的身分采取措施，直接改善农民的状况，从而把他们吸引到革命方面来；这些措施，一开始就应当促进土地私有制向集体所有制的过渡，让农民自己通过经济的道路实现这种过渡；但是不能采取得罪农民的措施，例如宣布废除继承权或废除农民所有权"②。中国共产党领导农民抛弃自己小生产者的私有制，自觉地走合作化的道路。我国的农业社会主义改造按照自愿和互利的原则分三步走：第一步，引导农民发展带有社会主义萌芽的农业生产互助组；第二步，发展半社会主义性质的农业生产合作社，也叫初级社。第三步，实现社会主义性质的高级农业生产合作社，把生产资料私有制转变为社会主义公有制。对个体手工业者和小商小贩的私有制，也采取合作化的方法让他们联合起来，通过说服教育的办法，引导他们自己抛弃私有制，实现社会主义公有制。对手工业的社会主义改造采取了"积极领导，稳步前进"的方针，从供销合作社开始逐步发展到生产合作社，把生产资料私有制转变为集体所有制，到 1956 年底，基本上完成了手工业的社会主义改造。

新中国通过赎买政策逐步消灭了民族资产阶级的私有财产。1949 年《中国人民政治协商会议共同纲领》规定："国家资本和私人资本合作的经济为国家资本主义性质的经济。在必要和可能的条件下，应鼓励私人资本向国家资本主义发展，例如为国家企业加工，或与国家合营，或用租借形式经营国家的企业，开发国家的资源等。"对于民族资产阶级，毛泽东有清醒的认识："工人阶级和民族资产阶级之间存在着剥削和被剥削的矛盾，这本来是对抗性的矛盾。但是在我国的

---

① 金俭：《不动产财产权自由与限制研究》，法律出版社 2006 年版，第 101 页。
② 马克思：《巴枯宁〈国家制度和无政府状态〉一书摘要》，载《马克思恩格斯选集》第 2 卷，人民出版社 1972 年版，第 635 页。

具体条件下，这两个阶级的对抗性的矛盾如果处理得当，可以转变为非对抗性的矛盾，可以用和平的方法解决这个矛盾。如果我们处理不当，不是对民族资产阶级采取团结、批评、教育的政策，或者民族资产阶级不接受我们的这个政策，那么工人阶级和民族资产阶级之间的矛盾就会变成敌我之间的矛盾。"① 毛泽东的认识和信心是有根据的，那就是"人民手里有强大的国家机器，不怕民族资产阶级造反"②。在强大的国家机器面前，民族资产阶级为了避免从"人民"变成"敌人"和专政的对象，不管是否情愿都无奈地接受了赎买政策。另外通过开展轰轰烈烈的"三反""五反"群众运动，进一步把资本主义工商业纳入社会主义改造的轨道。1955年实行全行业公私合营，此后采取固定股息和安排工作的形式，使这些曾经的私营企业主同工人一起参加劳动取得报酬，同时这种股息在一定时期后将不再支付，企业完全成为社会主义公有制企业。将私有财产剥夺或改造成国家所有或集体所有，而剥夺所有权是最严重的所有权限制。③

新中国成立后，我国基本上全盘照搬了"苏联模式"。苏联经济体制采用了高度的全民所有制和高度集中的计划经济，长期优先发展重工业特别是国防工业，依靠高能耗、高原材料消耗、高人力投入、粗放型发展，这就是"苏联模式"。这种模式在苏联建国初期取得了一定的成效，并在第二次世界大战中依靠军事工业取得了胜利。从1949年新中国成立到改革开放前的30年间，我国实行了纯粹的计划经济体制。在这种体制下，生产、分配和消费等各方面都由政府事先进行计划，属于指令性经济。解决三个基本经济问题——生产什么、怎样生产、为谁生产——的是政府而不是市场。社会绝大部分的资源

---

① 毛泽东：《关于正确处理人民内部矛盾的问题》，《毛泽东选集》第5卷，人民出版社1977年版，第365页。
② 毛泽东：《论人民民主专政》，《毛泽东选集》第4卷，人民出版社1967年版，第1414页。
③ 程萍：《财产所有权的保护与限制》，中国人民公安大学出版社2006年版，第185页。

是由政府所控制的,并且由政府指令分配资源,不受市场影响。计划经济被当作社会主义制度的本质特征,是传统社会主义经济理论的一个基本原理。这种观点的逻辑推理是:社会化大生产把国民经济各部门联结成为一个有机的整体,因而客观上要求它们之间保持一定的比例关系。在抗美援朝和国民经济初步恢复后,毛泽东提出了"一化三改"的过渡时期总路线,即"社会主义工业化""改造农业""改造手工业""改造资本主义工商业"。1957年第一个国民经济五年计划完成时,社会主义改造基本完成,基本建立起公有制占绝对统治地位的纯粹计划经济体制。计划经济体制对我国在新中国成立初期快速实现工业化、突破资本主义国家和超级大国的经济封锁等方面,作出了不可磨灭的历史贡献,使我国在工业、农业、国防和科学技术等方面取得了许多举世瞩目的伟大成就,但是也留下了一系列积重难返的社会问题。

　　计划经济体制对于生产资料公有制具有天然的依赖性,因此必然不遗余力地限制私有财产的生存空间乃至消灭之而后快。计划经济时代我国的财产所有权表现为三种状态:全民所有,集体所有,以及私人财产所有权。全民所有制也就是社会主义的国家所有制,在理论上其所有权主体属于全体人民,掌握着国民经济命脉,是国民经济的领导力量,是社会主义公有制的高级形式,但法律上的所有权形式在现实中运行起来名不副实,出现所谓的所有权主体缺位的现象;或者也可以说,这种所有制设计只顾及了所有权的社会化,而忽视了个人权利,甚至可以说它以消灭生产资料个人所有权为宗旨。[①] 集体所有制是劳动群众在中国共产党的领导下自觉组织起来的合作经济,取消土地和其他生产资料的私有权,其财产由参加者集体所有,包括农业、手工业、商业等各种形式的合作经济。作为社会主义公有制的另一种表现形式,集体经济也演变为一种政治权力支配控制经济资源、组织

[①] 高富平:《物权法原论》,中国法制出版社2001年版,第275页。

社会生产的模式。① 新中国成立伊始，起临时宪法作用的《共同纲领》明确承认保护私有财产，到 1954 年宪法颁布时，由于社会主义改造尚未完成，仍然对民营财产进行保护，但由于要实现社会主义公有制的宏伟目标，对国有、集体的财产优先保护。当时法律和政策的精神是逐步取消私有财产权。计划经济时代我国的私有财产所有权呈现两个特点：一是保护极其脆弱，二是数量和范围极其有限。在 1958 年"大跃进"和人民公社化以及后来的"文化大革命"过程中，"左"倾思潮泛滥，"一大二公"，"一平二调"，都出现过否定农民从事副业的现象，名曰"割资本主义尾巴"，对私有财产的发展造成严重打击。

在计划经济时代，主流意识形态确立了国家利益的绝对优先地位，极力宣扬"集体主义"的奉献型的经济伦理，过分强调"国家利益、集体利益至上"，刻意贬低个人利益，将追求个人利益与自私自利、损人利己等同起来。私有财产被认为是罪恶之源，以致出现"越穷越光荣"的病态社会心理。计划经济必然是高度中央集权的经济。"集中权力是容易的，但要集中分散在许多个人心灵里的全部知识则是不可能的，而这种知识的集中却又为明智的运用集中的权力所必须。然而总体论计划却忽视了这一事实。这个事实有着影响深远的后果，他既然不能确定那么多的个人的心灵里都是些什么，于是就不得不以消除个人差异的办法来简化这个问题；他就不得不以教育和宣传来控制和铸造人民的兴趣和信仰。"② 此语可谓切中了计划经济的要害。计划经济体制的维护者都是掌控舆论、统一思想的高手，首先通过一元化的宣传工具使人们接受"大公无私"的观念；其次，也是最致命的是，通过"单位"制度将所有公民纳入"体制"内，由于生产资料已经全部公有化，迫使每一个人都成为某一个单位或农业

---

① 高富平：《物权法原论》，中国法制出版社 2001 年版，第 274 页。
② [英] 卡尔·波普尔：《历史主义贫困论》，何林、赵平等译，中国社会科学出版社 1998 年版，第 80 页。

集体组织的成员，通过单位和集体，才能享有国家的各种政策利益，才能获得生存的资源。当人们舍政府提供的就业机会之外无法以别的方式谋生时，其行为自然也就遵循政府划定的界限。[1] 个人的求利动机是效率的源泉，高度集中的计划经济体制，忽视了个人在经济发展中的重要地位。实际上，个人利益、私有财产权并非洪水猛兽，相反，它是经济保持效率、社会保持活力的源泉，这早已被西方国家的发达史所证明。当个人的求利动机被压抑，只能在给定的框架内以给定的方式谋求生存，同时个人劳动付出的区别也不能体现为个人成果的区别时，个人利益这一经济增长以及社会进步之源就被大大限制了，个体的创造性也随之萎缩。[2] 怀着消灭剥削解放人类的美好愿望，以废除私有财产权为能事的计划经济体制虽然辉煌一时，但最终未能给人类带来持久的幸福，它走向没落似乎是历史的必然。

（二）改革开放后的市场经济发展时期：私有财产权限制的理性回归

1978年中共十一届三中全会作出了改革开放的重大决策，从此我国走上了一条经济迅速发展、综合国力不断增强、人民生活水平大幅提高的快车道，取得了举世瞩目的辉煌成就。究其原因，主要是坚持了市场取向的改革，不断激发广大民众的财富创造活力，使社会主义与市场经济有机地结合起来。1982年中共十二大报告指出，由于我国生产力发展水平总的说来还比较低，又很不平衡，在很长时期内需要多种经济形式的同时并存；要鼓励劳动者个体经济在国家规定的范围内和工商行政管理下适当发展，作为公有制经济的必要的、有益的补充；确立了"计划经济为主、市场调节为辅"的原则。1984年党的十二届三中全会作出《关于经济体制改革的决定》，肯定了社会主义经济是公有制基础上有计划的商品经济。市场取向的改革随后由

---

[1] 何清涟：《现代化的陷阱》，今日中国出版社1998年版，第170页。
[2] 程萍：《财产所有权的保护与限制》，中国人民公安大学出版社2006年版，第191页。

农村向城市全面展开，市场机制的"魔力"惊人地显现出来，让民众普遍得到实惠。1987年中共十三大报告强调，必须以公有制为主体，大力发展有"计划的商品经济"；在所有制和分配上，社会主义社会并不要求纯而又纯，绝对平均；在初级阶段，尤其要在以公有制为主体的前提下发展多种经济成分，在以按劳分配为主体的前提下实行多种分配方式，在共同富裕的目标下鼓励一部分人通过诚实劳动和合法经营先富起来。

20世纪80年代有两次改革成效特别突出：一为农村改革，实行家庭联产承包责任制，大大解放了农村生产力，农业生产迅速恢复和发展，农民收入大幅度提高。二为价格改革，以放开价格为主线，转换经济运行机制，市场供应日益丰富，改变了长期困扰我国的卖方市场局面。实践证明，在绝大多数领域，由市场配置资源比由计划配置资源更有效率。在此过程中，党和国家领导人的政治智慧和勇于理论创新的精神对社会主义市场经济体制的确立起着决定性的作用。1979年，我国改革开放的总设计师邓小平就指出，社会主义也可以搞市场经济。1992年初，邓小平在南方谈话中进一步指出，计划多一点还是市场多一点，不是社会主义与资本主义的本质区别；计划经济不等于社会主义，资本主义也有计划；市场经济不等于资本主义，社会主义也有市场；计划和市场都是经济手段。在邓小平南方谈话的指引下，1992年10月党的十四大确认社会主义市场经济体制是我国经济体制改革的目标模式。

1993年党的十四届三中全会作出了《关于建立社会主义市场经济体制若干问题的决定》，对怎样建立社会主义市场经济体制作出了具体部署。《决定》第一次明确了社会主义市场经济体制的基本框架，指出"必须坚持以公有制为主体、多种经济成分共同发展的方针，进一步转换国有企业经营机制，建立适应市场经济要求，产权清晰、权责明确、政企分开、管理科学的现代企业制度；建立全国统一开放的市场体系，实现城乡市场紧密结合，国内市场与国际市场相互衔接，促进资源的优化配置；转变政府管理经济的职能，建立以间接手段为主的完善的宏观调控体系，保证国民经济的健康运行；建立以按劳分配为主体，效率优先，兼顾公平的收入分配制度，鼓励一部分地区、一部分人先富起来，走共同富裕的道路；建立多层次的社会保障制度，为城乡居民提供同我国国情相适应的社会保障，促进经济发展和社会稳定。这些主要环节是相互联系和相互制约的有机整体，构成社会主义市场经济体制的基本框架"。此后，中国市场化改革向深层次全方位迅速展开。国有企业改革从过去放权让利转向体制创新，以建立现代企业制度为方向，努力适应市场经济的发展。个体、私营等非公有制经济大发展。

  1997年中共十五大总结了我国改革和建设的新经验，把依法治国确定为治国基本方略，把坚持公有制为主体、多种所有制经济共同发展，坚持按劳分配为主体、多种分配方式并存，确定为我国在社会主义初级阶段的基本经济制度和分配制度。2002年中共十六大再次强调，坚持和完善公有制为主体、多种所有制经济共同发展的基本经济制度，个体、私营等各种形式的非公有制经济是社会主义市场经济的重要组成部分，必须毫不动摇地鼓励、支持和引导非公有制经济发展。2007年中共十七大进一步指出，坚持和完善公有制为主体、多种所有制经济共同发展的基本经济制度，毫不动摇地巩固和发展公有制经济，毫不动摇地鼓励、支持、引导非公有制经济发展，坚持平等保护物权，形成各种所有制经济平等竞争、相互促进新格局；推进公平准入，改善融资条件，破除体制障碍，促进个体、私营经济和中小企业发展；以现代产权制度为基础，发展混合所有制经济。

  本书认为，我国改革开放的历史有两条引人注目的线索值得研究，一条是市场经济的发展，另一条是非公有制经济的发展。这两条线索又是互为因果、相辅相成地纠结在一起的。从纯粹的计划经济到"计划经济为主，市场调节为辅"，到"有计划的商品经济"，再到社会主义市场经济的建立和完善，我国改革开放的历史是市场经济从计划经济的藩篱和羁绊下艰难突围和奋勇前进的历史。从"公有制经济的必要的、有益的补充"到"在以公有制为主体的前提下发展多种经济成分",到"坚持以公有制为主体、多种经济成分共同发展",再到"坚持和完善公有制为主体、多种所有制经济共同发展",最后到"坚持平等保护物权,形成各种所有制经济平等竞争、相互促进新格局",我国改革开放的历史也是非公有制经济从山穷水尽到柳暗花明,直至登堂入室与公有制经济平等发展的历史。总体上看,改革开放以来党的路线、方针、政策是逐步朝着有利于私人财富创造和私有财产保护的方向发展的,私有财产权保护呈现渐次加强的趋势。

进入21世纪,社会领域改革迅速展开:义务教育阶段学杂费已全部取消;最低生活保障制度已从城市扩展至农村;正在积极探索城乡居民基本养老保障制度建设;城镇居民基本医疗保险和新型农村合作医疗基本实现全覆盖;建立健全经济适用房、廉租房、公租房制度,解决城市低收入家庭住房困难,等等。这些以改善民生为导向的政策措施,无异于为广大民众创造了数量庞大的"福利财产"。

本章小结

比较法的考察表明,私有财产权的限制并非线性发展的过程,而是随着社会政治、经济和思想文化环境的变化,呈现出螺旋式发展的复杂结构。在西方法域,古希腊罗马法开启了私有财产权限制的早期发展史;在欧洲中世纪,私有财产权限制呈现多元化和碎片化倾向;在近代,私有财产权保护的兴盛压倒了限制的努力;在现代,私有财产权式微和社会化转向成为历史潮流。在中国,古代法中私有财产权利的贫困化是权利限制政治化的恶果;近代法中私有财产权限制的西风东渐与附庸风雅遥相呼应;现代法中的私有财产权限制在经历了极端化的噩梦之后终于走进逐步理性和宽容的新时代。

第四章
私有财产权的私法限制：
原则和规则

本章以物权为核心探讨私有财产权的私法限制问题。物权的私法限制，是指由私法主要是物权法对物权的内容等要素以及物权的行使所作的约束性规定。[①]有学者认为物权的私法限制可以分为约定限制和法定限制两个方面。所谓约定限制，即当事人之间依据自己的约定，限制物权人行使权利的任意性，比如，地上权、永佃权、地役权、人役权的设定，均为对所有权人的约定限制。所谓法定限制，即由法律直接规定的对物权人的限制如不动产相邻关系中的限制。[②]约定限制即自愿限制，指当事人对物权的内容或行使设定了一定的期限或条件。自愿限制体现了私法的意思自治原则，往往因人而异，同时也须遵循物权法定原则。因此，物权的限制一般指的是法定限制。根据物权法律关系的构成要素来划分，可分为物权主体的限制和物权客体的限制和物权内容的限制。物权内容的限制主要是由物权法定原则所决定的。就物权主体的限制而言，我国《物权法》规定所有权的

---

① 丁文：《物权限制研究》，中国社会科学出版社2008年版，第47页。
② 孙宪忠：《中国物权法总论》，法律出版社2003年版，第162页。

主体有国家、集体和私人，私人可以获得土地承包经营权、建设用地使用权、宅基地使用权等用益物权，也可以设定抵押权，但不能获得土地所有权；物权法明确规定矿藏、水流、海域、城市的土地、国防资产、无线电频谱资源属于国家所有，排除了集体和私人作为所有权主体的可能性。就物权客体的限制而言，作为物权客体的物应当是存在于人身之外，能够为人力所支配和控制，能够满足人们某种需要的财产，而不是自然界客观存在的一切物质。作为物权客体的物不仅主要是指有体物，还必须是独立物、特定物，原则上还应当是单一物。[1] 私法对物权的限制，既表现在私法一般原则的限制，例如禁止权利滥用原则、诚实信用原则、公序良俗原则等，其中以禁止权利滥用原则最为典型；也表现在私法主要是物权法具体制度的限制，典型的例如相邻关系、善意取得、取得时效。

第一节　私有财产权创设的限制：以物权法定原则为例

一　物权法定主义的解构

物权法定主义源于罗马法，后为继受罗马法的大陆法系多数国家所采用。[2] 物权法定的一般含义，是指物权只能依据法律设定，禁止当事人自由创设物权，也不得变更物权的种类、内容、效力和公示方法。[3] 通说认为，物权法定原则包括两个方面：一是类型强制，即不允许当事人自行创设法律没有规定的新物权；二是类型固定，即当事人不得创设与法定物权内容相悖的物权。有学者认为，对物权法定原

---

[1] 王利明：《物权法研究》，中国人民大学出版社2002年版，第26—33页。
[2] 谢在全：《民法物权论》（上册），中国政法大学出版社1999年版，第40页；梁慧星主编：《中国物权法研究》（上册），法律出版社1998年版，第65页；孙宪忠：《德国当代物权法》，法律出版社1997年版，第80页。
[3] 王利明：《物权法论》，中国政法大学出版社1998年版，第88页。

则的阐释,类型强制足矣,因为类型决定内容,类型强制即应包括类型固定,因此将物权法定原则区分为类型强制和类型固定是十分勉强的。①《日本民法典》第 175 条规定:"物权,除本法及其他法律所规定者外,不得创设。"我国台湾地区"民法典"第 757 条规定:"物权除本法或其他法律所规定者外,不得创设。"我国《物权法》第 5 条规定:"物权的种类和内容,由法律规定。"一般认为这一条文规定的是物权法定原则。

物权法定原则是大陆法系国家物权法的基本原则之一,其产生有着深刻的社会经济动因和理论根源。物权法定对物权种类和内容的限制,稳定了社会经济关系,减少了交易成本,保障了交易安全。传统学说对于物权法定原则存在依据的经典解释为:(1)物权具有绝对性,得对抗任意第三人。如果允许依当事人的意志自由创设物权,将有害于社会公共利益。(2)物权与社会经济具有密切关系,任意创设,对所有权设置种种的限制和负担,妨碍所有权自由,影响物的利用。以法律明文规定其种类内容,建立物权类型体系,有助于发挥物尽其用的经济效益。(3)物权一般具有对世的效力。物权的得丧、变更应力求透明。物权的种类和内容法定化,便于公示,可确保交易的安全与便捷。(4)物权法定原则有助于整理旧物权以适应社会需要。②从历史上看,物权法定主义并不是始终如一的,其间有过放任主义(自由主义)的态度,但更多的立法例采用物权法定主义立场,认为放任主义不利于保护当事人的利益,徒增社会纠纷,严重损害交易安全,不利于维护一国经济秩序。③但随着社会的不断发展,物权法定主义也日益暴露出严重的弊端,其僵化性损害了社会经济发展的活力。因而如何化解物权法定所带来的僵化性,便成为奉行物权法定主

---

① 苏永钦:《私法自治中的经济理性》,中国人民大学出版社 2004 年版,第 86 页。
② 《北京大学法学百科全书》(民法学、商法学卷),北京大学出版社 2004 年版,第 997 页。
③ 陈华彬:《物权法原理》,国家行政学院出版社 1998 年版,第 71 页。

义的国家所面临的一个问题。①

英美法系是否存在物权法定主义？有学者认为，英美法上并无成文法明确认可物权法定原则，但该原则仍通过"司法自治"机制，成为英美财产法实际奉行的一项基本原则。②有学者持类似观点，认为从美国司法实践中的一系列案例来看，美国法是奉行"物权法定"的，而美国法中之所以存在"物权法定"原则，更多的是由于美国财产法中众多的财产权种类，以及特殊的财产权结构而造成的。③但这种观点遭到"商榷"，被认为："在某些英文资料运用上有断章取义之嫌，甚至存在对所引资料的严重误解；对美国财产法上的若干重要概念，未经认真考证即轻率得出结论。"④从国外学者的研究看，肯定论者的观点似乎更为可靠："一般来说，只有符合几种有限的标准形式的利益，才被法律认定为财产权……如果当事人试图创设新类型利益，法院一般会按照现有形式对其重新解释。……英美法律人所接受的基本理念就是，财产权的类型是固定的……不仅限于普通法国家，这看来是所有现代财产权制度的普遍特征。……尽管物权法定原则在普通法体系中并无逻辑强制性，但很明显的是，法院仍像民法法系的法院那样对待财产权：他们将已获认可的财产权形式视为封闭性的目录，只有立法才能加以修改。这种行为无法归因为立法的明示或默示规定，最恰当的描述是一种司法自治。"⑤

从对物权法定主义的学术研究现状看，学者们对物权法定的态度形成了一个连贯的谱系，有强烈支持的，有妥协折中的，也有坚决反对的。支持者认为，在目前，坚持物权法定比允许物权自由创设更符合我

---

① 杨玉熹：《论物权法定主义》，载《比较法研究》2002年第1期。
② 李富成：《中国语境中的物权法定问题》，载《比较法研究》2007年第2期。
③ 张鹏：《美国法上的物权法定原则》，载《法学》2003年第10期。
④ 王立争：《美国法上物权法定原则及相关问题——与张鹏同志商榷》，载《法学》2004年第4期。
⑤ See Thomas W. Merrill & Henry E. Smith, Optimal Standardization in the Law of Property: The Numerus Clausus Principle, 110 Yale L. J., October, 2000, pp. 3、10 – 11.

国的实际需要,能够更有效地保证交易安全和交易迅捷,有效地控制交易成本,从而提高资源的配置效率。① 折中者认为,对物权法定主义的传统解释导致了物权法的僵硬性,不符合社会经济的现实需要。不同物权类型的性质不同,在法律体系和社会生活中的地位和作用也不相同。可以把物权分为基础性物权与功能性物权。前者主要包括所有权、基地使用权等用益物权、典权和自然资源使用权;后者主要包括抵押权、质权、让与担保和留置权等。当事人设定功能性物权的根本目的是利用物的基础性权利(如所有权)来担保债权的实现。在法律上,对于基础性物权应当坚持物权法定主义,而功能性物权则可由当事人自由创设。② 也有学者旗帜鲜明地论证了物权法定原则的不合理性,同时探讨了"物权法定原则缓和说"的不可能性,明确提出了否定物权法定原则、要求开放他物权体系、重构物权法体系的建议。③ 有学者从体系化的视角分析认为,物权法定原则的内涵有其高度的不确定性,不能跟上物权公示制度的变化,还背离了民法体系的开放性,这三重缺陷决定了它不能有机地融入民法体系;为了维护民法体系的德定性和开放性,应在公示基础上采用物权自由的立场,在立法技术上则要兼顾有名物权和无名物权。④ 更有人主张我国物权法选择物权法定原则或者物权自由创设原则均可,但是都需要采取相应的配套措施。⑤

在我国台湾地区,物权法定原则已经理论检讨而有松动的倾向,以因应社会、经济发展的需要。⑥ 台湾地区的立法者已经采取了行动,

---

① 张晓娟:《在意思自治与法律强制之间——关于物权法定原则的思考》,载《现代法学》2007 年第 6 期。
② 梁上上:《物权法定主义:在自由与强制之间》,载《法学研究》2003 年第 3 期。
③ 刘正峰:《论无名物权的物权法保护——从对物权法定原则的检讨展开》,载《法商研究》2006 年第 2 期。
④ 常鹤翱:《体系化视角中的物权法定》,载《法学研究》2006 年第 5 期。
⑤ 张鹏:《物权自由创设原则下的物权法体系之构建:兼与刘正峰先生商榷》,载《法商研究》2007 年第 1 期。
⑥ 苏永钦:《法定物权的社会成本——两岸立法政策的比较与建议》,载《中国社会科学》2005 年第 6 期。

在不动产所有权上交易者已经可以依其需要自由建立对世性的财产关系。① 谢哲胜教授认为，物权法定主义的条文已名存实亡，欠缺合理性，又有违宪疑虑，不如加以删除。② 无论如何，物权法定原则的宽松化是大势所趋。

二 物权法定主义的重构

在我国《物权法》的制定过程中，对于是否坚持物权法定主义曾经众说纷纭，但总体上可以划分为三派：一派是以江平教授为代表的主张宽松的物权法定主义的论者，可称之为宽松论者；一派是以苏永钦教授为代表的主张放弃物权法定主义而采取物权自由主义的论者，可称之为放弃论者或自由论者；一派是以梁慧星教授为代表的坚持严格的物权法定主义的论者，可称之为严格论者。

江平教授的论证如下：坚持物权法定主义应有一个前提，即法律对现有或将会产生的物权种类及其内容都全部包含在内，否则，物权法草案对物权法定主义的采纳就是历史的倒退，而不是前进！立法者并不高明到能穷尽一切物权的地步！③ "《物权法》不可能把全国各种形式的物权通通都写进去。社会生活这么复杂，还有一些不是很典型的物权，这些东西可以由法律解释去解决。从这个角度来说，物权法定主义在世界上有两类，其中一类是严格的物权法定主义，当事人不得创设任何一种物权，甚至有人说这种创设是无效的，我不这样认为。物权法定主义是比较宽松的法定主义，并不意味着法律没有规定的当事人就一定不设置，也不意味着设置无效。"④ 王利明教授也赞

---

① 苏永钦：《可登记财产利益的交易自由——从两岸民事法制的观点看物权法定原则松绑的界线》，载《南京大学法律评论》2010 年第 2 期。

② 谢哲胜：《中华人民共和国物权法综合评析（上）》，载《上海交通大学学报》（哲学社会科学版）2007 年第 3 期。

③ 江平：《制定一部开放型的民法典》，载《政法论坛》2003 年第 1 期。

④ 江平：《〈物权法〉的理想与现实》，载《社会科学论坛（学术评论卷）》2007 年第 11 期。

成这一立场。他认为,物权法定主义尽管是物权法的重要原则,但在适用中不应过于僵化,那种对任何行政法规和司法解释所创设的物权都不予承认的做法,不利于规范和调整新型物权法律关系。①

　　苏永钦教授提出,当今立法应当放弃物权法定主义而转取自由主义,其理由主要是私法自治和交易成本的考量。"当物权的设定必须受限于法律所规定的种类与内容以后,人们以自治响应交易需求的空间小了,或者说,自治的交易成本增加了,某些法定物权相对地反倒可以被合理化。倒过来说,如果物权种类大幅增加,或者走向自由化,现在很多的法定物权就不再有存续必要,因为人们可以有成本更低的自治方法,立法者的介入反而没有效率。"②他指出,物权法定的挫折成本也不容忽视,在现代交易社会绝不能轻易把法律关系简化奉为美德,个别交易者因为标准化的物权无法满足其特殊需求,就会产生挫折,也就是不适交易的效率减损。他认为,如果适当的物权类型数量大到一定程度,而立法改采自由主义,仅由国家制定一定数量的任意性质的物权,让民间去承担部分标准化的功能,这才是最有效率的制度设计。物权要不要自由化,关键在于有没有能力建立一个统一的登记制度,一个非常高效率的数据化的登记制度,而他认为信息化社会已经具备这种能力,因此物权自由化应当是水到渠成的事情。公示制度越有效能,交易者的选择自由越大,交易成本也越低,而当公示制度的效能提高到可以开放物权自由设定时,法定主义即必须有所调整,乃至完全放弃。③

　　梁慧星教授是坚定的坚持严格的物权法定主义论者。他在《物权法草案第六次审议稿的修改意见》一文中批评当时即将定稿的《物

---

　　① 王利明:《物权法论》,中国政法大学出版社1998年版,第94页。
　　② 苏永钦:《法定物权的社会成本——两岸立法政策的比较与建议》,载《中国社会科学》2005年第6期。
　　③ 苏永钦:《物权法定主义松动下的民事财产权体系——再探大陆民法典的可能性》,载《厦门大学法律评论》第8辑,厦门大学出版社2004年版。另参见苏永钦:《民法的积累、选择与创新》,载《比较法研究》2006年第2期。

权法草案》，旗帜鲜明地反对物权自由原则。其论据可概括为四点：其一，物权的性质和效力所决定。物权为独占权，不适于自由创设。其二，物权法定是建立全国统一大市场的需要。物权是市场交易的前提和结果，其种类和内容必须统一化、标准化，否则就会使市场交易复杂化。其三，维护国家主权的需要。如果物权法规定"物权自由"，那么在中国境内活动的外商、外资、外企和外国律师，就会在经济活动中采用他们熟悉的本国法律上的物权类型，这必将对中国的法律制度和国家主权造成巨大的冲击和损害。其四，各国均无例外地实行和坚持物权法定原则。"可以断言，中国物权法否定'物权法定原则'，而代之以'物权自由原则'，必将导致中国物权秩序乃至整个法律秩序的极大混乱！"[1] 其言辞不可谓不激烈。

龙卫球教授从"一种兼顾财产正义的自由论视角"来论述物权法定主义。他认为梁慧星教授对物权法定放弃论反应最激烈，也对最后立法决断采取物权法定主义绝对立场产生了最直接的影响。他对梁慧星教授的后两项理由并不认同，认为其从法律论据角度来说，政治论辩意味多于学术辩论意味，前两项理由也有"相当色彩的概念主义论证方式"。他认为物权法审议稿实际上只是采取了物权法定宽松论的表述，没有向放弃论发展的迹象，"梁文"却将其定性为自由论而加以批驳，大概在于通过这种更为激烈的贴牌，更容易达到使立法工作机构收回宽松论的目的；但由此论之究属指东打西，对真的物权法定放弃论而言仅具有"隔空回应"的效果。[2] 龙卫球教授也逐一分析了物权自由论者的四个论据即"宪法正当性困境论""整理功能不必要论""经济分析失效论""公有制下无特殊论"的合理与不足。其结论为：从物权的类型化设计难以绝对确定和精确而言，显然物权法定

---

[1] 梁慧星：《物权法草案第六次审议稿的修改意见》，载《比较法研究》2007 年第 1 期。

[2] 龙卫球：《物权法定原则之辨：一种兼顾财产正义的自由论视角》，载《比较法研究》2010 年第 6 期。

原则宜采宽松论，以使其能够释放更多的规范实践和发展空间。

龙卫球教授也详细地分析了梁慧星教授的主张是如何影响立法的。尽管《物权法》第五、第六次审议稿曾一度倾向对物权法定主义采用宽松论，有过"法律未作规定的，符合物权性质的权利，视为物权"的表述，但是立法工作机构在"法律通过本身甚于一切"的愿望下，在提交最后一稿即第七次审议稿时，还是重新回到了严格法定主义的表述。这种转向的可能理由，似可以理解为是出于立法工作机构不愿因为争论而影响整个法案搁浅所为。为了"立法成功"，立法工作机构往往会在一些发生重大争议的条款上采取妥协，特别是愿意通过保持与"既有规定一致"的方式来避免麻烦。梁慧星教授在大陆民法学界有重要影响力，兼任全国人大代表和人大法律委员会委员，对于立法临门一脚有相当影响，立法工作机构一向十分重视其立法观点。[①] 物权立法的过程表明，物权法定主义在物权法律文本中的最终命运并不完全取决于学术，政治的考量在关键时刻很可能压倒理论本身。从这个意义上讲，物权法定问题的各个派别似乎没有胜利者，因为他们的理论对于立法者而言不过是参考文献而已。物权法定主义严格论者之所以对立法产生了更大的影响力，未必是因为其理论更有说服力，而更有可能是因为其守成性格与立法者求稳的心态恰好保持了某种默契，更多地具备了"政治正确"的特点，尽管这是严格论者进行严肃的学术研究的成果，而非他们有意迎合政治需求的结果。

本书主张物权法定主义宽松论。物权法定主义宽松论与自由论存在更多的共通性，而与严格论之间存在更大差别。如果说前者的关系只是量变的话，那么后者就是质变了。当下的物权立法如果只是"守成"，就难免落后于现实。物权法定是归属关系凌驾于利用关系之上

[①] 龙卫球：《物权法定原则之辨：一种兼顾财产正义的自由论视角》，载《比较法研究》2010年第6期。

的产物，而追求财产正义，对财产归属和财产利用须同等保护，而不是区别对待；同时，物权法定的实质将国家法强行凌驾于民间法之上，不利于实现财产的实质正义。固守物权法定原则，不利于对新兴物权形态的保护，有悖于财产效率的价值追求。[1] 因此承认物权法定原则的国家，莫不在设计各种物权内容时为当事人意思自治留有空间。[2]

在物权法定主义逐渐松动的立法趋势下，我国物权法仍固守严格的物权法定原则，过分限制了物权获取的渠道，与市场经济的蓬勃发展和当今物权立法的趋势背道而驰。《德国民法典》并未明确规定物权法定原则，只是其立法理由书和有关学说肯定了该原则。在德国、日本、瑞士等大陆法系国家民法典颁行后，其民法学界就开始对物权法定原则进行反思与批判。德国著名法学家基尔克甚至在《德国民法典》制定过程中就警告物权法定原则必将导致物权法陷于保守与僵化，阻碍未来物权法发展之命脉。[3] 德国民法实务多通过类推适用的方式承认新的物权类型。[4]

本书建议重构物权法定原则，物权的种类和内容以法定为主，约定为辅，物权法可以适当参照合同法上"有名合同"与"无名合同"的安排，将所有权以及一些典型的、常用的用益物权和担保物权直接规定为"有名物权"，适度开放"无名物权"，尊重市场的创造精神，在满足公示等程序要件的前提下，有限承认民间创设的新物权。有学者精辟地指出，有效降低交易成本等制度价值实质是物权标准化与物权公示制度而并非物权法定原则的制度优势；物权法定制约了无名物

---

[1] 王岩云：《物权法定原则存废论争的理性思考》，载《法制与社会发展》2006 年第 6 期。

[2] 徐涤宇：《物权法定主义和物权立法》，载《法商研究》2002 年第 5 期。

[3] ［德］沃尔夫冈·维甘德：《物权类型法定原则》，迟颖译，载张双根、田士永、王洪亮主编：《中德私法研究》（2006 年第 2 卷），北京大学出版社 2007 年版，第 102 页。

[4] 段匡：《德国、法国以及日本法中的物权法定主义》，载梁慧星主编：《民商法论丛》第 7 卷，法律出版社 1997 年版，第 263 页。

权的创新与发展；无名物权的确认既有必要，也有可能，物权立法应努力加强物权标准化，同时为无名物权的创新预留制度空间，并作必要的制度安排，建立以公示制度为基础的开放性的他物权体系。① 物权法定之"法"，不仅应当包括全国人大及其常委会制定的《物权法》和其他物权特别法，还应当包括行政法规、规章、地方性法规、司法解释和判例。从土地承包经营权发展的路径看，如果民间创设的"物权"已被党的政策所认可和肯定，也可成为有效的物权种类。当民间创设的财产"权利"具备了支配性和排他性，同时又满足了一定的公示程序，从而在社会上普遍化成为交易习惯后，人民法院应当认可其为物权。《物权法》中关于"有名物权"的明确规定不仅是示范法，同时也是强行法，应当优先适用，当事人不得通过约定排除。物权法未规定的物权事项，当事人可以作出约定，但不得与物权法的原则和具体规则相抵触。

第二节　私有财产权行使的限制：以禁止权利滥用原则为中心

一　禁止权利滥用原则的立法例

《北京大学法学百科全书》（民法学、商法学卷）对"权利滥用"这一辞条的解释为："即权利人行使权利而超越法律上所规定之适当范围，换言之，权利行使行为超脱权利存在之社会根据。权利之行使，如超脱权利存在之社会根据，必妨害公共秩序善良风俗以及诚实信用原则，故法律上对于滥用权利之人，必加以绝对的制裁。"② 禁止权利滥用，是指行使权利不得背离权利应有的社会目的，也不得

---

①　刘正峰：《论无名物权的物权法保护——从对物权法定原则的检讨展开》，载《法商研究》2006 年第 2 期。
②　《北京大学法学百科全书》（民法学、商法学卷），北京大学出版社 2004 年版，第 765 页。

超越权利应有的界限。① 《法国民法典》第544条前段强调了所有权"绝对无限制",但后段有"但法令所禁止的使用不在此限"的规定。该规定本来已具有了禁止权利滥用的含义,只不过当时正处在自由资本主义的鼎盛时期,人们有意无意地断章取义,重视前段而漠视后段,因此对于禁止权利滥用就缺乏系统的理论研究和法律规定。半个世纪后,法国卡尔曼法院判定以损害邻人采光权为目的而修建烟囱的行为构成权利滥用,成为法国在判例上承认禁止权利滥用原则的滥觞。《德国民法典》明确地确立了禁止权利滥用原则,该法第226条规定:"权利的行使不得专以加害他人为目的。"《瑞士民法典》第2条规定:"明显地滥用权利,不受法律保护。"《日本民法典》第1条明确"不许可滥用权利"。《意大利民法典》第833条规定:"所有权人不得为专用于损害或干扰他人的行为。"下面以知识产权滥用特别是专利权滥用为例说明禁止权利滥用原则在各国以及国际组织立法中的具体体现。对知识产权滥用进行法律规制的宗旨在于确保知识产权保护与市场竞争秩序的均衡与协调,既要防止知识产权滥用行为损害竞争,又要防止过度强调竞争而阻碍知识产权保护,兼顾激励创新和维护竞争,并最终统一于保护消费者利益和促进经济发展。

在美国,1988年《专利权滥用修正法》在国会通过。1995年美国司法部和联邦贸易委员会联合发布《知识产权许可合同的反托拉斯指南》。该指南是美国反垄断执法和司法部门在知识产权领域反垄断的经验总结,其性质是咨询性政策说明文件,为社会公众判断其知识产权许可合同是否进入反垄断法的禁区提供了指导。② 2007年4月,司法部和联邦贸易委员会又共同发布了《反托拉斯执法与知识产权:促进创新和竞争》的报告,指出在反托拉斯法与知识产权保护的交叉领域,将继续以合理原则指导反托拉斯执法,确保在保护竞争的同时

---

① 张俊浩:《民法学原理》,中国政法大学出版社2000年版,第85页。
② 冯晓青:《知识产权法热点问题研究》,中国人民公安大学出版社2000年版,第206页。

维护知识产权保护对创新的激励，以达到反托拉斯执法与知识产权保护的平衡。

欧盟在1984年通过《专利许可证规章》，1988年又颁布了《技术秘密许可证规章》。这两个规章于1996年修订后合并为《技术转让规章》，将专利、技术秘密以及其他知识产权的许可协议统一予以规范。它在《罗马条约》中的竞争法条文与知识产权转让合同之间建立了联系，指出了禁止、限制和豁免的范围。这反映了欧盟试图在竞争法与知识产权法的冲突中寻求平衡的努力，是对新技术革命和产业革命的回应，以及世界贸易组织《与贸易有关的知识产权协议》（TRIPS）生效的反响。欧盟委员会2004年4月发布了《对技术转让协议适用条约第81条（3）的规章》，其突出特点是与美国在知识产权领域的反垄断执法指南进一步融合，同时采用了"安全港规则"。这使欧盟与美国在技术创新政策和竞争政策上逐步趋向统一。

日本1947年版《禁止私人垄断及确保公正交易法》第21条规定："本法的各项规定不适用于被认定为是根据著作权法、专利法、实用新型法、外观设计法或商标法的权利行使行为。"显然这是一个除外条款，正当的知识产权行使行为享受反垄断法豁免待遇。1999年日本公正交易委员会发布《专利和技术秘密许可协议中的反垄断法指南》，表明了在专利和技术秘密许可活动中适用反垄断法的原则立场。该委员会于2007年9月28日颁布了《知识产权利用的反垄断法指南》，适用的知识产权类型进一步扩大到专利和技术秘密以外的其他知识产权；适用的权利行使方式除技术许可外，还包括其他与技术使用有关的限制行为。该指南是日本公正交易委员会就《禁止私人垄断及确保公正交易法》第21条"权利行使行为"进行界定的政策主张，旨在平衡知识产权制度与竞争政策，既要防止僵化的反垄断执法阻碍创新，又要防止知识产权的不当行使妨碍自由公平竞争，使反垄断法的实施兼顾促进创新和维护竞争，并最终在保护消费者利益和促进经济发展上达成统一。①

　　世界贸易组织的《与贸易有关的知识产权协议》（TRIPS）是当今世界知识产权领域最重要也是最有效的国际法，在强力保护知识产权的同时，也对知识产权滥用保持高度的警惕，这从其绪言可见一斑。TRIPS绪言明确声明其宗旨在于"期望减少对国际贸易的扭曲和阻碍，并考虑到充分、有效地保护知识产权的必要性，以及保证实施知识产权的措施和程序本身不成为合法贸易的障碍"。TRIPS第8条和第40条为成员方限制知识产权滥用提供了国际法渊源。第8条规定，为防止权利人滥用知识产权，或者采用不合理的限制贸易或者对技术的国际转让造成不利影响的做法，可以采取符合本协定的适当措施，以解决技术知识的创造者和使用者权利义务失衡问题，允许成员为公共利益和社会发展而采取包括立法在内的措施对知识产权进行一些限制。② 第40条只适用于知识产权许可合同中的限制竞争行为，并未将所有滥用知识产权的行为涵盖在内。同时该条并不排除各成员方在其国内立法中列举在特定情况下可能构成知识产权滥用以及阻碍竞争的订立许可合同的做法或条件。此"特定情况"由各成员方国内法具体规定，遵循的判断标准是合理原则，并非认定行为本身违法，而是对构成滥用与否进行评估。③ 第40条还列出了三种应予禁止的限制性商业行为：独占性回授条件、禁止有效性质疑、强制性"一揽子许可"。

　　在我国，针对知识产权滥用的法律规制尚处于初创阶段，只有一些零散的有关规定在反垄断法、专利法、合同法、反不正当竞争法中有所体现。2008年8月1日开始实施的《反垄断法》第55条对知识

---

　　① 王先林等：《反垄断法适用于知识产权领域的基本政策主张》，载《电子知识产权》2008年第1期。

　　② 乔生：《中国限制外国企业对知识产权滥用的立法思考》，载《法律科学》2004年第1期。

　　③ 仲春、薛航：《知识产权保护与限制知识产权滥用法律关系的协调》，载《知识产权》2005年第6期。

产权滥用问题作了原则性规定："经营者依照有关知识产权的法律、行政法规规定行使知识产权的行为，不适用本法；但是，经营者滥用知识产权，排除、限制竞争的行为，适用本法。"但《反垄断法》并未界定滥用知识产权的内涵，也没有列举其表现形式。《专利法》第48条规定的是专利的强制许可制度，在形式上属于反垄断条款。该条规定了可以实施强制许可的两种情形：一是专利权人自专利权被授予之日起满三年，且自提出专利申请之日起满四年，无正当理由未实施或者未充分实施其专利的；二是专利权人行使专利权的行为被依法认定为垄断行为，为消除或者减少该行为对竞争产生的不利影响的。《专利法》对于"正当理由""未充分实施""具备实施条件"等概念缺乏明确界定，表现出概念模糊、经验缺乏、盲区太多、操作性不强等突出问题。[①] 专利实施的强制许可制度可以推进专利运用，防止技术垄断，限制知识产权权利滥用，实现知识产权利益平衡。《合同法》第18章专门规定了技术合同。第329条认定非法垄断技术、妨碍技术进步的技术合同是无效的。第343条规定在技术转让合同中可以约定让与人和受让人实施专利或者使用技术秘密的范围，但要求不得限制技术竞争和技术发展。这些条款是对知识产权许可和转让中滥用行为的限制。《反不正当竞争法》对于搭售和附加不合理条件等不正当竞争行为的规定，也应当适用于对知识产权滥用的规制。

二 禁止权利滥用原则的判例

法国1855年卡尔曼一案是典型的禁止权利滥用的案例。一个房屋的所有权人在其屋顶上竖起一个庞大的假烟囱，这烟囱对他毫无用处，目的不过是遮蔽邻屋的光线。邻居因此起诉要求停止这种继续而奸恶的损害，他引用权利滥用理论获得胜诉，假烟囱终于拆除。法院

[①] 陶鑫良：《〈专利法〉第三次修改后的强制许可规范》，载《电子知识产权》2009年第3期。

宣示说"财产权在原则上虽似乎是一种绝对的权利，然而权利的行使，如一切权利的行使，应以满足一种合法而正当利益为范围。"①1901年萨瓦特一案中，法院判决所有权人拆除一面漆黑的、高大的木板围栏，因为他完全出于取闹目的，希望使邻居获得"监狱的感受"。1903年一个土地所有权人在自己的土地上竖立起一个上部为铁桩的木架，以使得与其相邻的某一飞艇仓库的飞艇运行很困难，并企图迫使邻人以高价购买此土地，最后法院判决该土地所有人赔偿飞艇所有人损害并取消危险装置。②

德国禁止权利滥用的立法也获得了判例的支撑。一对父子关系不和，父亲声称见到儿子就生气，由于自己患有心脏病，为安全起见，他必须对儿子避而远之。父亲是一座城堡的主人，在城堡的公园里安葬着他的妻子也就是儿子的母亲。于是父亲不许儿子来为其母亲扫墓，否则他就会生气。本案中父亲行使权利的方式对他本人而言并非毫无意义，并非"专以加害他人为目的"，因此无法直接适用民法典第226条的规定。但是法院另辟蹊径：准许儿子在一年的四个特定日期的11时到12时之间去为其母亲扫墓，如果父亲恰好在此时要在其城堡的公园四处漫游，就是恶意刁难，即构成权利滥用。③

在美国，私妨害理论也产生了类似于禁止权利滥用原则的效果。艾美利和捷色二人是邻居。艾美利在甲地上的房子位于甲乙两地界线15英尺处，捷色在乙地上的房子位于交界线的2英尺处。艾美利一直嫉妒捷色，出于泄愤的需要，她在甲地上位于交界线1英寸的地方建了一座高大的砖墙，并把面对自己的墙面精心修饰，而面对乙地的一面则丑陋无比。建墙行为没有任何意义，其唯一作用就是令他人不

---

① ［法］路易·若斯兰：《权利相对论》，王伯琦译，中国法制出版社2006年版，第11页。
② ［法］雅克·盖斯旦、吉勒·古博：《法国民法总论》，陈鹏等译，法律出版社2004年版，第727页。
③ ［德］迪特尔·梅迪库斯：《德国民法总论》，邵建东译，法律出版社2000年版，第108—109页。

悦，因而其行为不具有合理性，是对权利的滥用。因此法院认为原告有权要求排除妨碍。① 法官霍姆斯说，"以损害邻人为目的而行使其财产权利并不是所有人的一项直接权利……限制所有人财产的有害使用，乃公共利益的要求，这一公共利益表明了一道界限，使所有人不得逾越。"②

2003年1月23日，美国思科公司得克萨斯州的联邦地方法院向中国华为技术有限公司提起诉讼，指控华为侵犯其知识产权，包括侵犯其在路由协议方面至少五项专利。思科公司是全球最顶尖的网络设备制造商，这场诉讼被认为是思科公司借以排斥竞争对手以维护其市场优势地位的一种手段。③ 尽管该案双方已宣布和解，但跨国公司打着保护知识产权的旗号滥用诉权，使得被诉方遭受经济利益和商誉的巨大损失，成为知识产权滥用的新动向。

2009年5月13日，欧盟委员会对英特尔（Intel）公司处以创纪录的10.6亿欧元罚款，并称 Intel 在与 AMD 的竞争中滥用市场优势地位。调查显示，Intel 通过向计算机制造商和零售商付款，促使这些厂商推迟、取消或避免使用 AMD 的产品，从而达到排挤 AMD 的目的。Intel 公司是全球最大的半导体芯片制造商，在专利和商标方面的知识产权优势非常明显，Intel 被欧盟重罚再次昭示了知识产权被滥用的可能性和严重性。

2014年7月11日，国家发展和改革委员会公布了正在调查的高通公司涉嫌垄断行为，主要集中在其专利授权行为模式上，涉嫌垄断定价、拒绝交易、捆绑交易和附加不合理条件等多项滥用市场支配地位的行为。高通公司是全球最大的无线通信标准必要专利许可商以及最主要的无线通信终端设备芯片制造、销售商之一，持有与手机相关

---

① 马新彦：《美国财产法与判例研究》，法律出版社2001年版，第205—206页。
② Gottfried Dietze, In Defense of Property, The Johns Hopkins Press, 1971, p. 110.
③ 顾玲妹：《对跨国公司滥用知识产权行为的反垄断规制》，载《国际贸易问题》2005年第2期。

的专利1400多项，在全球手机芯片市场上的市场份额超过60%。中国作为知识产权主要输入国，在反垄断执法上刚刚起步，国家发展和改革委员会在规制标准必要专利滥用上的执法行为，是中国明确反对知识产权滥用的信号，也是中国反垄断执法提升到国际水准的标志之一。

三 权利滥用的判定标准

关于权利滥用的判定标准，根据《国际比较法百科全书》的概括，各国曾经先后确立过六个标准：故意损害、缺乏正当利益、选择有害的方式行使权利、损害大于所取得的利益、不顾权利存在的目的、违反侵权法的一般原则。[①] 一般认为，是否构成权利滥用，应从主观和客观两个方面考察。从主观方面看，权利人行使权利的目的主要是为了损害他人，而这要以社会一般观念来认定。从客观上看，权利人的行为产生损人不利己的后果，或者损人很多利己很少的，也可认定为滥用权利。禁止权利滥用原则对物权的限制主要表现为对物权行使的限制，即物权人行使物权应以不违反法律和第三人的权利为限，否则即构成权利滥用，应承担如下法律后果：一是物权人具备滥用权利的主观要件而尚未造成损害，相对人有权要求其消除危险、排除妨碍；二是物权人滥用权利已经造成他人损害，应当承担相应的侵权责任；三是物权人滥用物权并违反相关禁止性规定的，还可能被依法剥夺其权利。

"知识产权滥用"这一概念最早可以追溯到英国专利法的"滥用垄断权"概念。在美国，也是由"专利权滥用"逐步发展到"知识产权滥用"的概念、理论和实践。"滥用"即不正当使用，知识产权滥用，是指知识产权人违反权利的目的，采取不正当方式行使权利，

[①] 王效贤、刘海亮：《物权法——总则与所有权制度》，知识产权出版社2005年版，第183页。

损害他人合法权益或（和）社会公共利益的行为。知识产权法本身为防止知识产权滥用设置了第一道屏障即权利限制规范，例如强制许可、合理使用、法定许可等制度。在这些制度之力所不能及时，就需要其他法律特别是反垄断法的合作。垄断的实质和危害在于通过构筑市场壁垒从而限制竞争。垄断可以表现为限制竞争的状态，即一个或少数几个经营者的市场占有率达到一定比例，称为市场支配地位、市场优势地位或垄断结构；又可以更多地表现为各种限制竞争的行为，即垄断行为，是指在市场上具有支配地位的企业为获得垄断利益而滥用其垄断地位限制竞争的行为。现代反垄断立法逐步趋向对垄断行为的规制，而对垄断状态本身持宽容态度。知识产权作为法律赋予的独占权，通常是反垄断法的适用除外对象，这一特点使知识产权人容易在特定市场形成垄断状态，尤其是权利人可能会滥用独占权，通过知识产权的不正当行使而非法限制竞争，本书将此界定为知识产权滥用。知识产权具有私益与公益的"对价衡平机制"，知识产权滥用限制了其他经营者和社会公众对"知识公共性利益"的合理享用。[1]

知识产权滥用的主要表现形式如下：①不实施且拒绝许可。知识产权是私权，是否实施知识产权在原则上是权利人的自由。但知识产权特别是专利权的授予是以促进技术进步和扩散为目的，不实施而且拒绝他人实施专利是与这一目的背道而驰的。②实施不充分但拒绝许可。实施不充分，不能满足社会需求，又拒绝许可他人实施，这与第一种情况有量的不同，而无质的差别。③拒绝许可而排斥竞争。知识产权人有权拒绝许可，但这种拒绝不得损害公共利益。④许可但纵向限制竞争。一方利用自己的市场优势地位强迫另一方接受不合理的限制性条款，或以对方接受不合理的限制为条件进行许可。⑤许可但横向限制竞争。即实际的或潜在的竞争对手之间共谋排斥或减少竞争的行为。例如相互许可结成专利池、标准组织等拒绝许可关键技术以限

---

[1] 江帆：《竞争法对知识产权的保护与限制》，载《现代法学》2007年第2期。

制竞争。①

从国际范围看，判定知识产权滥用的原则经历了从"本身违法原则"向"合理原则"的演变过程。20世纪70年代，美国司法部公布了知识产权滥用的九种行为，只要具备这些行为即构成违法，即"本身违法原则"。该原则体现出严格限制知识产权和过于强调市场竞争的倾向。20世纪80年代后，美国对于知识产权许可合同中的限制行为本身持宽松态度，某一行为违法与否，不能以行为的发生为依据，而要结合行为本身和其他因素作出综合判断。只有证明该行为对竞争确实造成不利影响，才认定其构成违法；如果该行为还能在一定程度上促进竞争，那么必须进行利弊权衡之后才能认定其是否违反了反垄断法。这就是合理原则。合理原则要求在确定某些对竞争的限制比较模糊的行为是否构成垄断进而违法时，必须慎重考虑企业的行为意图、行为方式以及行为后果等因素。② 虽然该原则适用起来比较麻烦，但是从立法技术上讲，合理原则显然比本身违法原则更先进，也更适合处理知识产权法与反垄断法的复杂关系。反垄断法禁止非法垄断，而对合法垄断是豁免的。由于垄断的合法与否并不是泾渭分明，因此本身违法原则具体列举知识产权滥用行为的方式难免挂一漏万，失之简单，未列举的行为可能成为反垄断法的漏网之鱼，而对列举的行为则可能打击过严。这无异于反垄断执法的"滥用"，势必损害正常的市场竞争秩序和知识产权法营造的创新环境。而合理原则就具有"天网恢恢疏而不漏"的优势，确保反垄断执法的统一性和公平性。由此观之，我国对知识产权滥用行为的反垄断规制应当适用合理原则。

在对知识产权滥用的反垄断控制的具体方式上，各国或地区的做法有趋同的倾向。共同模式是将反垄断法的一般规定适用于知识产权

---

① 张伟君：《知识产权滥用的概念、表现和规制措施》，载《电子知识产权》2007年第12期。

② 郑友德、胡章怡：《欧盟知识产权滥用的反垄断问题研究》，载《法学评论》2006年第6期。

滥用行为，同时由执法机关制定指南或规章，集中体现本国或本地区在知识产权领域适用反垄断法的基本政策和具体规范。这些指南的具体内容也大同小异。这对我国的立法无疑具有参考价值。我国《反垄断法》实施中如何处理知识产权将会成为难点问题，其核心在于如何划定知识产权"行使"与"滥用"的分界线。要明确知识产权的合理界限，应制定垄断行为的判定细则，这是实现知识产权制度初衷的关键所在。① 由于知识产权的特殊性并且属于具体领域的问题，因此期望《反垄断法》对其进行细致入微的规定并不现实，只有在遵循反垄断法原则精神的前提下，由国务院反垄断委员会制定指导性文件进行具体规范。②

第三节 私法限制私有财产权的规则分析

一 相邻关系

相邻关系，又称相邻权，是指两个或两个以上相互毗邻的不动产所有人或使用人，在行使所有权或使用权时，因相邻各方应当给予便利和接受限制而发生的权利义务关系。关于相邻关系制度的理论依据，谢在全先生精辟地指出："各相邻不动产所有人，基于其所有权之权能对其不动产，本得自由用益或排除他人干涉，但各所有人如仅注重自己之权利，而不顾他人权利之需求时，必将导致相互利害之冲突，不仅使不动产均不能物尽其用，更有害于社会利益、国民经济……有鉴于此，法律遂就相邻不动产所有权之行使为一定程度之介入与干涉，使不动产所有权之行使，负有一定消极不作为或积极作为之义务。就此而言，即为所有权内容之限制。"③ 相邻关系的实质，

---

① 李顺德：《知识产权保护与防止滥用》，载《知识产权》2012 年第 9 期。
② 钱永铭、安佰生：《知识产权许可的反垄断行为研究》，载《国际贸易》2007 年第 9 期。
③ 谢在全：《民法物权论》，中国政法大学出版社 1999 年版，第 171—172 页。

是对不动产所有人、用益物权人以及占有人行使所有权、用益物权或占有的合理延伸和必要限制，而不是一种独立的物权。这种合理延伸和限制集中表现在相邻的不动产权利人一方对另一方行使权利提供必要的便利。获得便利的一方的权利得到延伸，提供便利的一方的权利受到限制。① 相邻关系的基本种类包括相邻用水和排水关系、相邻土地通行和使用关系、相邻地界关系、建筑物通风采光和通道、相邻环保关系、相邻防险关系等。从相邻关系限制物权的方式来看，主要是法律通过要求物权人必须承担相应的容忍、不作为或作为义务来实现的。

所谓容忍义务，是指不动产所有权人应容忍邻人对其基于所有权所享有利益的合理范围的损害。对于容忍义务的实质，王泽鉴先生指出："不动产所有人依法律规定使用邻地，为必要的通行，或安装管线等，邻地所有人有容忍的义务，此在性质上系所有权的限制。"② 两大法系都发展了各自的容忍义务理论和制度。

法国民法中对于不动产所有权人的容忍义务主要体现在三个方面：（1）役权。《法国民法典》第637条规定的"役权系为另一所有权人的不动产的使用及需要而对一个不动产所加的负担"，这里的"负担"实际上就是不动产所有权人的容忍义务。（2）必通之道。《法国民法典》第682条规定："其土地被他人土地包围，且在为农业、工业或商业利用其土地或为进行建筑或小块土地上的建筑作业而无任何出路或出路不足通至公共道路时，其所有人得要求在其邻人土地上取得足够的通道，以保证其土地的完全通达，但应负担与通道所造成的损害相当的赔偿。"（3）近邻妨害。法国的近邻妨害制度是由司法判例与学说构成的。从其判例看，近邻妨害不仅包括实物侵权，如粉尘、光害、煤烟、噪声等，还包括观念侵害，如娼妓之营业等。而构

---

① 杨立新：《物权法》，中国人民大学出版社2009年版，第102页。
② 王泽鉴：《民法物权：通则·所有权》，中国政法大学出版社2001年版，第211页。

成近邻妨害必须是加害者引起超过以相邻关系为基础的通常忍受义务的损害时，判例才会认定该加害者承担责任。可见，近邻妨害的实质要件是：发生损害的"异常性或过度性"，即超过了可容忍的程度。法国民法将"容忍度"的判断权赋予法官，使得法官享有自由裁量权，可以根据公平正义的理念灵活把握，更好地协调社会发展与人们对生存环境质量的要求。但过于宽泛的自由裁量空间也容易导致审判结果的不可预测性，削弱法律的评价和引导功能。[①]

德国民法根据"较大利益原则"认为：当他人的干涉利益大于所有权人的利益时，应承认他人干涉的合法性。《德国民法典》规定的这种容忍义务主要包括四种情况：（1）紧急状态。《德国民法典》第904条规定："当他人为了防止当前的损害而必须侵入，而且他人所面临的损害远比所有权人因该侵入所受的损失大时，物的所有权人无权禁止该侵入的发生。但所有权人可以就此发生的损害要求赔偿。"（2）越界建筑。《德国民法典》第912条规定："土地所有人于建造建筑物时，非因故意或重大过失逾越疆界者，邻地人应容忍其逾越之建筑部分。但是邻人在建筑前或者在建筑越界时立即提出异议的除外。"（3）必要通道。《德国民法典》第917条规定："当土地因正常的利用而缺少与公共道路的连接时，土地的所有权人可以在消除这一缺陷之前要求相邻人容忍为土地的利用而建立必要的通道。"（4）不可称量之物侵入。《德国民法典》第906条第1款规定："土地所有权人不得禁止煤气、蒸汽、臭气、烟雾、煤烟、燥热、噪声、震动以及从另一土地发出的类似干涉的侵入，但以该干涉不妨害或者仅轻微地妨害其土地使用为限。所谓轻微损害指的是，根据法律或者规章中所确定的界限或者价值标准进行调查和评估而没有超过法律规定的侵入。根据联邦放射物保护法所颁布的普通适用的行政规定中作为技术标准确

[①] 金俭：《不动产财产权自由与限制研究》，法律出版社2007年版，第226页。

定的价值标准在此同样适用。"① 该条第2款和第3款又对此进行了详尽的规定,可谓不厌其烦。在实践中,不可量物侵入之法律后果有三种情况:一是不发生损害或者仅有轻微损害,相对人有容忍义务;二是属于重大侵害,基于利益衡量,令受害人忍受,但以衡量补偿请求权作为代偿;三是属于重大侵害,而侵害活动不具备补偿请求权成立要件,适用排除请求权制度。其中以衡量补偿请求权的运用最为广泛,是数十年来《德国民法典》第906条运用的重心。其结果是大量扩张了受害人的忍受义务,物权请求权的功能在事实上受到重大抑制。②

英美法中的容忍义务主要表现在两个方面:

(1) 对私人合理妨害的容忍。英国一位法官说:"据我所知,没有一条普通法的一般规则说过,某建筑挡住他人的视线是一种妨害。如果真是妨害,就不存在大城镇了,从而我就得对该城镇的所有新建筑下禁令。"美国法官马斯曼诺说:"没有烟尘,匹兹堡仍将是一个小乡村。"私人妨害的实质是对土地使用和享用的不合理干涉。不合理的判断标准"不是根据特别精致、不寻常或者奢侈的生活习惯判断,而是根据普通人的简单品味和自然的概念"。问题并不仅仅是一个人是否被打扰或者妨害,而是这种打扰或者妨害是否来自于邻居的不合理使用。也就是说,如果是合理的使用,即使产生某种轻微的妨害,则当事人应容忍。③

(2) 对于政府法规授权行为即合法妨害的容忍义务。霍尔斯伯里的《英国法律》一书认为:当立法机关认定一件在任何情况下都能做的事,或授权在特定地点为特定目标做某事,或授予意在执行的权

---

① 孙宪忠:《德国当代物权法》,法律出版社1997年版,第193页。
② 陈华彬:《德国相邻关系制度研究——以不可量物侵害制度为中心》,载梁慧星主编:《民商法论丛》第4卷,法律出版社1996年版,第305页。
③ [美]科斯等:《财产权利与制度变迁——产权学派与新制度学派译文集》,刘守英等译,上海三联书店、上海人民出版社1994年版,第25页。

力时，尽管立法机关保留了一些对行使权力的裁决权，但对于在贯彻法律授权中不可避免的妨害或损害，不论引起损害的行为是公众目的还是私人利益，在普通法上都不构成诉讼。在美国，对于合法的妨害，立法机关没有作出向受害者支付赔偿费的规定。"立法机关授权个人可行使某些权力所做的事，应该被看作是有法律根据的。在无过失的情况下，行使法定权利的个人似乎不能因为以一种不同的方式行动就可能使损害降为最少而对之负责。例如，就水偏离水道、水管、排水沟、运河而淹没土地的情形而言，诉讼并没有对在无过错情况下行使授权的机构产生不利，下面这些情况也同样：下水道里排出的臭气；马路上的积物覆在阴沟上；铁路引起的震动和噪声；授权行为引起的火灾；按法规要求用已知的最佳清除方法处理后才排放的污水造成的污染；电车对电话和电报系统的干扰；嵌入地下的电车的电极；因授权工程进行挖掘而必然引起的烦恼；因在行车道上设置栅栏而引起的交通事故；沥青的散发；街廊或路边安全栅栏给临街住户进出带来的不便。"正如大法官艾尔弗雷德·丹宁勋爵所言："今天的社会革命的意义是，较之过去偏重于产权和契约自由而言，现在政府不断地对此干预，以给公共利益以适当的地位。"[①]

二 善意取得

善意取得，是指无权处分人将其占有的动产或者不动产转让给第三人的，如受让人在取得该动产时系出于善意，且符合法律规定的其他条件，则受让人取得该物的所有权或其他物权，原权利人丧失所有权或其他物权，其不得要求受让人返还财产，但有权要求无权处分人赔偿损失。对受让人而言，善意取得是其获得物权的一种法定方法；而对原物权人而言，其物权明显地被限制了。我国2007年《物权法》

[①] [美]科斯等：《财产权利与制度变迁——产权学派与新制度学派译文集》，第29—33页。

第 106 条全面规定了善意取得制度。《物权法》第 106 条规定:"无处分权人将不动产或者动产转让给受让人的,所有权人有权追回;除法律另有规定外,符合下列情形的,受让人取得该不动产或者动产的所有权:(1)受让人受让该不动产或者动产时是善意的;(2)以合理的价格转让;(3)转让的不动产或者动产依照法律规定应当登记的已经登记,不需要登记的已经交付给受让人。受让人依照前款规定取得不动产或者动产的所有权的,原所有权人有权向无处分权人请求赔偿损失。当事人善意取得其他物权的,参照前两款规定。"这是我国法律首次正式承认善意取得制度。

我国《物权法》第 106 条第 1 款的三项内容实际表明了善意取得的构成要件:(1)受让人在受让财产时不知道或者不应当知道转让人无处分权,即善意。该要件包括两个内容:一是处分财产的出让人须无处分权;二是受让人须是善意的。对于"善意"的界定,通常是指受让人在交易时不知道让与人无处分权。(2)以合理价格有偿受让。对于无偿取得的财产,排除善意取得的可能。即使通过交换有偿取得,也要考察其对价是否合理,即是否与市场公平交易的价格大致相符,与此价格差距过于悬殊的交易同样不能适用善意取得。(3)转让的财产已经完成了转移登记或者交付的程序。受让人须通过交换而实际占有已取得的财产,其标志是不动产经过登记,动产已经交付。此外,转移占有的财产还必须是法律允许流通的动产和不动产,法律禁止流通的财产不得适用善意取得。从物权限制的角度观察,善意取得的构成要件也是对受让人取得物权的限制。具备善意取得的构成要件,即发生善意取得的法律效力,原物权人与受让人之间将发生物权变动的法律效力,原权利人的权利消灭,善意受让人取得所有权或其他物权。原权利人只能请求无处分权人赔偿损失,这是一种债权法上的救济。善意取得制度保护的是交易的动态安全,在一定程度上牺牲了原权利人的利益。

作为物权限制的重要制度之一,善意取得制度的法理依据何在?

或者说该制度存在的价值或功能如何？主要表现在两个方面：其一，保护交易安全的需要。在市场经济社会，保护交易当事人的信赖利益实际上是保护交易安全的重要措施，善意取得制度具备这一功能。在市场经济活动中，交易双方的信息不对称现象普遍存在，特别是买方对卖方是否有权处分交易的财产往往不甚明了，如在交易中必责商品受让人负担无权处分的风险，受让人势必辗转调查让与人是否有处分权限，如此不仅增加交易成本，而且必然拖延交易时间，更有害交易安全，也违反近代法制确保交易安全与便利的宗旨。① 其二，有利于物尽其用。如果不加区别地一味地认定无权处分行为都是无效的话，固然保护了原权利人，但势必会大量增加交易成本。而如果有条件地承认交易有效，则可避免无谓地支出相关费用。另外，无权处分的发生从一定意义上表明原权利人对其财产利用的懈怠，而善意第三人更愿意取得和利用该财产，从经济学的角度理解，该财产对于善意受让人而言具有更高的效用和价值。因此，法律侧重保护善意受让人而不是原权利人的权利，在许多情况下可能有利于发挥原物的效用。②

三　取得时效

取得时效，是指民事主体公开、持续地占有他人财产或者行使某种他物权的事实状态，经过一定的期限以后，占有人将取得该财产的所有权或其他物权。取得时效制度最早始于罗马法。取得时效和消灭时效（诉讼时效）共同构成民法上的时效制度，但两种时效制度的性质不同：消灭时效是民法总则的制度，适用于全部民事法律关系，其法律后果是消灭某种现存的权利；取得时效是物权法的内容，一般规定在民法的物权编，是取得所有权与他物权的方式之一。依据取得

---

① 谢在全：《民法物权论》，中国政法大学出版社 1999 年版，第 220 页。
② 王利明：《物权法研究》，中国人民大学出版社 2002 年版，第 266—267 页。

时效取得的所有权，为原始取得。取得时效有效成立后，一方面占有人取得占有物的所有权及其他物权，另一方面原财产所有人丧失所有权及其他物权。从这个角度讲，取得时效制度是对原权利人财产权的限制。

取得时效要发生效力，必须具备一定的构成要件：（1）须有为自己取得所有权或他物权的主观意思。这是取得时效构成的主观要件。（2）须有公开、和平、持续的占有或权利行使的事实状态。这是取得时效构成的客观要件。占有人的占有必须为公开占有，不带有任何隐秘瑕疵；必须为和平占有，不带有暴力或胁迫；占有必须持续不间断，长度应与法律规定的期间相一致。（3）须以他人的财产或他人财产的用益为取得权利的客体。因时效取得所有权的财产必须是他人的财产，包括动产和不动产。对自己的物或者本属于自己却误信为他人之物，以及权属不明之物、禁止流通物都不适用取得时效。无主物，可因先占而取得，不适用取得时效。其他财产权因时效取得，应以用益物权为限，须有以他人财产的用益为必要条件，包括动产和不动产的用益。（4）须有占有或权利行使事实状态为一定时间的经过。《法国民法典》规定："一切关于物权或债权的请求权均经过30年的时效而消灭。"《德国民法典》规定"由所有权或者其他物权产生的返还请求权"消灭时效也是30年。如此严苛的条件实际上也构成对占有人取得物权的限制。

在英国法学家梅因看来，取得时效制度提供了"一个自动的机械，通过了这个自动机械，权利的缺陷就不断得到矫正"①。王泽鉴先生认为，取得时效"促使原权利人善尽积极利用其财产之社会责任，并尊重长期占有之既成秩序，以增进公共利益，并使所有权之状态，得以从速确定"。"时效取得制度亦具有保护所有权的机能，即动产所有人与难以证明其系所有人时，得主张其因时效取得其所

---

① ［英］梅因：《古代法》，沈景一译，商务印书馆1959年版，第163页。

有权。"① 王利明教授总结了取得时效的功能：(1)确定财产归属，定纷止争；(2)促进物尽其用，充分发挥财产的利用效率；(3)维护社会秩序和交易安全；(4)有利于证据的收集和判断，并及时解决纠纷。② 取得时效制度滥觞于罗马法，如今获得多数国家民法的肯认。但在我国法学界，对该制度历来存在争议，支持者和反对者的论战绵延不绝。反对者的主要观点是取得时效制度有奖励恶意占有人之嫌，与"拾金不昧""物归原主"的传统道德和社会主义道德观念相矛盾，可能导致社会道德沦丧的不利后果。

(1) 取得时效制度是物尽其用的"效率"原则的要求，并不违反善良风俗和传统美德。取得时效制度有其自然法的思想基础：自然法禁止任何财物属于任何不知道如何利用它、使用它的人。③ 反对者最主要的理由，就是取得时效制度可能会纵容那些哄抢和侵占他人财物的行为，从而违反公序良俗。这其实是严重的误解。取得时效通过严格的适用条件来避免产生上述问题。占有人必须以行使权利的意思公开地、和平地、持续地占有他人的物达到一定期间，才能取得该物的所有权或他物权。取得时效的完成并非秘密进行，更非暴力占有，也不是一时的占有，这与盗窃、抢劫和抢夺等非法行为具有本质区别。一方面，权利人长期脱离占有自己的财产，也有充分的时间要求返还，但是他对他人占有自己的财产无动于衷，漠不关心，足以说明该财产对他而言已经不再重要；另一方面，占有人长期经营被他人闲置甚至废弃的财产，有利于社会资源的优化配置。用经济学的眼光来看，所有的财产都具有稀缺性，从终极意义上说是人类的共同财富，

---

① 王泽鉴：《民法物权（1）：通则·所有权》，中国政法大学出版社 2001 年版，第 187 页。

② 王利明：《建立取得时效制度的必要性探讨》，载《甘肃政法学院学报》2002 年第 1 期。

③ [古罗马] 西塞罗：《论共和国·论法律》，王焕生译，中国政法大学出版社 1997 年版，第 31 页。

法律将财产权赋予私人，主要原因是希望实现物尽其用，而权利人对其不闻不问，这对整个社会而言是财产效用的浪费，也是不道德行为。唐代著名的现实主义诗人杜甫的"朱门酒肉臭、路有冻死骨"的名句引起世人的强烈共鸣，也许正说明了这个道理。取得时效制度体现了对公共利益的深切关怀。可以说，"取得时效违反道德"的观念不过是缺乏根据的臆想而已。对此，徐国栋教授关于罗马法取得时效制度的立法目的的评注或许更加发人深省：

> 不让物的所有权处于不确定状态，为此，要把无人在意的财产开放给他人利用，同时要给所有人足够的时间保护其物。合理的时效期间能把这两个目标结合起来。所以，取得时效制度必定采用"一物二主"（个人与社会）的观念：某人若怠于行使自己的财产权则由愿意行使权利的人行使，为大所有人的利益牺牲小所有人的利益。这种安排体现了对社会公共利益的追求，因此体现了罗马法中的社会主义因素。这里的"社会主义"采社会的发展是个人发展的前提的主张的理解，体现为对充分利用社会财富的追求。遗憾的是，取得时效制度在我国长期被误解为一个鼓励攫取他人财产的不义制度，正是心中有牛粪的人看东西都是牛粪，心中有佛的人看东西都是佛。①

（2）取得时效制度是稳定社会秩序的需要。史尚宽先生认为，法律虽然先因公益上的必要，赋予所有人支配其物的权利，然而当占有人占有某物达一定期间后，社会常信赖它与真正的权利关系相符，而且占有人在这种事实状态下可能已建立了各种法律关系，若为保护真正权利人将其推翻，势必导致这种已建立的各种复杂的法律关系完全

---

① 徐国栋：《优士丁尼时效法研究——优士丁尼〈法学阶梯〉第2卷第6题"取得时效和长期占有"评注》，载《河北法学》2011年第1期。

破坏，造成社会交易秩序的混乱。① 现有事实状态与原所有人利益，哪个更值得维护？取得时效是立法者在利弊权衡的基础上作出的理性选择，通过牺牲"在权利上睡眠者"的个人利益以换取社会整体财产秩序的稳定，是"两害相权取其轻"的结果。"取得时效的意义在于平衡私的所有与社会和平秩序之间的张力，用时间来治愈权利瑕疵给社会生活带来的不便和困扰。"② 为了稳定社会秩序，解决悬而未决的法律关系，需要通过取得时效制度，确立占有人获得所有权或他物权。取得时效制度亦可避免因举证困难而引发的社会纠纷。"很明显，在人间找不到任何历史记载，证明对一种（占有）资格的探究，必须要追溯到最先的占有者和他的获得行动。"③ 时间会改变一切，证明权利存在的证据从长远来说必然趋向灭失，致使当事人难以证明其权利的合法性。取得时效通过长期占有的事实"说话"，省去了保存和搜寻证据的诸多麻烦。

（3）规定取得时效是完善我国民法时效制度的需要。徐国栋教授从研究罗马法中的统一适用于人身法和财产法的取得时效制度入手，扩展研究了近现代欧美民法人身法和刑法中残留的身份占有制度，得出了有必要恢复取得时效制度在人身法上的适用的结论，据此研究了取得时效在我国民法人身法和公法上可适用的情形，提出了在未来民法典总则中规定取得时效，把取得时效理解为跨部门法的制度的主张。④ 民法中存在两种重要的时效制度：取得时效和消灭时效。取得时效解决的是物权的归属问题；诉讼时效解决的是债权的消灭问题。二者具有不同的功能，无法相互取代。在各国民事立法史上，取得时效与消灭时效（诉讼时效）的关系如何处置，似乎是一个比较纠结

---

① 史尚宽：《民法总论》，中国政法大学出版社2000年版，第623页。
② 肖厚国：《取得时效的实践价值》，载《甘肃政法学院学报》2005年第7期。
③ 康德：《法的形而上学原理》，沈叔平译，商务印书馆1997年版，第117页。
④ 徐国栋：《论取得时效制度在人身关系法和公法上的适用》，载《中国法学》2005年第4期。

的问题。主要有两种立法例，一是综合规定，二是分别规定。在罗马法中，取得时效的出现先于消灭时效。徐国栋教授通过对罗马法时效制度的研究发现，"关于取得时效和消灭时效能否规定在统一的时效制度名目下，是民法典制定者面临的一个老问题，我们看到优士丁尼对此做了一个合并规定的处理。"① 《法国民法典》采取综合规定方式，取得时效与消灭时效被并列规定于"时效"一章。日本等国民法典承袭了法国的立法模式。《德国民法典》则另辟蹊径，采取分别规定方式，将消灭时效规定于总则编，将取得时效作为物权取得方法之一规定于物权法，这一立法模式被瑞士、韩国以及旧中国民法典借鉴。

自清末法律改革以来，取得时效在我国民事立法史上的命运可谓一波三折。1909年《大清民律草案》将取得时效规定于第一编总则，1929—1931年，《中华民国民法》分编草拟、分期公布，在物权编规定了取得时效。1949年新中国成立后，曾经"三起三落"的民法典起草过程中，取得时效制度销声匿迹。1986年颁布的《民法通则》在制定过程中，民法学界曾对其展开过讨论，但由于苏联民法的影响，否定意见仍占绝对优势地位，故该法仅规定了诉讼时效，没有规定取得时效。此后，讨论仍在继续，但风向渐转，至20世纪90年代中期，伴随物权理论渐成时尚，取得时效成为几无争议的物权法制度为学者所赞同，在两部物权法学者建议稿中，均有相关的详细规定。总之，自20世纪50年代至今，在我国民法理论中，取得时效从绝对的否定到绝对的肯定，其变化主要源于人们对这一制度"违背我国拾金不昧、物归原主传统美德"之观点的遗弃。② 《大清民律草案》和《中华民国民法》都予以明确规定，而1986年《民法通则》由于意识形态和苏联民法的影响，只规定了诉讼时效（消灭时效），取得时

---

① 徐国栋：《优士丁尼时效法研究——优士丁尼〈法学阶梯〉第2卷第6题"取得时效和长期占有"评注》，载《河北法学》2011年第1期。
② 尹田：《论物权法规定取得时效的必要性》，载《法学》2008年第8期。

效制度销声匿迹。2007年《物权法》未规定取得时效制度，按照立法者的计划，将由民法总则来承担这一任务。①

2002年12月23日，《中华人民共和国民法（草案）》首次提请九届全国人大常委会第三十一次会议审议。作为新中国的第一部民法草案，它包括总则、物权法、合同法、人格权法、婚姻法、收养法、继承法、侵权责任法、涉外民事关系的法律适用法共九编，约1200多条。民法草案首次提请审议，是中国特色社会主义法律体系建设过程中具有里程碑意义的事件。《民法（草案）》（2002）在时效制度上采用"综合立法"体例，将"取得时效"与"消灭时效"分列为两节，规定于第一编总则的"时效"部分。《民法（草案）》第105条规定："权利人不行使权利，致使消灭时效期间届满，占有人以所有的意思，公开、持续占有他人不动产经过五年的，取得该不动产的所有权。占有人取得不动产用益物权，参照前款规定。"第106条规定："权利人不主张权利，致使消灭时效期间届满，占有人以所有的意思，公开、持续占有他人动产经过两年的，取得该动产的所有权。占有人取得船舶、航空器、汽车等动产的所有权，适用本法第105条第1款的规定。"就《民法（草案）》对于时效问题的处理，民法学界存在争议。肯定说认为，取得时效虽然属于所有权的取得方式，但其与消灭时效具有共同的法律本质，且从权利人的角度看，消灭时效的届满使其丧失权利请求权或胜诉权，实质是丧失了国家公力救济的可能，但法律并未禁止权利人以合理的私力救济方式向实际占有人主张权利，而且在立法中还致力于在消灭时效届满后对真正权利人以最大限度的保护。而取得时效的法律效果则是使所有权或其他财产权为实际占有或支配的人依法取得，使真正的权利人因其消极和怠于行使权利而丧失其权利，充分发挥财产的社会经济效益，实质是通过法定的形式确认了财产权利的特殊移转方式，剥夺了权利人私力救济的可能，

---

① 杨立新：《物权法》，中国人民大学出版社2009年版，第66页。

使其彻底丧失了对所有权或其他财产权的一切权利。将取得时效和消灭时效作为统一的时效制度规定在一起分别列出，恰包含了权利人因一定事实状态继续达到一定期间而分别丧失公力救济申请权和私力救济权两方面内容，二者相得益彰。否定说认为，消灭时效是丧失请求权的时效，列入总则中是无可厚非的，而取得时效作为财产权的取得方式之一，应与善意取得、拾得遗失物制度一起规定于物权编"所有权取得的特殊规定"部分，亦符合学理上的分类，在体例上与德国民法典和我国台湾地区"民法典"相关规定相一致。

　　本书赞同取得时效与消灭时效分别立法的体例。取得时效作为物权的取得方式之一，其解决的是财产归属问题，与消灭时效有根本区别。取得时效的本质是对无权占有经过一定期限后而赋予权利，它是民法为发挥物的使用价值、实现财产的功用最大化而进行的一种制度构造。① 不管立法体例如何，取得时效与消灭时效的适用条件都是不同的。这两种时效制度的立法目的都是为了稳定财产秩序的需要而不惜牺牲长期懈怠行使权利的当事人的利益。这样做的原因并不在于两种时效的立法目的或者价值取向，而在于达到此目的在规则设计上所需确定的不同条件和具体方式。取得时效的法律效果在于占有人取得物权，涉及与物权法相关规则的协调和统一，如取消这一制度或不将这一制度规定于物权法，都难以彰显经过登记的不动产或者动产物权不适用时效取得的基本法理，也无法对未经登记以及错误登记的不动产物权之时效取得作出合适的安排，且难以凸显动产时效取得与善意取得规则之间的相互关系。② 一般而言，民法典总则的规定应当可以统率或普遍适用于分则，很显然，取得时效难以胜任这一任务。与民法典总则相比，民法典分则物权编对于取得时效而言是更合适的去处。我国未来的民法典应当将消灭时效（诉讼时效）安置于总则，

---

①　彭诚信、刘智：《取得时效的实践价值与立法设计》，载《社会科学研究》2007年第4期。

②　尹田：《论物权法规定取得时效的必要性》，载《法学》2008年第8期。

将取得时效规定于分则的物权编。

本章小结

私有财产权的私法限制，可以从权利创设和权利行使两个角度来探寻。从权利创设来看，物权法定主义构成对物权取得的限制。我国《物权法》实行严格的物权法定主义，对物权造成了过分的限制，应当顺应物权法定宽松化趋势。从权利行使看，以禁止权利滥用原则为代表，它要求行使权利不得背离权利应有的社会目的，也不得超越权利应有的界限。就物权而言，权利限制的具体制度以相邻关系、善意取得、取得时效等为代表。相邻关系的实质，是对不动产所有人、用益物权人以及占有人行使所有权、用益物权或占有的合理延伸和必要限制。从相邻关系限制物权的方式来看，主要是法律通过要求物权人必须承担相应的容忍、不作为或作为义务来实现。善意取得和取得时效制度构成对原权利人和新权利人的双向限制，都具有维护交易安全和实现物尽其用的社会功能，可以有效实现法律所追求的安全和效率价值，应当获得民事立法的肯认。

第五章
私有财产权的公法限制：
原则和途径

第一节 私有财产权公法限制的原则：
以比例原则为中心

一 比例原则的发展轨迹

1215年英国"自由大宪章"中关于犯罪与处罚应具有衡平性，即人民不得因为轻罪而受到重罚的规定，已经体现了权力应当符合比例的思想。[①] 后来，在社会契约论特别是宪政和法治国家等理念的支持下，具有规范性质的行政法上的比例原则逐步成型，并进而扩展到宪法层面，成为具有宪法阶位的规范性要求。比例原则被称为公法之"皇冠原则"和"帝王条款"。[②] 比例原则是宪法与行政法的核心原则，它通过考察目的与手段的关系，尤其是目标价值的实现不能过分

[①] 蔡宗珍：《公法上之比例原则初论——以德国法的发展为中心》，载《政大法学评论》第62期，1999年版。另见陈新民：《宪法基本权利之基本理论》，台北三民书局1996年版，第256页。

[②] 蔡宗珍：《公法上之比例原则初论——以德国法的发展为中心》，载《政大法学评论》第62期，1999年版。

损害公民的基本人身财产权利，防止超限度地破坏利益与价值的均衡。[1] 比例原则滥觞于19世纪德国的警察法。1802年，德国学者贝格在《德国警察法手册》一书中确立了"警察之权力惟在必要时可以实行之"的基本原则。其时德国是典型的"警察国家"，为了对无所不能的警察权力进行一定的限制，普鲁士最高行政法院开始援引比例原则对警察机关的自由裁量权进行司法审查，产生了许多适用比例原则的有效判例，并逐步获得立法的确认。[2] 第二次世界大战后，比例原则在德国不断发展和完善，走出了狭隘的警察法领域，取得了宪法原则的地位，成为公法领域内一项普适性法律原则。随着欧洲一体化的推进，被德国公法界奉为圭臬的比例原则，引起了欧盟法院的强烈兴趣。[3] 比例原则作为一个"一般性的法律原则"，已经弥漫了整个欧盟法的法律体系。[4] 比例原则作为一个卓越的审查标准已经写入欧洲条约。[5] "正如比较宪法学者们曾指出的那样，整个世界的权利分析的一个一般特征是某种模式的比例检验标准。比例分析也确实同样地在美国宪法实践中发挥作用，……比例原则被司法机关作为一个检验标准广泛使用来决定宪法所保护的权利的界限。"[6]

二 比例原则的基本内容

一般认为，宪政意义上的比例原则是指调整国家权力和公民权利

---

[1] 范剑虹：《欧盟与德国的比例原则——内涵、渊源、适用与在中国的借鉴》，载《浙江大学学报》（人文社会科学版）2000年第5期。

[2] 陈新民：《德国公法学基础理论》（下册），山东人民出版社2001年版，第375—376页。

[3] Francis G. Jacobs, Recent Developments in the Principle of Proportionality in European Community Law, in Evelyn Ellis (eds.), The Principle of Proportionality in the Laws of Europe, Hart Publishing: Oxford-Portland Oregon, 1999, p. 1.

[4] G. de Búrca, The Principle of Proportionality and its Application in EC law, 13 YBEL 105, 111 (1993); N. Emiliou, The Principle of proportionality in European Law: A Comparative Study, Kluwer, London, 1996, ch. 2.

[5] See, Art. 5 of the EC Treaty.

[6] Mattias Kumm, Political Liberalism and the Structure of Rights: On the Place and Limits of the Proportionality Requirement, in George Pavlako (ed), Law, Rights and Discourse, p. 132.

之间关系的一项基本准则,泛指国家权力行使要妥当、必要、均衡、不过度、符合比例,不得对公民个人权利造成非法侵犯。比例原则已经成为现代法治社会的普遍性且具有根本性的指导原则。[①] 宪政理论强调"权力有限"思想,认为公民基本权利蕴涵着对抗国家权力的不当侵害与限制的要求,但由于国家权力行使及其对公民权利的限制是不可避免的,当国家行使公权力而与基本权利发生冲突时,就必须凭借某种审查标准来判断公权力的行使是否合法和适当。比例原则就提供了这样的审查和判断标准,它对于立法、执法和司法都具有指导意义。

比例原则包含两层含义:第一层含义是,它由三个分支原则所构成,即妥当性原则、必要性原则和均衡性原则,学理上称之为"三分论",说明的是比例原则的构成问题;第二层含义是,这三个分支原则在司法适用时呈现依次递进的操作规则,理论上称为"三阶论",它说明的是比例原则在司法适用时的位阶问题。

(一) 妥当性原则

该原则又称适当性原则,是指国家权力的实施必须以实现宪法或法律规定的目的为目标,并且其所运用的手段必须有助于其法定目的的实现。这个原则是一个"目的导向"的要求。妥当性是要求手段对目的之妥当,也就是国家权力的行使符合法定目的,若利用国家权力手段去追求法定目的之外的其他目的,则违反妥当性原则的要求。通说认为,即使只有部分有助于目的之达成,即不违反妥当性原则,并且这个最低标准不是以客观结果为依据的,而是以作出措施时有权机关是否考虑到相关目的为准。

典型例证:在德国,一个理发师未经许可用其自己的财产安装了一台香烟自动售货机。行政官员威胁要对他进行罚款,理由是他违反了有关零售贸易的法律。该法律要求一个只有申请人能够证明其具有

[①] 郝银钟、席作立:《宪政视角下的比例原则》,载《法商研究》2004年第6期。

"必要的专门知识"才能被授予的许可。该理发师去法院寻求救济。作为该案二审法院的萨尔布吕肯高级地区上诉法院认为,在仅设置零售机的情况下就要求证明商业技能是违宪的,同时向联邦宪法法院寻求裁决。联邦宪法法院的结论是:对任何货物的任何贸易的证明资质的要求,也包括对香烟零售机运营证明资质的要求,都违反《基本法》第12条第1款保护的职业自由。其推理在很大程度上基于如下事实:在运营一个香烟零售机的情况下要求证明商业资质不是一个保护消费者免于健康或财产风险的适当手段。[1] 可以说这个有关零售贸易的法律以及据此做出的罚款措施都是违反妥当性原则的,因为其所使用的手段对于保护消费者免于健康或财产风险的目的而言是没有帮助的,多此一举。

(二) 必要性原则

该原则又称"最小侵犯原则""最温和方式原则"等,是指国家机关在实现某一法定目的时,如果存在多种可以选择的手段,而这些手段对公民权利的限制程度各不相同,那么应当选择对公民权利限制最小的手段。必要性原则从"法律后果"来规范国家权力与其所采取的措施之间的比例关系。西方学者所说的"勿用大炮打小鸟",以及中国成语中的"杀鸡焉用宰牛刀"都是对这一原则的恰当比喻。就立法机关而言,如果其针对特定目标所设立的手段在各种手段中并非对公民权利限制最小的,则可能因为违反比例原则而被宣告违宪。就行政和司法机关而言,即使其针对特定目标所选择的手段并未超出制定法明确规定的范围,但根据当时的主客观条件,其在各种可能达到既定目标的手段中并非是对公民权利限制最小的,则该手段的运用也因为违反比例原则而构成违法。

典型例证:在德国,一项法规包含了禁止销售含可可粉的巧克

---

[1] Robert Alexy, A Theory of Constitutional Rights, translated by Julian Rivers, pp. 397 – 401.

力,但可可粉系由大量膨化米构成,因此不属于纯巧克力制品的糖果。该法规的目的是保护消费者免于误购。联邦宪法法院指出,如果一种产品根本不允许出售,被误购的可能性当然是微不足道的。但贸易禁止是不必要的。会存在某种同样适当的、较少侵害性的手段。例如,要求贴上一个标签,就可以同样有效,而以较少侵害的方式避免混淆和受骗的风险。[1] 该法规所选择的方式过于严厉,显然违反了必要性原则。

(三) 均衡性原则

该原则又称狭义比例原则,法益相称性原则,是指国家权力的运用对公民个人权利造成的损害与其所保护的社会利益之间应保持一定的比例关系。不能为了达成很小的目的而严重损害人民的利益。也即,如果某个合法的行为能够达到目的,但仍然会导致基本权利受到过于严重的损害,那么也应当放弃这种行为。[2] 均衡性原则是从"价值取向"上来规范行政权力与其所采取的措施之间的比例关系的。即使国家权力的行使符合了妥当性原则和必要性原则的要求,但如果该行为对公民个人权利造成的损害与其所保护的社会利益显然不成比例,即对公民个人权利的损害大于其所保护的社会利益,那么该手段仍然违反了比例原则的基本要求。均衡性原则建立在利益或价值衡量基础上,其精确性是相对的。在涉及财产权时,由于其一般可以通过货币来衡量,使得该原则的操作性较强;但涉及公民的人身权及政治权利时,纯粹的货币价值将不能发挥作用,而必须进行综合考量。如何对于不同质的法益诸如生命、健康、环境、文化等价值进行权衡,是狭义比例原则的最大难题。有学者认为,"作为比例原则第三个分原则的狭义的比例原则表达了有关对抗原则的最大化实现的含义",

---

[1] Robert Alexy, A Theory of Constitutional Rights, translated by Julian Rivers, pp. 397–401.

[2] 蔡震荣:《行政法理论与基本人权之保障》,台湾五南图书出版公司1999年版,第105页。

并认为该原则"与权衡定律相一致",该定律被陈述为:"对一个原则的非满足或损害越大,满足另一个原则的重要性则必须越大。这表达了有关对抗原则的最大化实现只不过就是权衡的观点。权衡定律显示,权衡可以分成三个步骤。第一个步骤是确定对第一个原则的非满足或损害的程度;第二个步骤是确定满足对抗原则的重要性;第三个步骤是确定满足对抗原则的重要性是否能够证明对第一个原则的损害或非满足的正当性。"[①] 作者在这里所说的"原则"不过是"利益"或者"价值"的代名词而已。"权衡定律"的提出也表明,狭义比例原则具有相当程度的类似于数学公式和物理原理的精致性。

典型例证:德国联邦宪法法院针对烟草生产者健康警告的判决。该法院认定烟草生产者在其产品上设置关于吸烟危险的健康警告的义务是一种对于一个人追求职业自由的相对微小或轻微的干涉。相比而言,对于所有烟草产品的总体上的禁止将是一个严重的干涉。在这里,存在烟草生产者的职业自由权与公众健康权的利益权衡问题,设置关于吸烟危险的健康警告的义务对于烟草生产者的经营自由和财产权利来说确实存在一定的限制,但这种限制是微小的,相对于它所保护的公众健康利益来讲是值得的,因此是符合狭义比例原则的;但是如果禁止所有烟草产品的生产,那么烟草生产者的职业自由权就被完全剥夺,与它所保护的利益相比较而言明显过于严重,因此将违反均衡性原则。

比例原则的三个子原则之间既分工又合作,既有各自独特的内涵,又层层递进和深入,构成一个有机联系的整体。妥当性、必要性、均衡性对于比例原则而言都是必要非充分条件,缺一不可,可以说是对权力行使行为的三重检验。妥当性是第一位的要求,是后两个原则的基础工程,但妥当性原则的满足却未必能满足必要性和均衡性

[①] 钱福臣:《解析阿列克西宪法权利适用的比例原则》,载《环球法律评论》2011年第4期。

原则，同样，符合必要性原则也未必符合均衡性原则。三个子原则各有其侧重点。妥当性原则关注的问题是：目的是否合法？手段是否有助于实现目的？必要性原则强调的问题是：手段是否是最必需的和损害最小的？均衡性原则聚焦的问题是：投入成本与产出效益之间是否合比例即是否相称？这三个子原则体现了三组概念之间的对比关系：妥当性是手段与目的的对比关系，必要性是手段与手段的对比关系；均衡性是投入与产出的对比关系。因此，有学者认为，比例原则是对手段与目的、手段与手段和权力行使的预期社会效益与权利的损害之间仔细推敲、计算的公式，比例原则下的立法是一种体现得失、能科学计算的精确立法，比例原则下的司法是一种可计算、可验算的精密司法，是国家、公民的得与失之间的数量对比。[1] 也有学者研究发现，比例原则中的适当原则和必要原则实现的是帕累托最优，在正当性方面较少受到质疑，而质疑主要集中针对比例原则中的第三个分原则即狭义的比例原则而提出，其中主要关涉到权衡的理性问题。[2]"如果权衡就其本性来说是非理性的，那么它就必须被否弃，并且随之而来的是要求某事的作为规范的原则也是非理性的。"[3]

"三阶论"的基本含义在于，比例原则的三个分支原则在司法适用中呈现特定位阶关系，比例原则的司法适用依次进行妥当性、必要性、均衡性的审查步骤，只有符合上一位阶原则的要求，才能够进入下一原则的审查阶段，不然审查阶段终止。由此，三阶论的审查呈现单向维度、逐次递进并无法循环反复的特点。有学者认为，传统"三阶论"确实存在位阶秩序僵硬、均衡性审查流于形式的弊病，并提出了重构比例原则阶层秩序理论之设想，修正后的新阶层秩序论在司法

---

[1] 郝银钟、席作立：《宪政视角下的比例原则》，载《法商研究》2004 年第 6 期。
[2] 钱福臣：《解析阿列克西宪法权利适用的比例原则》，载《环球法律评论》2011 年第 4 期。
[3] Robert Alexy, Rights, Balancing and Proportionality, The Construction of Constitutional Rights, Law&Human Rights, April, 2010.

适用时呈现新的结构层次：（1）适当性审查：符合目标实现的手段范围厘定；（2）均衡性审查：利益衡量的初步运用与手段排查；（3）必要性审查：较小侵害手段的选定；（4）重返均衡性审查：加入多重衡量要素。①

三 比例原则的立法例

比例原则在大陆法系国家获得广泛应用。德国《联邦行政强制执行法》第9条规定："强制执行方法必须与其目的相适应，并且应当尽可能减少对当事人和公众的损害。"葡萄牙1996年《行政程序法》规定了11项基本原则，其第三项原则为"平等及适度原则"，即"行政当局的决定与私人权利或受法律保护的利益有冲突时，仅可在对拟达致的目标系属适当及适度的情况下，损害这些权利或利益。"西班牙1992年《行政程序法》在涉及相对人重要权益的问题上对比例原则作了明确规定。该法第96条规定公共行政机关进行强制执行必须尊重比例原则，如有多种可以接受的执行手段，则应选择其中对个人自由限制较少的一种。该法第九编第一章明确规定比例原则是处罚原则之一。西班牙1992年《行政程序法》第131条规定："（比例原则）（一）不管行政处罚是否为金钱性质，在任何情况下均不得引起自由的直接或附加剥夺。（二）金钱处罚的建立必须预料到对于违法者来说，犯所确定的违法行为不得比履行所违反的原则更有利可图。（三）在制定处罚制度的规定以及公共行政机关在进行处罚时，所作处罚必须与构成违法事实的严重性相适应，并在确定处罚标准时特别注意以下情况：1.故意或重复的存在；2.造成损害的性质；3.屡犯。"

在我国台湾地区，比例原则也已较多地见诸行政法，若干具体规

---

① 蒋红珍：《比例原则阶层秩序理论之重构——以"牛肉制品进销禁令"为验证适例》，载《上海交通大学学报》（哲学社会科学版）2010年第4期。

则甚至成为比例原则适用的典范之作。例如,"警械使用条例"第8条规定:"警察使用警械时如非情况急迫,应注意勿伤及其人致命之部位。"该条有意适用比例原则中的必要性原则和均衡性原则,体现了立法者保护生命权的价值关怀。又如"集会游行法"第26条规定,"警察机关为集会游行之不予许可、限制或命令解散,应公平合理考量人民集会游行权利和其他法益之均衡维护,以适当之方法为之,不得逾越所欲达成目的之必要限度。"该条中"所欲达成目的""适当之方法"体现了妥当性原则,"必要限度"体现了必要性原则,"均衡维护"体现了均衡性原则。再如"土地法施行法"第49条规定,"征收土地在不妨碍征收目的之范围内,应就损失最小者为之,并应尽量避免耕地。"该条更加清晰地展现了立法者适用比例原则的高度自觉性和熟练性。其中"不妨碍征收目的"体现的是妥当性原则,"损失最小者"体现了必要性原则,"尽量避免耕地"充分考虑了耕地的重要性,体现了均衡性原则。

在我国,行政法的基本原则被归结为行政法治原则,并进一步解析为合法性原则和合理性原则。前者是"全方位适用原则",而后者"主要适用于自由裁量领域"。[①] 根据教科书的解释,合理性原则要求行政行为:(1)动因要符合行政目的;(2)符合正当考虑的要求;(3)内容应合乎情理。前两项内涵体现了"目的性"要求,与比例原则中的妥当性原则有类似之处,但第三项中的"合乎情理"显然过于模糊和空洞,与比例原则的精确性相比相去甚远。

我国行政法虽然没有明确规定比例原则的概念,但是已经在一定程度上体现了比例原则的价值追求和精神实质。《人民警察使用警械和武器条例》第4条规定:"人民警察使用警械和武器,应当以制止违法犯罪行为,尽量减少人员伤亡、财产损失为原则。""制止违法犯罪行为"说明了立法目的,警械和武器的使用只有符合这样的目的

---

① 余凌云:《论行政法上的比例原则》,载《法学家》2002年第2期。

才符合比例原则中的妥当性原则;"尽量减少人员伤亡、财产损失"追求"最小损害",体现了必要性原则。该条例第 10 条规定:"人民警察遇有下列情形之一的,不得使用武器:(一)发现实施犯罪的人为怀孕妇女、儿童的,但是使用枪支、爆炸、剧毒等危险物品实施暴力犯罪的除外;(二)犯罪分子处于群众聚集的场所或者存放大量易燃、易爆、剧毒、放射性等危险物品的场所的,但是不使用武器予以制止,将发生更为严重危害后果的除外。"怀孕妇女、儿童一般而言反抗能力较弱,根据必要性原则的要求,警察是"没有必要"使用武器来制止其犯罪的,其他更加和平的手段已经足够;但是当其"使用枪支、爆炸、剧毒等危险物品实施暴力犯罪"时,使用其他手段已经不足以制止犯罪,使得警察使用武器的必要性凸显。这也说明了必要性判断的动态性。"犯罪分子处于群众聚集的场所或者存放大量易燃、易爆、剧毒、放射性等危险物品的场所"表明此时警察要对使用武器制止犯罪的收益与群众生命财产安全这一重大社会公共利益进行利益衡量,避免造成更大的损害。同时,"不使用武器予以制止,将发生更为严重危害后果的除外"说明这样的利益衡量也是需要"随机应变"的。立法者在此授予警察临场处置和相当程度的自由裁量权。

除了警察法之外,在我国适用范围更广的《行政处罚法》和《行政强制法》中也能发现比例原则的因素——不管立法者有没有意识到这一点。《行政处罚法》第 4 条第 2 款规定:"设定和实施行政处罚必须以事实为依据,与违法行为的事实、性质、情节以及社会危害程度相当。"该条较好地体现了比例原则中的必要性原则和均衡性原则。《行政强制法》第 5 条规定:"行政强制的设定和实施,应当适当。采用非强制手段可以达到行政管理目的的,不得设定和实施行政强制。"该条与妥当性原则和必要性原则的精神是一致的,强调行政强制措施设定和实施的必要性,对于行政强制的立法和执法都具有指导意义。《行政强制法》第 7 条规定:"行政机关及其工作人员不得利用行政强制权为单位或者个人谋取利益。"该条强调行政机关及其工作人员不得利用行政强制权"以权谋私",突出地体现了妥当性原则。第 23 条规定:"查封、扣押限于涉案的场所、设施或者财物,不得查封、扣押与违法行为无关的场所、设施或者财物;不得查封、扣押公民个人及其所扶养家属的生活必需品。""查封、扣押与违法行为无关的场所、设施或者财物"无助于实现行政强制的目的,也不恰当地扩大了行政强制措施造成行政相对人财产损害的范围,对此行为的禁止,较好地实现了妥当性原则和必要性原则的要求。"查封、扣押公民个人及其所扶养家属的生活必需品"会侵犯公民的基本生存权,伤害了更大的利益,违反了均衡性原则,所以该条禁止这样的行为是符合比例原则的,尽管立法者当初可能纯粹是出于朴素的人道主义的考虑。

四 比例原则的司法审查

比例原则具有宪法层次的效力,应拘束立法、行政、司法等所有的国家行为。[①] 在现代法治国家,一般认为,司法权对行政权乃至立法权的行使是否合法具有司法审查权,因此考察司法活动如何运用比例原则,对于比例原则的适用无疑具有代表意义。有学者通过解读欧盟法中的判例后指出,比例原则在司法适用中呈现多元的审查强度,"跨越了一个从十分温和的审查到异常严格的手段与目的间正当性论证的谱系。"[②] 这为我们理解比例原则的司法适用提供了参考范本。对于比例原则的司法审查强度具有重要影响的因素主要包括:管制措施限制的权利类型,管制措施限制权利的效果,管制措施保护利益的重要性程度,是否惩罚性措施或经济性负担,以及行政裁量空间和判断余地大小。

[①] 王名扬、冯俊波:《论比例原则》,载《时代法学》2005 年第 4 期。
[②] 蒋红珍、王茜:《比例原则审查强度的类型化操作——以欧盟法判决为解读文本》,载《政法论坛》2009 年第 1 期。

(一) 管制措施限制的权利类型

涉及对基本权利的限制时,采用比例原则审查的强度会比较严厉。[①] 例如,对于基本权利如言论自由或者信息获取,法院会倾向于保护权利的立场,而对政府措施绝对采用严格的审查。而对于纯粹财产性权利,运用比例原则的审查会比较宽松。例如,欧盟条约保护的四项基本自由,即货物、工人、设施和服务的自由流动,旨在保护欧盟公民积极的经济权利。[②] 1998年颁布实施的欧盟人权公约,从基本权利视角审查管制措施,对于比例原则的司法适用也具有一定影响。(1)有些管制措施会涉及由欧盟条约以及其他立法所承认和保障的人权,法院适用比例原则时就会进行严格的审查。在 Hauer 案中,法院认为欧盟委员会为了国际关系的目的而限制公民的信息获取权是违反比例原则的。Hautala 女士想要获悉欧盟委员会关于武器出口的文件,但遭到拒绝。理由是信息公开将对欧盟与他国关系造成损害,依据为欧盟委员会93/731号决定第4条第1项。法院审查后认为,欧盟委员会需要考虑因为信息披露所可能危及第4条第1项保障的利益,但是对于公众信息权利的限制必须严格局限在为实现目的所必需的与合适的范围内。而欧盟委员会可以通过转移那些有害国际关系的管道来实现其目的,并不需要通过限制公民信息获取权的方式来达成。[③] (2)有些管制措施既涉及裁量性的政策选择,但同时又限制了某种基本权利,此时比例原则的审查强度选择具有一定的复杂性,通常情况下审查标准会相对宽松。在 Hauer 案中,申请人质疑欧盟一项对新设葡萄园进行选址限制的措施。法院认为,这项措施对财产权的限制是否有效,需要看它是否侵入到财产权的本质。经审查发现,这项管制措施的目标旨在达成葡萄酒市场的和

[①] Paul Craig, EU Administrative Law, Oxford University Press, 2006, p. 1046.

[②] Robert Thomas, Legitimate Expectations and Proportionality in Administrative Law, Hart Publishing: Oxford-Portland Oregon, 2000, p. 81.

[③] See Case C-353/99 P, Council v. Hautala [2001] ECR 1-9565.

谐，消除生长过剩，提高葡萄酒的质量，使消费者承受合理的价格，使生产者获得合理的回报。法院认为该管制措施实际上只是推进葡萄酒市场整体目标的一部分，并未侵害财产权的本质，因此符合比例原则，限制是有效的。[①]

（二）管制措施限制权利的效果

管制措施限制权利的效果，即其造成的结果是否会对个人权利造成实质性的伤害，也显著影响比例原则的司法审查强度。一般而言，对私人利益的影响越大，限制权利的程度越深，比例原则的审查就越严厉。例如，对于收费或者罚金的司法审查会比较严厉，而对于拒绝补助金或者其他福利的司法审查会比较宽松，因为前者直接剥夺了私人的既有财产，而后者只是间接地影响到私人潜在的社会福利收入，显然前者对于私人财产的影响更大，限制更为强烈。又如，相对于临时性管制措施，法院对于永久性管制措施的司法审查强度会更严格，因为毫无疑问的是后者会对个人权利造成更为实质性的损害。

（三）管制措施保护利益的重要性程度

一般而言，管制措施保护的利益越重要，比例原则的司法审查强度会越小。这与狭义比例原则即均衡性原则的本质要求是密切相关的，该原则就是要将保护的利益与限制的利益作对比，保护的利益越重要，相应地允许限制的利益就会越大，越有可能符合比例原则。对于同一项管制措施是否符合比例原则的认定结果，完全因时制宜。在 Pfizer 案中，禁止在动物饲料中添加维他命抗生素的管制性规定被法院宣布为有效，即符合比例原则；[②] 在 Bela-Mühle 一案中，禁止在动物饲料成分中用脱脂牛奶取代大豆的管制性规定被法院宣布为无效，即违反比例原则。[③] 究其原因，前一种管制涉及公众健康和生命安全，

---

① Case 44/79, Hauer v. Land Rheinland-Pfalz [1979] ECR 3727.

② Case T-13/99, PfizerAnimalHealth SA v. Council [2002] ECR II-3305.

③ Case 114/76, Bela-Mühle JosefBergman KG v. Grown-Farm GmbH& Co. KG [1977] ECR 1211.

在整个权利谱系中居于较高位阶，需要优先保护，而后一项管制涉及一般经济性管制目标，保护的社会利益显然小于前者，因此很难符合比例原则的要求。

（四）是否惩罚性措施或经济性负担

当需要判断某项惩罚性措施或者经济性负担是否过分时，采用比例原则的司法审查强度也会比较严格。原因有二：其一，即使法院宣布某项罚金或者经济性负担无效，也不会影响作为管制政策的整体。因为惩罚性措施往往是管制后阶段的义务，事后监管的放松一般不会导致前阶段规制失败的严重后果；其二，与那些可能间接地影响社会规范的抽象性规则相比，惩罚性措施往往以直接剥夺财产权为特征，对于公民权益的限制更为直接和严重，因此需要加强司法干预来实现个案的实质正义。[①] 在审查罚金或保证金的案件中，法院往往倾向于严格适用比例原则来降低额度。在涉及出口许可的 Man（Sugar）案中，法院对于欧盟委员会因为申请人完成相关手续时迟到 4 个小时就没收所有保证金的做法说"不"，认为其违反了比例原则。在 Man（Sugar）案中，申请人为了获得向欧盟境外出口糖的许可，曾经向委员会提交了数额较大的保证金，但是为了完成相关手续而迟到了 4 个小时，被委员会没收了全部保证金。法院认为，考虑到出口许可制度的功能，对于任何违背时间要求的行为都机械地没收所有保证金的措施明显过于激烈。[②] 在 Atalanta 案中，欧盟一项涉及猪肉存储目标的管制条款规定，凡是违反了存储协议的义务，就没收所有的保证金。法院认为这是不合比例的，因为它没有与违反合同的严重程度进行必要的均衡。[③]

[①] 蒋红珍、王茜：《比例原则审查强度的类型化操作——以欧盟法判决为解读文本》，载《政法论坛》2009 年第 1 期。

[②] See Case 181/84, R. v. Intervention Board, ex parte E. D. & F. Man（Sugar）Ltd. [1985] ECR 2889.

[③] Case 240/78, AtalantaAmsterdam BV v. Produktschap voorVee en Vlees [1979] ECR 2137.

(五) 行政裁量空间和判断余地大小

比例原则在约束公权力的同时，也为公权力之社会功能的积极发挥留下了必要的裁量空间。一般只有对于明显违反手段与目的关系时，司法权才介入其他公权力的空间。对于有关经济政策、经济引导或其他复杂而难以预见的事务的法律效果进行审查时，由于其自由裁量的空间较大，比例原则的司法审查可能比较灵活，防止司法判断取代行政判断，也体现司法权对于行政权的尊重。下列案件属于政府具有较强行政裁量空间和判断余地的领域：（1）涉及经济性政策的立法措施；（2）涉及复杂的技术性评估的措施；（3）涉及对于公共性组织机构权限的规定。这些类型的案件一般被称为"裁量性的管制政策选择"，司法审查强度一般都比较宽松。[①]

第二节 公法限制私有财产权的途径之一：征收

征收是国家为公共事业或公共利益之目的，行使公权力，以补偿损失为条件，强制取得他人财产权之行政处分。[②] 征收是公法限制私有财产权的主要方式之一。征收是政府用强制手段取代自愿的市场交换获得财产的法律权力，在本质上是对产权的再分配。[③] 在这一点上，征收和征税具有相似性。有学者以美国法为例研究了征收和征税的关系，认为二者的理论基础是一致的，都是为了公共目的而剥夺公民财产。征税针对多数人，而征收针对具体的少数人；征收导致公民承受不合比例的负担，而征税不是；征收针对可分离的财产，而征税针对总量财产。[④] 税收是国家提供公共产品的代价，其存在的意义在于满

[①] 蒋红珍、王茜：《比例原则审查强度的类型化操作——以欧盟法判决为解读文本》，载《政法论坛》2009 年第 1 期。
[②] 谢哲胜：《财产法专题研究》（二），台湾元照出版公司 1999 年版，第 223 页。
[③] 刘向民：《中美征收制度重要问题之比较》，载《中国法学》2007 年第 6 期。
[④] 刘连泰：《征收和征税的关系规则及其适用：美国法上的情形》，载《当代法学》2009 年第 6 期。

足社会的公共需要。① 征税是国家对私有财产权施加的最普遍的一种公法限制措施。美国联邦最高法院非常谨慎地将征收规范适用于征税，因此在判决征税依据违宪时，总会有这样的解释："该税如此武断，迫使人们得出这样的结论——这不是征税，而是掩盖在征税条款下的没有补偿的征收。"② 可见，是否给予补偿是征收区别于征税的显著标志。

在我国的法律概念中，原先只有"征用"而没有"征收"，2004年宪法修正案区分了征收和征用。一般认为二者的区别在于征收取得所有权，而征用只取得使用权等其他权利。③ 在我国，征收的法律依据包括：《宪法》第 10 条第 3 款规定："国家为了公共利益的需要，可以依照法律规定对土地实行征收或者征用并给予补偿。"第 13 条第 3 款规定，"国家为了公共利益的需要，可以依照法律规定对公民的私有财产实行征收或者征用并给予补偿。"《土地管理法》第 2 条第 4 款是对《宪法》第 10 条第 3 款规定的复述。《物权法》第 42 条："为了公共利益的需要，依照法律规定的权限和程序可以征收集体所有的土地和单位、个人的房屋及其他不动产。"《城市房地产管理法》第 6 条："为了公共利益的需要，国家可以征收国有土地上单位和个人的房屋，并依法给予拆迁补偿，维护被征收人的合法权益；征收个人住宅的，还应当保障被征收人的居住条件。"国务院 2011 年 1 月 21 日发布实施的《国有土地上房屋征收与补偿条例》是关于城市房屋征收的专门行政法规。归纳分析我国宪法和法律关于征收的条款，可以发现如下共同的关键词：一是"为了公共利益的需要"，体现了征收的目的限制或要求；二是强调了征收"给予补偿"的必要性；三是"依照法律规定"，说明了征收的程序要求。如果说征收是对私有

---

① 刘剑文、熊伟：《税法理论基础》，北京大学出版社 2004 年版，第 37 页。
② Eric Kades, Drawing The Line Between Taxes and Takings The Continuous Burdens Principle, And Its Broader Application. Northwestern University Law Review, 2002, Fal. 1, p. 189.
③ 王兴运：《土地征收补偿侧度研究》，载《中国法学》2005 年第 3 期。

财产权的限制，那么上述三个关键词就构成了对征收的限制，是征收应当具备的三个必要条件。

一 征收目的限制：公共利益

公共利益是公权和私权的连接点，是各国公认的征收权限制财产权的正当性根据。[1] 但是，"公共利益"在实践中却是一个极难界定的概念。[2] 美国宪法第五修正案的"征收条款"规定，"如未经公正补偿，私有财产不得为了公共用途而被征收。"美国法院也曾试图赋予该条款以实质性含义，但对于何谓"公共用途"，并未确立一以贯之的判定标准。早期采用的是"实际使用"标准，即要求被征收财产为公众实际使用。美国独立战争时期，受自然权利理论影响，财产权神圣不可侵犯观念流行，法院采用"实际使用"标准。20 世纪 30 年代后，美国法院发展出"公共目的"标准，为了合法的公共目的而征收符合"公共用途"的要求。由于法院难以在"公益私用征收"和"纯粹私用征收"之间划定清晰的界限，这使人们对征收的泛滥以致公权对私权的过度侵犯充满忧虑。[3] 在 2005 年康涅狄格州的克罗诉新伦敦市案中，法院仍然采用了"公共目的"标准，认为以创造就业、增加税收、造福社区为目的的经济发展计划可成为征收所有人的住宅的理由。2005 年美国联邦最高法院判决新伦敦市征收案。在该案中，小城新伦敦市为了重振低迷的地方经济而征用私人土地，并将其交给另外一个私人机构用于开发，其间也涉及房屋拆迁的纠纷问题，并引发了争议，以 Kelo 为代表的 9 个住户也坚持拒绝搬迁，甚至诉诸司法判断，演化出一场宪法诉讼。这场诉讼的一个重要争点就是：这种征用行为是否可满足联邦宪法第五修正案中对于征用所附加

---

[1] 王利明：《物权法草案中征收征用制度的完善》，载《中国法学》2005 年第 6 期。
[2] 张千帆：《公共利益的困境与出路——美国公用征收条款的宪法解释及其对中国的启示》，载《中国法学》2005 年第 5 期。
[3] 高建伟：《美国土地征收中的"公共利益"》，载《美国研究》2011 年第 3 期。

的"公共使用"之限制，最后联邦最高法院9位大法官以5∶4的微弱多数作出了终局判决，认定以复兴经济为目的所实行的征收，可满足联邦宪法有关"公共使用"的要求。[①] 该案引起了广泛的争议和强烈的反对，导致美国绝大多数州在立法中明确从"公共用途"的范畴中排除了以经济发展、创造就业、增加税收为主要目的的征收，佛罗里达等五个州对征收权作出了更为严格的限制，禁止以经济发展、改造贫民窟为目的的征收。[②]

美国的征收制度在公共利益与非公共利益之间确立了一系列相对稳定的标准：[③] (1)受益对象标准：即公共利益的非排他性，禁止土地征收为"可以辨识的特定人"牟取私利；(2)私益程度标准：即当征收是由私人来推动或私人将会从中获益时，如果公共利益仅仅是附带的或者仅仅是一种借口，那么就应当予以禁止；(3)公益效果标准：即如果征收直接服务于公共目的，或直接满足了公共利益的要求，财产是否转移给私人则不那么重要；(4)情景必要性标准与利润分配准则：前者旨在防止出于个人专断而随意剥夺他人财产，在为公共目的而征收私人财产时必须由于外部的原因而不得不利用他人土地，而后者意在避免征收成为权势者获利的工具，在为公共目的而征收私人财产时，其利润的分配必须与严格意义上的公共物品分配情形保持一致。这些标准可能并不完美和绝对，但长期以来美国法院正是在许多公用征收案件中通过反复研磨，终于形成了这些相互交织但又互为补充的标准体系，使美国宪法第五修正案中"公共使用"的含义得到理性的、颇为清晰的且极具说服力的说明与运用。[④]

---

① Kelo v. City of New London, 545 U. S. 469 (2005).
② 中国社会科学院农村发展研究所宏观经济研究室：《农村土地制度改革：国际比较研究》，社会科学文献出版社2009年版，第7页。
③ See Richard Epstein, Takings: Private Property and the Power of Eminent Domain, Harvard University Press, 1985, pp. 169 – 181.
④ 林来梵、陈丹：《城市房屋拆迁中的公共利益界定——中美"钉子户"案件的比较》，载《法学》2007年第8期。

如何界定公共利益？主要有三种不同的立法模式。最为自由主义、授予国家权力最大的态度就是宽泛的概括条款，仅仅把公共利益条款设定为征收的要件，完全不界定何为公共利益，实际上可以称为程序主义，即通过程序来确定何为公共利益，而不考虑在该程序之下所得出的结果是否真正符合公共利益。第二种态度是列举加概括。首先列举一系列公共利益，由法律明确规定，在这些名目之下国家可以征收土地。同时考虑到具体情况，另外设定一般条款。第三种态度是列举加排除，最后再辅以一般条款。显然，一般条款是不可或缺的。[①]要对"公共利益"作出积极的定义是相当困难的，而列举其内涵则显得更加现实和妥当。在德国，法律所允许的征收限于国防、公共交通、公众能源供应、文物和自然保护、市镇建筑规划等领域，它们都与土地的具体地理位置具有密切关联。公共利益只是征收的必要条件，而不是充分条件。德国学术界对于何种利益排除在公共利益之外达成了许多一致意见，主要情形包括：（1）无目的限制的征收；（2）纯粹基于扩充国库财产的征收；（3）服务于财富再分配和一般经济促进的征收；（4）纯粹出于私人利益以及权力持有者的个人利益进行的征收。第一种情形和第四种情形因为明显不符合公共利益而被排除。第二种情形和第三种情形可能与公共利益有关或者具有公共利益的因素，但它们应当是财政和税收的功能，征收并不能也不应该承担这样的功能。

我国宪法以及法律都没有对公共利益作出明确界定，属于上文所述的"自由主义"或"程序主义"的立法模式。在我国法律体系中，首次对公共利益进行界定的是国务院 2011 年 1 月 21 日颁布实施的《国有土地上房屋征收与补偿条例》。该条例第 8 条规定："为了保障国家安全、促进国民经济和社会发展等公共利益的需要，有下列情形之一，确需征收房屋的，由市、县级人民政府作出房屋征收决定：

[①] 袁治杰：《德国土地征收中的公共利益》，载《行政法学研究》2010 年第 2 期。

(1) 国防和外交的需要；(2) 由政府组织实施的能源、交通、水利等基础设施建设的需要；(3) 由政府组织实施的科技、教育、文化、卫生、体育、环境和资源保护、防灾减灾、文物保护、社会福利、市政公用等公共事业的需要；(4) 由政府组织实施的保障性安居工程建设的需要；(5) 由政府依照城乡规划法有关规定组织实施的对危房集中、基础设施落后等地段进行旧城区改建的需要；(6) 法律、行政法规规定的其他公共利益的需要。"可见，该条例对公共利益的界定采取了列举式，但这种立法模式也难以准确涵盖公共利益的内容，因此完全抛弃概括式而采用列举式的立法模式不可取。有学者认为，可对公共利益条款采取概括式立法，在实施细则中规定带有共性的具体判定标准，并对明显不属于公共利益但在实践中常常成为政府借以滥用职权的事项予以排除的模式立法。[①] 笔者认为此种模式比较妥当，既抽象定义其内涵，又具体列举其外延，既有正面列举，又有反面排除，符合人们认识事物的规律，有利于在执法、司法和守法过程中建立起对于公共利益的全面和准确的理解，既可克服单纯列举式的僵化而保持公共利益概念的灵活性和开放性，又能克服单纯概括式的不确定性，同时正反两方面的列举使得公共利益的认定更具可操作性。

二 征收补偿原则：公平补偿

（一）征收补偿原则的三种模式

征收补偿的基本原则是制定征收补偿具体标准的基本准则和依据，根本上体现了征收制度的基本精神，表明了国家在征收补偿问题上的基本立场。现代国家一般都通过宪法形式对征收补偿原则予以确认，并由具体立法和司法实践补充和完善。世界各国和地区关于征收补偿的原则或标准总体上而言有三种模式：

---

① 李长健等：《中美财产征收中公共利益之比较分析》，载《上海交通大学学报》（哲社版）2010年第4期。

1. 完全补偿模式。即要求对征收造成的被征收人的损失实行全部补偿，补偿范围包括一切经济的和非经济的损失，包括直接损失和间接损失。由于许多损失尤其是非经济损失和间接损失难以准确衡量，因此真正意义上的完全补偿是很难实现的，完全补偿模式更多体现的是法律的精神和指导思想。完全采用这种补偿模式的国家比较少。荷兰1814年《宪法》第13条规定："若因公益所需而征用财产，须依照法律规定，并须事先保证给予充分补偿。"

2. 公平补偿模式。即以被征收财产在公开市场上的公平交易价格作为补偿的标准，将征收导致的被征收人的情感等非财产利益的损失排除在补偿范围之外。绝大部分国家和地区采用这种模式，但在对"公平"的表述上有细微差别，使用相同或近似的词汇包括"公平""公正""正当""合理"等。法国《人权与公民权利宣言》第17条规定："私有财产神圣不可侵犯，除非是基于合法认定的公共需要且得到公平与事先补偿，否则，任何人的财产不受剥夺。"巴西《宪法》第153条规定："为公共利益征用财产，必须由国家进行公平赔偿。"《德国基本法》第14条第3款规定，"补偿应当经公众利益和关系人权益的适当斟酌予以确定"，该条款中"适当斟酌"的表述也被认为确立了公平补偿原则。1804年《法国民法典》第545条规定："任何人不能被强制转让所有权，除非基于公共用益与事先公正补偿。"美国宪法第五修正案规定，"无正当法律程序依据，不得剥夺任何人的生命，自由或财产；无公正补偿，不得征用私有财产供公共使用。"日本《宪法》第29条第3款规定："私有财产在正当补偿下得收为公用。"韩国《宪法》第23条第3款规定："因公共事业的需要，对产权进行征用，使用或限制时，应根据法律对其损失给予正当的补偿。"《意大利民法典》第834条第1款规定："不得全部或部分地使任何所有权人丧失其所有权。但是，为公共利益的需要，依法宣告征用并且给予合理补偿的情况不在此限。"

3. 适当补偿模式。指主要考量公共利益的需求，在酌情参考被征收财产价值的基础上作出一定程度的补偿。德国1919年《魏玛宪法》第153条第2款规定："除联邦法律另有规定外，征收必须给予适当的补偿。"中国《澳门民法典》第1234条规定："对私有财产的征收、征用，应当作出适当的损害补偿。"适当补偿原则的主观性和随意性比较大，其在实质上代表了不完全补偿或者部分补偿。显然，对于被征收人而言，这种补偿的标准明显低于公平补偿，更低于完全补偿。从另一个角度看，上述三种补偿模式下的征收对私有财产权限制的严重程度呈现依次递增的趋势。

（二）我国现行法中的征收补偿原则

在我国，宪法的征收条款以及相关法律在征收补偿的标准或原则上采取了"鸵鸟政策"，只是提出"给予补偿"或"依法补偿"，都回避使用上述诸如"充分""公平""公正""合理""适当"等涉及征收补偿的基本标准问题的字眼。我国《土地管理法》第47条规定，征收农村集体土地的补偿费用包括土地补偿费、安置补助费以及地上附着物和青苗的补偿费，其中土地补偿费是依据该耕地被征收前三年的平均年产值的六倍至十倍计算的，这样的标准与土地的市场价格无关，只是土地价值的部分补贴，体现了适当补偿的思想。有学者认为，中国没有土地所有权交易市场，因此没有市场价值，而且集体土地是无偿取得的，不适用商品交换。[1] 但无论如何，一个不争的事实是，这种补偿模式造成征地成本和征地出让金之间的巨大差价，并由政府和开发商瓜分这个巨额差价，这种土地开发中的超低成本和超高利润结合在一起，无疑是各地大搞"圈地运动"的主要动机之一，也是许多征地纠纷的重要根源。[2]

不过，我国对城市房屋的征收是按照市场价值给予补偿的。曾经在我国长期适用但饱受诟病的《城市房屋拆迁管理条例》第24条规

---

[1] 王兴运：《土地征收补偿侧度研究》，载《中国法学》2005年第3期。
[2] 刘向民：《中美征收制度重要问题之比较》，载《中国法学》2007年第6期。

定，对被拆迁的房屋进行货币补偿的金额"根据被拆迁房屋的区位、用途、建筑面积等因素，以房地产市场评估价格确定"。取而代之的《国有土地上房屋征收与补偿条例》第19条规定："对被征收房屋价值的补偿，不得低于房屋征收决定公告之日被征收房屋类似房地产的市场价格。"《物权法》第42条第3款规定："征收个人住宅的，还应当保障被征收人的居住条件。"这些规定体现了公平补偿的理念。

我国对于集体土地上房屋征收拆迁的补偿，没有全国层面的统一规定。有学者对地方立法文本进行研究发现，主要有两种方式：(1)以被拆迁房屋的"重置价格结合成新"或按照实际损失补偿。建安重置价是指按照旧房评估时的建筑技术、工艺水平、建筑材料价格、人工和机械费用，重新建造同类结构、式样、质量及功能的新房所需的费用。所谓结合成新，是指在评估旧房的建安重置价时，将房屋因使用一定年限带来价值减少的因素考虑进去。(2)在"重置价格结合成新"基础上考虑同等区位土地使用权价格和商品房价格因素，对被拆除房屋进行补偿。土地使用权基价反映了不同地段宅基地的土地价值，可以说是对"地价"的部分补偿。[①] 显然第二种补偿的水平要略高于第一种。总体而言，这两种补偿模式都接近市场价格，基本上符合公平补偿原则。

(三) 我国法律确立公平补偿原则的必要性

确立补偿的基本原则和标准是建立科学、公正的征收补偿法律制度的基础。总体上，以市场价值为基准的公平补偿原则应当成为我国征收补偿原则的首选。它符合法律追求的几个重要的基本价值：效率、公平和秩序。它们可以分别对应于节约土地资源、共享发展成果和维护社会稳定的社会政策追求。只有公平补偿原则才能承担起这样的历史使命。

[①] 屈茂辉、周志芳：《中国土地征收补偿标准研究——基于地方立法文本的分析》，载《法学研究》2009年第3期。

1. 从经济层面看，公平补偿原则符合土地资源节约的效率价值。

效率是经济学研究的根本内容。微观经济学从"资源稀缺"这个基本概念和前提出发，认为所有个体的行为准则是设法利用有限资源取得最大收获，并由此来考察个体取得最大收获的条件。微观经济学是关于市场机制的经济学，考察市场机制如何通过调节个体行为取得资源最优配置的条件与途径，它以价格为分析的中心，研究均衡价格的决定，因此也称作价格理论。可见，价格在市场经济中发挥着至关重要的核心和关键作用，是市场经济发挥作用的"信号灯"。任何对市场价格的扭曲行为都会破坏资源配置的效率。土地市场也不例外。

政府以征收而非自由市场交易的方式获得土地，其经济上的合理性在于征收可以减少与交易主体一对一谈判所产生的巨大交易成本，而非低于市场价值进行补偿。从经济学角度看，征收是存在很大的外部成本和机会成本的，除了管理成本外，它还直接限制乃至剥夺了私有财产权，具有高昂的机会成本。因此公平补偿在很大程度上是为了迫使政府将征收的外部成本内部化，使社会资源配置达到或接近自由市场状态。如果不予补偿或以低于市场价值补偿即可征收财产，那么政府会误以为所征收的资源没有成本或成本很低，以致产生"财政错觉"，从而作出非理性决策。如果把土地征收理解为一个市场的话，那么征收的低价格必然刺激征收的需求。其结果必然导致政府过度征收，进而导致资源的错误配置和浪费。[①] 在此意义上，公平补偿条款在客观上迫使政府从公共权力机构转变为理性的"经济人"：征收过程必须计算成本和收益。《土地管理法》第3条规定，"十分珍惜、合理利用土地和切实保护耕地是我国的基本国策"。

基本国策的落实不能停留在政策号召层面，而必须通过经济杠杆在市场上反映出来。这个市场不仅仅包括土地的一级、二级、三级市

[①] Michael A. Heller and James E. Krier, Deterrence and Distribution in the Law of Takings, 112 Harvard Law Review 997, 1999.

场，还应当包括政府征收集体土地的"市场"。土地一级市场，是土地使用权出让的市场，即国家通过其指定的政府部门将城镇国有土地或将农村集体土地征用为国有土地后出让给使用者的市场，出让的土地可以是生地，也可以是经过开发达到"七通一平"的熟地。房地产一级市场是由国家垄断的市场。土地二级市场，是土地使用者经过开发建设，将新建成的房地产进行出售和出租的市场。即一般指商品房首次进入流通领域进行交易而形成的市场。房地产二级市场也包括土地二级市场，即土地使用者将达到规定可以转让的土地，进入流通领域进行交易的市场。土地三级市场，是购买房地产的单位和个人再次将房地产转卖或转租的市场，是房地产再次进入流通领域交易而形成的市场。房地产三级市场也包括房屋的交换、抵押、典当等流通形式。此外，还有所谓"土地零级市场"，实际上是指未办理土地出让的划拨土地使用权，未经政府有关部门审批，私下转让所形成的市场。我国实行的是号称世界上最严格的耕地保护制度，人均土地资源短缺，低于市场价格的补偿必然刺激政府的"征地—屯地—卖地"冲动，催生和延续"土地财政"，造成土地资源的闲置和极大浪费。

2. 从伦理层面看，公平补偿原则符合共享发展成果的公平理念。

在美国宪法制定者们看来，征收是被征收人为了公共利益的需要而承受的"特别牺牲"，根据"谁受益、谁付出"的公平原则，有充分理由要求其他纳税人补偿被征收人的损失。否则，被征收者和其他纳税人相比就承受了不成比例的负担。在这个意义上，宪法第五修正案的目的正是保证所有人"公平分享"社会管理和改造的负担，防止政府强迫某些人承担公平和公正原则要求公众整体承担的公共负担。[①] 霍姆斯大法官指出，"公众要改善公共条件的强烈兴趣或愿望，并不允许为了实现这种愿望而走捷径，因为合宪的渠道是必须为这种

---

① 张千帆：《"公正补偿"与征收权的宪法限制》，载《法学研究》2005 年第 2 期。

改善付出代价。"①

在我国，使全体人民共享改革发展成果已成为经济社会发展的重要目标和执政党的执政理念。土地利益的分配是实现改革发展成果公平分享的重要内容，而在现行制度下，这样的分配主要通过土地补偿制度来完成。目前存在的突出问题是地方政府利用自身所掌握的土地级差利益分配的行政调节权为自己谋利，侵占了市场主体对土地级差利益的分配机会，由此造成土地利益分配格局的地方化和部门化。土地利益包括存量利益与增量利益，当前的土地补偿制度主要是对存量利益的补偿，而对土地增量利益的分享则排斥了农民等利益相关人。②

为解决上述问题，应当完善土地利益公平分享法律制度，即完善土地征收制度、房屋拆迁制度，建立城市低收入阶层的市民居住权保障制度，确保个人对土地级差利益的参与分配权。③ 通过市场来决定财产的价值，就不会偏向于交易的任何一方，能够实现最大可能的"自然公正"。与适当补偿标准的模糊性不同，市场价值是可以客观衡量的。我国城市房屋征收的实践已经证明了采用市场价格补偿的可行性。根据我国现行法律，农村集体土地不能自由地在公开市场交易，只能由国家征收，征收补偿的标准是以被征收土地的原用途为基础，而不是其市场价格。因此，农村集体土地的市场价格在当前是难以直接发现的，但可以通过某些技术手段间接测定，例如，可以比照同等或邻近区域的国有土地价格来确定。其实，这样的做法已经具备了执政党的政策依据。2008 年 10 月 12 日中国共产党第十七届中央委员会第三次全体会议通过的《关于推进农村改革发展若干重大问题的决定》中明确指出："改革征地制度，严格界定公益性和经营性建设

---

① Pennsylvania Coal Co. v. Mahon, 260 U. S. 393（1922）.
② 肖顺武、侯文飞:《论我国土地补偿制度之完善——基于土地利益公平分享视角的解析》，载《理论与改革》2007 年第 5 期。
③ 李昌麒、黄茂钦:《公平分享：改革发展成果分享的现代理念》，载《社会科学研究》2006 年第 4 期。

用地，逐步缩小征地范围，完善征地补偿机制。依法征收农村集体土地，按照同地同价原则及时足额给农村集体组织和农民合理补偿，解决好被征地农民就业、住房、社会保障。逐步建立城乡统一的建设用地市场，对依法取得的农村集体经营性建设用地，必须通过统一有形的土地市场、以公开规范的方式转让土地使用权，在符合规划的前提下与国有土地享有平等权益。"

3. 从政治层面看，公平补偿原则符合维护社会稳定的秩序追求。

公共选择理论认为，如果国家随意剥夺无辜者的财产，就同按照个人意志而不是法律剥夺人的生命和自由一样，必将导致人们为了维护自己的根本利益而诉诸欺骗、贿赂或暴力手段，从而加剧社会的政治冲突。[①] "有恒产者有恒心"，公平补偿的政治功能在于使人民能够明确政府行为的限度，不必担心自己辛苦积累的财产会在一夜之间被"充公"，从而维持民主社会的稳定。这也是征收与没收的本质区别，因为低于公平市场价值的补偿在一定程度上就是对被征收人财产的"没收"。人类历史上每一次暴力革命，几乎都与财产的不公平分配和弱势群体在财产权利上的被剥夺感紧密相连。虽然宪法并不能在每个特定案例中都保证绝对的公正或效率，而只是提供实现这个目标的制度框架，但是通过规定政府结构和权利保障，宪法将政治斗争控制在一定的限度内。一个人必须知道其生命、自由和财产并不会在政治冲突中受到威胁，才不至于铤而走险。事实上，从宗教自由到征收补偿，宪法的权利保障几乎都有这个功能。通过断绝政府对这些基本权利的觊觎，宪法使基本权利超越政治纷争之外，从而有效保障了社会和平。[②]

在某种意义上，公正补偿条款为政治行为者提供了一种"保险"，

---

① Henry A. Span, Public Choice Theory and Political Utility of the Takings Clause, Idaho Law Review (2003), pp. 77 - 78.

② John Hart Ely, Democracy and Distrust: A Theory of Judicial Review, Cambridge: Harvard University Press (1980), pp. 152 - 153.

使对立方不可能通过剥夺财产来实行政治迫害。同时，公正补偿也促进了政治过程的理性对话，既然个人安全得到保障，各方都能心平气和地陈述自己的观点，在争取说服对方的过程中也为对方说服自己保留机会，从而有助于将斗争的焦点集中于问题本身。[1] 如果说理论的分析还略显抽象的话，那么在我国的征收实践中，因为征收补偿标准过低已经引起了被征收民众的强烈不满和抗争，征收者和被征收者之间的冲突已经激化到不可收拾的地步。不公平的补偿已经让多少无辜民众付出了鲜血乃至生命的代价，它在制造人间悲剧的同时，也在不断地摧毁人们维护社会稳定的秩序追求和政治努力。这从反面说明了公平补偿对于社会稳定的重大意义。

三 征收程序保障：公正参与

正当法律程序是公民权利的保障，甚至是公民权利本身。因为"公共利益"和"公正补偿"都是不确定用语，谁来判定和怎样判定可能比如何界定更重要，更有意义。《拆迁条例》之所以导致无数滥权、侵权事件，重要的原因就是没有确立公众特别是被拆迁人对拆迁决定和补偿决定的参与程序和拆迁决策、过程、结果的公开程序，甚至赋予开发商以拆迁主体的地位，赋予政府主管部门以决定、裁决和裁决执行的三重主体地位。《征收条例》规定征收应广泛征求社会公众意见、征收补偿要公布，以及举行听证会等程序，体现了对公民实体权利和程序权利的尊重。但《征收条例》也存在许多不足之处，例如，对因旧城区改建所作出征收决定没有规定被征收人的参与程序；对强制搬迁没有规定裁决与执行分离制度；对被征收人申请行政复议和提起行政诉讼，没有规定复议和诉讼期间原则上停止执行强制搬迁决定的制度，等等。[2]

---

[1] 张千帆：《"公正补偿"与征收权的宪法限制》，载《法学研究》2005年第2期。
[2] 姜明安：《法治政府必须认真对待公民权利——评〈国有土地上房屋征收与补偿条例〉》，载《苏州大学学报》（哲学社会科学版）2011年第1期。

实现征收程序公正的关键是构建合理的征收补偿权力制约和平衡机制。考察发达国家的征收补偿制度可以发现，私有财产权获得良好保障的基石，正是立法权、行政权与司法权的有效制衡。在美国，征收和补偿的决定经常由地方议会作出，司法机构在实施宪法第五修正案"公正补偿"条款的过程中对行政机关和立法机关的征收及补偿决定发挥积极的司法审查作用。[1] 法国不动产征收程序的主要特点之一是司法权和行政权的分离，包括公共利益的确定与宣告、不动产征收的补偿等环节。司法权的主动介入是不动产征收中的一个独立程序，而不是公民被损害之后的消极救济措施。[2]

在我国，征收补偿的权力分配体系处于失衡状态。在立法、行政和司法的权力框架中，"三权"有表面和形式的分立，而无有效和实质的制衡。立法的粗疏乃至不作为一方面暴露了立法机关的弱势地位；另一方面使得行政机关在征收补偿问题上的权力变得"海阔天空"。由于缺乏法律授权，司法机关无法事前介入，只有在征收补偿活动发生纠纷后方可行使司法监督权，而且由于诉讼成本较高，征地补偿纠纷最终进入诉讼程序的并不多见。在中央政府与地方政府的权力博弈中，地方政府实际上掌握了更大的主动权。地方立法中的征收补偿条款在一定程度上决定着我国土地征收补偿标准的实际状况。从对地方立法文本中关于征收补偿标准的立法权行使状况和内容构成的统计分析来看，我国征收补偿的立法层级很低，地方立法文本的补偿条款具有高度不确定性，年产值倍数法仍然是占主导地位的补偿模式，补偿倍数总体不高，政策性文件和立法存在冲突。在我国现阶段，征收补偿标准实际上存在文本标准和实际操作标准之分。文本标准应指我国各级有权制定征收补偿规则的机关在规范性文件（包括立法确定为"法"的规范性立法文件）中确定的标准，实际操作标准则

---

[1] 张千帆：《"公正补偿"与征收权的宪法限制》，载《法学研究》2005年第2期。
[2] 许中缘：《论公共利益的程序控制——以法国不动产征收作为比较对象》，载《环球法律评论》2008年第3期。

是全国各地方政府在具体征收中实际执行的补偿标准。由于各种影响因素的存在，文本标准和实际操作标准往往有偏离。在国家立法层面，我国尚未制定统一的不动产征收法，目前对征收补偿进行规范的法律主要是土地管理法，具体体现在其第47条，该条确定了我国集体土地征收补偿的基本模式。但是，土地管理法对征收补偿标准的规定过于简略，主要是授权国务院和地方进一步细化和明确具体补偿标准，而国务院颁布的《土地管理法实施条例》并未涉及征收补偿标准，因此，地方立法中的征收补偿条款对我国征收补偿标准状况起直接决定作用。换言之，征收补偿的文本标准实际上是地方立法确定的。[1] 在经济增长和土地财政的冲动下，失控的行政征收权力如脱缰的野马，肆意践踏人民的私有财产权。这种不良局面的改变需要时间，更需要点滴的制度积累。

在国家立法层面，应当尽快制定不动产征收法，明确征收补偿标准的最低水平，废除《土地管理法》中设定最高补偿标准的做法。不动产征收法应当限定征收补偿立法的主体和层级，禁止转授权立法行为，明确征收补偿的计算公式。从长远看，应当赋予法院对地方政府制定征收补偿标准的抽象行政行为进行司法审查的权力，压缩行政征收补偿权力滥用的空间。[2] 我国立法目前尚未规定公共利益的认定主体和相应的程序，无法有效制约征收权的滥用。为此，应当充分发挥立法、司法、行政机关的监督与制约机制，将司法审查的时间提前到公共利益认定阶段。行政机关作出征收决定前，应通过公告、听证等民主程序充分保障被征收人的知情权、参与权和决策权，充分吸纳公众意见，对征收本身是否符合公共利益进行认定。对于行政机关的征收认定不服的，被征收人可申请行政复议，也可提起诉讼，但法院有最终判定权。

---

[1] 屈茂辉、周志芳：《中国土地征收补偿标准研究——基于地方立法文本的分析》，载《法学研究》2009年第3期。

[2] 同上。

公益征收认定前的协议先行程序是维护征收权和财产权平衡的起点。征收是强制交易行为，其目的在于保障效率，但是公共利益具有模糊性和发展性，确保公益征收与合理补偿的复杂程序未必能真正实现效率。实现公平与效率的最佳选择，是双方经由协商和谈判达成转让合同。美国将谈判程序作为启动强制征收程序的先行必经程序，当政府寻求获得土地时，必须先进行自由交易的谈判，只有其最高出价被拒绝时才可以征收。为防止单独谈判遇到拒不出售或者索要高价的困难，政府往往通过事先协商或委托代理人的方式购买土地。① 在日本，原则上任何人要取得土地都必须向所有人购买，即使为了公共利益也不例外，如果用地者穷尽一切办法都无法获得土地所有人的同意时，则可因"公共事业"，进入强制征收程序。我国台湾地区"土地征收条例"也规定了申请征收前的协议先行原则，即"需用土地人申请征收土地或土地改良物前，除国防、交通、水利、公共卫生或环境保护事业，因公共安全急需使用土地未与土地所有人协议者外，应先与所有权人协议价购或以其他方式取得；所有权人拒绝参与协议或经开会未能达成协议者，始得以本条例申请征收。"

有学者对湖北省武汉市、宜昌市、荆门市和仙桃市的数十个征收案例进行实证研究后发现，我国实际发生的征地行为经常是非公益性用途，而且经济越发达，非公益性征地越多，武汉市因为新建工业园、科技园和房地产开发的比例高达征地数量的44.31%。② 这些以发展经济为目的的规模庞大的征收实际上与公共利益有相当差距，严格地讲，更适合通过协议而不是征收的方式转让。立法可以规定一个

---

① Stella Tarnay. Barriers and Solutions to Land Assembly for Infill Development, ULI Land Use Policy Forum Report, Washington, D.C.: Urban Land Institute, February 19, 2004, p. 24.
② 陈莹、谭术魁、张安录：《公益性、非公益性土地征收补偿的差异性研究——基于湖北省4市54村543户农户问卷和83个征收案例的实证》，载《管理世界》2009年第10期。

协商议价的法定期间，如果财产权人拒绝让渡土地财产权导致公益项目无法实施，或者无理索要高价可能导致全体纳税人遭受不公平负担，期间届满达不成补偿协议的，政府可以依法启动征收程序。①

第三节　公法限制私有财产权的途径之二：管制

在我国法律中，作为一个专有名词的"管制"是刑法规定的一种量刑种类，是指对罪犯不予关押而限制其一定的行动自由，实行社区矫正的一种刑罚方法。但是，在更宽泛的意义上，管制被用于指涉任何来自于国家的限制。《布莱克法律词典》将管制解释为：依据主权者固有而又受宪法限制的警察权，立法机关和行政机关对个人自由和财产权施加限制，以保护公共安全、公共卫生、公共道德以及促进公共便利和普遍福祉。②管制的一个经常性的后果是不同程度地造成对私有财产权的限制。就此而言，管制限制私有财产权的形式也是纷繁复杂的，以至于对其进行完整的分类显得十分困难。但总体而言，主要表现为以下几种形式：

（1）财产使用方式的限制。例如，各国法律均通过土地管理法和城市规划法等法规限制土地的使用方式。我国北京等城市近年来推行的汽车限行措施也属此类限制。2008年9月27日北京市人民政府发布了《北京市人民政府关于实施交通管理措施的通告》。通告规定从2008年10月1日起，北京市行政区域内各级党政机关社会团体、事业单位和国有企业的公务用车以及其他机动车在本市行政区域道路内，按车牌尾号每周停驶一天。

（2）限制乃至禁止生产及交易。例如，我国法律和政策中的禁止买卖土地、住房限购、汽车限购，以及广泛存在的价格管制等宏观调

---

① 王淑华：《征收权与财产权平衡视角下的公益征收认定》，载《齐鲁学刊》2011年第5期。

② Black's Law Dictionary, 5th ed., West Publishing Co., p. 1041.

控措施。住房限购是近十年来我国政府在房地产市场调控中广泛采用的一项管制措施。汽车限购也成为各大城市治理交通拥堵困境和空气污染顽疾的撒手锏。上海是第一个出台"限购令"的城市,开创国内汽车限牌先例。1994年,上海开始对中心城区新增私车额度通过投标拍卖的方式进行总量调控。首度对新增的客车额度实行拍卖制度,对私车牌照实行有底价、不公开拍卖的政策,即如今的竞拍模式。购车者凭着拍卖中标后获得的额度,可以去车管所为自己购买的车辆上牌。2014年起试行一次性公布机动车额度年度投放总量和"警示价"措施,同时,实施个人、单位机动车额度分场投标拍卖。2010年12月23日,北京市出台《北京市小客车数量调控暂行规定》细则,实施限购。2013年11月28日再次发布通知,为了控制车辆的总量,规定从2014年起到2017年的四年间,增量小客车年度配置指标由24万个减少到15万个。作为率先实行摇号限牌措施的城市,在北京参加摇号的个人首先要符合其相关规定,然后在北京小客车调控系统上进行申请,通过公安、社保、交通等多个部门的审核后,参加摇号。只有摇号中签后,才具有在北京新购买车辆的资格。2014年12月29日18时,深圳市开始实施汽车限购政策,有效期暂定5年,每年暂定指标10万个,按月分配。其中2万个指标只针对电动小汽车,采取摇号;8万个普通小汽车指标,50%采用摇号,50%采取竞价。年度指标视交通、大气环境和汽车需求适时调整。深圳成为继北京、上海、广州、贵阳、石家庄、天津和杭州之后,全国第8个汽车限购的城市。

(3) 直接消灭财产。例如,当动植物感染有害于其他动植物或人类的危险疾病时,可以将其砍伐、宰杀、焚烧、埋藏。当洪水即将摧毁重要目标时,可将洪水引向相对次要的目标。当发生火灾时,可以拆除一些建筑物,形成隔离地带。

以下以土地使用的管制和房屋交易的管制为例加以说明。

一 土地使用的管制：以规划法和环境法为中心的考察

（一）规划法对土地使用的管制

在20世纪初的美国，除普通法侵扰规则外，政府对土地所有权人利用土地的行为几乎没有作出什么限制，土地利用被视为私人事务，但是在一个世纪后的今天，几乎所有的土地都受到分区规划的制约，即受到各种令人眼花缭乱的限制土地利用的制定法、条例和规章的约束，土地利用越来越被视为公共事务而不仅仅是私人事务。[①] 所谓分区规划就是将一个行政区划分成几个区，并对每一个区的土地使用和开发予以一定的规划，准许或禁止土地所有权人对自己的土地为某种目的进行使用与开发的行政行为。[②] 规划权在本质上是政府运用公权力对私人土地财产权的限制。到20世纪20年代，工业化和城市化改变了美国城市的居住环境，烟尘、臭气、噪声、垃圾、疾病、拥挤等问题威胁着城市居民的福祉。作为解决上述问题的分区规划制度应运而生。立法者相信，城市生活的各种丑陋现象可以通过综合的土地利用管理规定予以解决。显然，分区规划具有浓郁的功利主义倾向。1916年，纽约城市分区规划条例捷足先登。1922年，由美国商务部颁布的《标准州分区规划授权法》成为促使分区规划迅速发展的催化剂，到1930年，该法已被多数州明确采纳。如今几乎所有的美国城市都制定了以《标准州分区规划授权法》为基础的分区规划条例。

1926年，美国最高法院在尤科里德诉漫步者地产公司一案中，判决俄亥俄州尤科里德村分区规划条例合宪。这是一个里程碑式的判例，成为美国绝大多数土地利用法规的法律渊源。在该案中，原告购买了位于俄亥俄州克利夫兰附近的尤科里德村的68英亩未开发的土

[①] [美]约翰·斯普兰克林：《美国财产法精解》，钟书峰译，北京大学出版社2009年版，第137页。

[②] 马新彦：《美国财产法与判例研究》，法律出版社2001年版，第318页。

地，打算用作发展工商业。1922年，尤科里德村制定了该村首部综合分区规划条例，将该村分为六个片区，并规定了每个片区所允许的用途，从单户型家庭住宅、双户型家庭住宅、公寓楼、政府办公楼、零售业、轻工业到重工业，每个地块的用途依次增加。该条例还对建筑物的高度和地块面积作出了限制规定。这在实质上限制了原告土地的用途，因而导致其土地贬值：其1/3的土地面积被划入2号片区，而该片区按规划只能用于住宅建设，作为居住用地每亩仅值2500美元，而作为工业用地每亩价值高达1万美元。因此原告提出分区规划条例侵犯了其享有的正当程序和平等保护的权利。联邦地区法院判决该条例不合法，理由是管制权并不允许市级政府根据居民的收入或者生活状况对人口进行分类并将他们分割开来。美国最高法院认定该条例并不违反宪法，确立了美国分区规划法的原则。该判决的多数意见强调人口增长和城市化产生的各种新问题，现代的环境使得过去认为无理、苛刻而被否定的管理规定变得有其存在的正当性。地方分区规划的权力来源于管制权，即保护公众健康、安全、福祉和道德的权力。① 尤科里德案成为美国分区规划法的基础。联邦和各州法院通常都遵循该案形成的规则：综合分区规划一般合宪，但无理的、不合理的以及与公众健康、安全、福祉或者道德没有实质联系的分区规划除外。

分区规划对于城市和社区的合理发展具有重要影响，但规划立法过于严厉则可能导致土地所有人的权利所剩无几，或者使得土地使用者因为贫富、种族等不同而产生歧视和社会不公现象。纽约唐人街案即为一例证。② 纽约市的中国城居住着很多亚裔居民，由于移民增多，中国城的住房严重短缺，住房条件日益恶化。为改善这一局面，1981

---

① 尤科里德诉漫步者地产公司，《美国法律汇编》第272卷，第365页、第388页（1926年），转引自［美］约翰·斯普兰克林：《美国财产法精解》，钟书峰译，北京大学出版社2009年版，第593—594页。

② 李亚虹、李进之等：《美国财产法》，法律出版社1999年版，第211—212页。

年8月20日，估算委员会采纳了一项规划补充法案，决定在纽约市建立一个新区，包括一部分中国城。规划补充法案要求建设开发者补助中国城，给中低收入家庭以该新区住房补贴及现存建筑的改建等。但"亚美公平组织"代表亚裔公民起诉纽约市政府，声明新规划补充法案的实施将会导致富人涌入而将中低收入的人赶出中国城。他们认为政府在为公共福利而实施其规划时，具有宪法义务去提供一个现实的机会，以促进中低收入家庭的住房建设。而现在和将来的中低收入的中国城的居民需要的是普通住房，而政府对此并未尽职。政府给上述开发者特殊许可，而开发者开发的仅是高级住宅，这将使原居住在中国城的低收入者无处可住，而且排除了将来在此开发低收入住房的可能性。因此认为拒绝穷人进入本地的规划立法为非法。最后法院认为驱赶本地穷人进入本地与禁止穷人进入本地相比更是滥用规划权的行为。中国城的独特历史及社会结构，其居民在此根深蒂固，规划补充法案的实施将驱赶低收入居民，对年长者及新移民更是灾难，因为他们很少懂英语，而且完全依赖中国城的文化及社会资源，因而原告的诉讼理由成立。

作为对私有土地财产的限制，分区规划权力本身也是受限制的对象。在美国，分区规划首先必须符合联邦宪法和州宪法的规定，即具有合宪性。分区规划条例主要受联邦宪法第十四修正案的正当程序条款和公平保护条款以及第五修正案"不经公平补偿不得征收"条款的限制。其次，分区规划必须是合理的而非专断的结果。如果其对土地的控制与公众健康、安全、道德或者公众福利没有实质的关系，那么就没有合理性，政府就不能强加这些限制。再次，分区规划对土地划分和使用的控制对土地所有权人应当是公平的。被规划的每一块土地所有权人应当都可以合理地使用自己的土地，并创造一定的效益。反之，如果某块土地经分区规划后，不能进行任何其他合理的使用，而成为没有实际价值的摆设，则对于所有权人而言就构成征收和剥夺。这样的分区规划应当是无效的。① 最后，分区规划对土地使用的限制不应有歧视性。如果分区规划条例排除了低收入住房、公寓建筑、活动房屋以及低收入和中等收入人群所设计的其他建筑，并且这些限制含有种族歧视内容，则将因违反联邦法律而被认为无效。② 这些限制可谓用心良苦，旨在防止政府恣意行使规划权力不当而侵害公民私有财产权。

在德国，19世纪中晚期以后，由于工业革命带来大量的城市问题，法兰克福市首先在1891年使用土地分区的方法来管理城市土地，将城市划分为六个区，主要是确定城市土地利用的性质，控制建筑密度和建筑体积。在住宅区和混合区，为控制高密度住宅的发展，规定了每户占地面积。20世纪以后，德国城市规划法规定，除了道路之外，城市的开敞绿地以及公共活动服务的建设用地也属于城市的公共利益，要求对这些建筑的功能和体量作出详细的规定。德国1987年的《建筑法典》实行建筑强制许可制度，规定任何从事建筑的人都必须得到国家建筑规划部门的批准，否则为非法建筑。德国行政法院在其判决中强调：建筑法存在的目的在于平衡土地所有权人之建筑自由利益与尽可能合理使用土地之公共利益。③ 德国1998年《国土规划法》也规定土地所有权人不能随意进行建筑，而必须在国家机构的许可范围之内进行。德国《城市建筑条件法》对城市地区的建筑在卫生和修养设施等方面规定了严格的条件。这是国家公法对土地所有权人行使权利的限制要求。④ 违反者除了承担行政处罚外，严重的甚至将承担刑事责任。

在日本，1919年城市规划法和城市建筑法建立了土地使用分区

---

① 马新彦：《美国财产法与判例研究》，法律出版社2001年版，第317页。
② 金俭：《不动产财产权自由与限制研究》，法律出版社2007年版，第140页。
③ 林明锵：《建筑管理法制基本问题之研究——中德比较法制研究》，《台大法学论坛》第三十卷第二期。
④ 孙宪忠：《德国当代物权法》，法律出版社1997年版，第207页。

制度，将土地划分为居住区、商业区和工业区三类。1968年城市规划法对此又进行了细化，土地分区增至八类，以提高城市环境质量，确保私人部门开发活动与公共部门的基础设施建设计划之间相互协调。鉴于地震多发区的国情，建筑高度一直被严格控制。1964年，日本引入建筑容积率作为建筑容量的限制规定。城市规划法规定土地用途、地块面积、基地覆盖率和容积率，建筑标准法则涉及建筑物的具体规定，如斜面限制和阴影限制等。

在我国，法律也从规划角度对土地使用实施严格的管制，其法律规范主要有《土地管理法》《城乡规划法》《建筑法》《城市房地产管理法》等。《土地管理法》第4条规定了土地用途管制制度："国家编制土地利用总体规划，规定土地用途，将土地分为农用地、建设用地和未利用地。严格限制农用地转为建设用地，控制建设用地总量，对耕地实行特殊保护。"第17条规定："各级人民政府应当依据国民经济和社会发展规划、国土整治和资源环境保护的要求、土地供给能力以及各项建设对土地的需求，组织编制土地利用总体规划。"第20条规定："县级土地利用总体规划应当划分土地利用区，明确土地用途。乡镇土地利用总体规划应当划分土地利用区，根据土地使用条件，确定每一块土地的用途，并予以公告。"该法还对土地利用总体规划设立了严格的审批程序。我国1990年开始实施《城市规划法》，后出于统筹城乡发展的考虑，制定了《城乡规划法》，并于2008年开始施行。《城乡规划法》确立了针对建设项目的两项重要制度，即选址意见书和规划许可证。该法第36条规定，按照国家规定需要有关部门批准或者核准的建设项目，以划拨方式提供国有土地使用权的，建设单位在报送有关部门批准或者核准前，应当向城乡规划主管部门申请核发选址意见书。第40条规定，在城市、镇规划区内进行工程建设的，建设单位或者个人应当向城市、县人民政府城乡规划主管部门申请办理建设工程规划许可证。《建筑法》确立了建筑工程施工许可证制度。该法第7条规定："建筑工程开工前，建设单位应当按照国家有关规定向工程所在地县级以上人民政府建设行政主管部门申请领取施工许可证;但是,国务院建设行政主管部门确定的限额以下的小型工程除外。"《城市房地产管理法》第10条规定,土地使用权出让,必须符合土地利用总体规划、城市规划和年度建设用地计划。第12条规定,土地使用权出让的每幅地块、用途、年限和其他条件,由市、县人民政府土地管理部门会同城市规划、建设、房产管理部门共同拟订方案,报经有批准权的人民政府批准后,由市、县人民政府土地管理部门实施。上述规定对于土地使用权人的财产权利必然构成较大影响和限制。

(二) 环境法对土地使用的管制

1962年,美国海洋生物学家雷切尔·卡逊发表了她的小说《寂静的春天》,这一惊世之作成为美国乃至世界环境保护事业的导火索。1972年,环境保护运动的先驱组织罗马俱乐部发表了研究报告《增长的极限》,给人类社会的传统发展模式敲响了警钟,从而掀起了世界性的环境保护热潮。1972年6月,在瑞典斯德哥尔摩召开的第一届联合国人类环境会议提出了《人类环境宣言》,是环境保护事业正式引起世界各国政府重视的开端。1992年6月,联合国在巴西里约热内卢召开的"环境与发展大会",通过了以可持续发展为核心的《里约环境与发展宣言》《21世纪议程》等文件,环境保护成为全球战略性议题和国际法的重要内容。各国也都争先恐后地开始立法保护环境。在欧洲,从20世纪60年代起至90年代初,从西欧的英国、法国、荷兰、西班牙、葡萄牙,到中南欧的德国、瑞士、意大利、希腊,从东欧的奥地利、匈牙利、保加利亚、塞浦路斯,到北欧的丹麦、芬兰、瑞典、挪威,各国竞相颁布环境法规,其中既有环境基本法,又有关于水土保持、污染控制等方面的专项法规,其数量之多不胜枚举,可以说走在了世界环保立法的前列。这些法律通过限制或禁止等手段,对于土地所有权人使用土地的财产权利产生了或多或少的影响。

美国在20世纪七八十年代通过了一系列环境保护法规，如《清新空气法》《资源回收法》《联邦水污染控制法》《海洋保护、研究和庇护法》《林业和山地可更新资源规划法》《资源保持和回收法》《联邦土地政策和管理法》《国家森林管理法》《水土资源保持法》《地面矿产控制和开垦法》《综合环境反应、赔偿和责任法》等。这些旨在保护环境和生态的立法对国家可持续发展的意义重大，但是也在客观上造成了对私有土地财产使用的管制。例如，美国于1973年颁布了《濒危物种法案》，此后，联邦议会批准一项预算，在小田纳西河上修建一座水库大坝用以发电，并且先后投入1亿多美元。临近竣工时发现坝底有一种叫蜗牛鱼的珍稀鱼种，大坝的启用将对其造成毁灭性打击。于是环境保护组织对大坝的建设提出挑战。初审法院认为大坝接近完工，拒绝判决大坝停工。最高法院最后改判大坝停工。最高法院认为，为一种数目很少的三寸长的小鱼而能让议会拨款1亿多美元而且近乎竣工的大坝永久性地废弃的确不可思议，但这是严格执行《濒危物种法案》的必然结果。虽然这导致上亿美元公款的浪费及项目未来收益的落空，但仔细研读立法的语言、历史、结构会发现议会保护濒危物种的决心高于一切，议会正是力图不惜一切代价，以阻止忽视濒危物种的潮流。①

又如，1967年美国威斯康星州颁布《湿地规划法案》，以减缓无限制的湿地开发造成的航运水源枯竭。该法案将马里内特县的岸边陆地划分为普通使用区、普通消遣区及保护区。在保护区内使用土地需要取得许可，并受到一定条件的限制。原告在1961年购买了一块土地用作自用及再出售，其土地刚好被划入保护区。他如果要申请使用许可，每次需交费20美元，否则违法使用每日罚款10—200美元不等，于是原告起诉。法院肯定了湿地规划法案，驳回了事实征收的控告，认为湿地开发为有害使用，威斯康星州有责任依公民授权原则禁

---

① 李亚虹、李进之等：《美国财产法》，法律出版社1999年版，第218页。

止人为地对水源造成污染，而禁止这种有害使用就是避免危害，是行使警察权保护普通自然资源，因而不构成征收。①

从上述两个案例不难发现，在世界环境保护运动风起云涌的时代潮流熏陶下，美国法院似乎也不甘落后，在私有财产保护与生态环境保护的天平上，他们有意无意地对后者给予了更多的关照和偏爱。

在我国，对土地使用形成管制的环境生态保护法律法规也蔚为大观。主要有《环境保护法》《土地管理法》《水土保持法》《水法》《农业法》《森林法》《草原法》《矿产资源法》《防沙治沙法》《野生动物保护法》《渔业法》《煤炭法》《水污染防治法》《固体废物污染环境防治法》等，以及一系列行政法规、规章和地方性法规。它们的基本功能是保护自然资源和生态平衡，控制人为污染和破坏环境。例如，《环境保护法》第13条确立了针对建设项目的环境影响报告书制度，即"建设项目的环境影响报告书，必须对建设项目产生的污染和对环境的影响作出评价，规定防治措施，经项目主管部门预审并依照规定的程序报环境保护行政主管部门批准。环境影响报告书经批准后，计划部门方可批准建设项目设计任务书。"该法第26条确立了所谓"三同时"制度，即"建设项目中防治污染的设施，必须与主体工程同时设计、同时施工、同时投产使用。防治污染的设施必须经原审批环境影响报告书的环境保护行政主管部门验收合格后，该建设项目方可投入生产或者使用。"第18条规定了对于特别区域的限制建设措施，"在国务院、国务院有关主管部门和省、自治区、直辖市人民政府划定的风景名胜区、自然保护区和其他需要特别保护的区域内，不得建设污染环境的工业生产设施；建设其他设施，其污染物排放不得超过规定的排放标准。已经建成的设施，其污染物排放超过规定的排放标准的，限期治理。"第28条规定了排污收费制度，"排放污染物超过国家或者地方规定的污染物排放标准的企业事业单位，依照国

---

① 金俭：《不动产财产权自由与限制研究》，法律出版社2007年版，第143—144页。

家规定缴纳超标准排污费,并负责治理。"又如《水土保持法》规定,禁止毁林毁草开垦,禁止在25°以上陡坡地开垦种植农作物;对水源涵养林、水土保持林、防风固沙林等防护林只能进行抚育和更新性质的采伐;水土流失严重、生态脆弱的地区应当限制或禁止可能造成水土流失的生产建设活动。上述管制制度对于土地使用权人、建设单位以及排污企业的土地使用权构成了实质性限制。

二 房屋交易的管制:房屋限购、租金控制和解约限制

契约自由是私法自治的基础与重要原则,不动产交易自由是私法自治的重要表现。一般而言,各国私法均确立了契约自由原则。然而,契约自由在现代法治国家已不再视为不可侵犯之权利。事实上,各种经济立法即限制了传统上的契约自由,除非违反宪法规定构成征收,否则均是政府可以依法自由限制的。① 法律对房屋交易的管制主要表现为对交易的方式、内容和程序等施加的强制性规定。

(一) 房屋买卖的管制:以房屋"限购令"为中心

我国《城市房地产管理法》对房屋买卖行为一般性地规定了若干限制条件和措施。(1)划定了禁止转让的房产的范围。包括司法机关和行政机关依法裁定、决定查封或者以其他形式限制房地产权利的;依法收回土地使用权的;共有房地产,未经其他共有人书面同意的;权属有争议的;未依法登记领取权属证书的;法律、行政法规规定禁止转让的其他情形。(2)规定了土地使用权和房屋所有权的合法性证明义务。以出让方式取得土地使用权的房产转让时,应当按照出让合同约定已经支付全部土地使用权出让金,并取得土地使用权证书和房屋所有权证书。以划拨方式取得土地使用权的房产转让时,应当按照国务院规定报有批准权的人民政府审批,准予转让的,应当由受让方办理土地使用权出让手续,并依照国家有关规定缴纳土地使用权出让

---

① 谢哲胜:《房租管制法律与政策》,台湾五南图书出版公司1995年版,第71页。

金。(3)规定房产转让应当签订书面转让合同,合同中应当载明土地使用权取得的方式。(4)规定了商品房预售的条件:已交付全部土地使用权出让金,取得土地使用权证书;持有建设工程规划许可证;按提供预售的商品房计算,投入开发建设的资金达到工程建设总投资的25%以上,并已经确定施工进度和竣工交付日期;向县级以上人民政府房产管理部门办理预售登记,取得商品房预售许可证明。商品房预售人应当将预售合同报县级以上人民政府房产管理部门和土地管理部门登记备案。商品房预售所得款项必须用于有关的工程建设。(5)规定了房产成交价格申报制度。房产权利人转让房产应当向县级以上地方人民政府规定的部门如实申报成交价,不得瞒报或者作不实的申报。

如果说《城市房地产管理法》对于房屋买卖的管制属于温和手段和常规措施,那么近年来我国政府实施的以"房屋限购令"为标志的房市调控措施就因其严厉性和不寻常的特点而显得特别引人注目。自1998年住房市场化改革以来,我国房地产产业持续高速发展,在不断扩大内需和拉动投资中成长为推动国民经济快速发展的支柱性产业。房地产市场也已成为社会各方利益再分配的主要场所,正在深刻地影响着中国经济增长的持续性与金融的稳定性,也影响着全社会的公平、和谐与安定团结。[①] 中国楼市的紧缩性调控肇始于2003年6月国务院颁布的《关于进一步加强房地产信贷业务管理的通知》,从紧缩开发贷款开始,到2010年4月《国务院关于坚决遏制部分城市房价过快上涨的通知》(俗称"新国十条")的出台,期间被冠以宏观调控名义的各种紧缩政策不断涌现。2010年10月,国家有关部委出台了进一步调控楼市的"新国五条",暂停第三套及以上住房贷款、提高首付款比例至30%及以上、限制购房套数及

---

① 孙会良、王能:《新规制经济学俘获理论在房地产宏观调控中的应用》,载《技术经济与管理研究》2007年第3期。

调整契税等条款，较"新国十条"更为严厉。此后，北京、上海、深圳、杭州、南京、宁波、福州、厦门等14个城市的房屋"限购令"问世。2011年，中央政府继续加大房地产市场调控力度。1月，国务院办公厅作出《关于进一步做好房地产市场调控工作有关问题的通知》（俗称"新国八条"）。该通知要求："各直辖市、计划单列市、省会城市和房价过高、上涨过快的城市，在一定时期内，要从严制定和执行住房限购措施。原则上对已拥有1套住房的当地户籍居民家庭、能够提供当地一定年限纳税证明或社会保险缴纳证明的非当地户籍居民家庭，限购1套住房（含新建商品住房和二手住房）；对已拥有2套及以上住房的当地户籍居民家庭、拥有1套及以上住房的非当地户籍居民家庭、无法提供一定年限当地纳税证明或社会保险缴纳证明的非当地户籍居民家庭，要暂停在本行政区域内向其售房。"2月，北京、上海等城市纷纷出台了新一轮与户籍捆绑的房屋"限购令"，其中北京的"限购令"以"最严厉"领跑全国。新出台的京版"限购令"细则要求非本市户籍居民家庭提供连续5年（含）以上在北京市缴纳社会保险或个人所得税缴纳证明，才能在北京市购房，因此被称为目前为止最严厉的"限购令"。[①] 7月初，国务院常务会议明确"二三线城市也要限购"，限购城市数增加到近50个，限购的行政与经济手段也进一步细化和强化。2013年2月20日颁布的《国务院办公厅关于继续做好房地产市场调控工作的通知》进一步强化了限购要求，限购对象是"拥有一套及以上住房的非当地户籍居民家庭、无法连续提供一定年限当地纳税证明或社会保险缴纳证明的非当地户籍居民家庭"。

房屋"限购令"首先面对的是实质合法性质疑，即合理性或正当性的拷问。一般而言，"限购令"是通过抑制所谓"投机性"的住房

[①] 张静：《11个城市出台住房限购细则多数与户籍挂钩》，载《新京报》2011年2月22日第5版。

需求，在一定期间内可以使市场上的住宅需求主力回归中间阶层，同时使房价回归到中等（偏下）收入阶层可以承受的水平，从而在一定程度上缓解住房问题。[①] 但在外部流动性泛滥与内部非充分竞争的市场化条件双重作用下，强大的政府干预力量使经济的运行服从于政治决策而非经济规律本身，房地产市场可能被扭曲。[②] "限购令"的出台在短期内似乎对房价和房屋交易量有所影响，但是数据却显示，在短期低迷之后，房价又开始上涨，房屋交易量同比不降反涨。客观来讲，"限购令"确实能挤掉一些不合理的投资性购房需求，但相对于中国城镇化进程对住房的巨大需求来讲，"限购令"并不能从根本上改变当前的供需矛盾；相反，还可能引发更大的负外部效应，比如，由此引发的大量退房纠纷以及部分地方出现的以"假离婚"或者借用别人名义、联名买房等手段来规避限购的现象，产生诸多不稳定因素。[③] 有经济学者运用数学模型研究了房屋限购对社会福利的影响，得出了"达到相同调控目标的政策中，限购政策的福利损失最大"的结论。[④] 人们或许并不否认住房"限购令"的良好动机，但从其实施的效果来看，其合理性颇值得怀疑。由于"房价高涨最主要的一个原因在于地方政府的推动，它有追求高 GDP 的冲动，有收取更多土地出让金的冲动，有收取更多房地产税的冲动"[⑤]，政府这种身兼"运动员"和"裁判员"的双重身份使得社会公众逐渐丧失了对政府调控楼市的信心。

[①] 李祎恒：《住房分配机制中限购令政策的法经济学解析》，载《法学论坛》2011 年第 3 期。
[②] 骆学韧、江燕：《我国房地产调控失灵的体制性障碍——从市场和政府"双失灵"的角度分析》，载《中南财经政法大学学报》2011 年第 6 期。
[③] 王思锋、彭兴庭：《论中国房地产市场的政府规制——兼评房屋"限购令"的合法性》，载《西北大学学报》（哲学社会科学版）2011 年第 3 期。
[④] 胡涛、孙振尧：《限购政策与社会福利：一个理论探讨》，载《经济科学》2011 年第 6 期。
[⑤] 刘山鹰：《也是个政治学问题：高房价背后的中央和地方关系》，载《检察日报》2005 年 5 月 16 日。

在近年来轮番上演的住房"限购令"中,从中央到地方,无不将"投机性购房"作为限制和打击的重点。国务院 2010 年 4 月《关于坚决遏制部分城市房价过快上涨的通知》暗含了这样的调控思路:"投机性购房再度活跃"与"部分城市房价过快上涨"存在直接因果关系,因此要"遏制房价过快上涨",必须"严格限制各种名目的炒房和投机性购房",于是授权"地方人民政府可根据实际情况,采取临时性措施,在一定时期内限定购房套数","坚决抑制不合理住房需求",减少市场需求总量从而平抑房价。虽然"限购令"没有对什么是"投机性购房"作出明确解释,但是从其字里行间的表述来看,基本上是将家庭"自住房"而且是"第一套房"之外的购房行为都视为"投机性购房"和"不合理需求"。对于"限购令"究竟限制了市场主体的何种需求或权利问题,住房和城乡建设部政策研究中心主任、中国城乡建设经济研究所陈淮做了如下解读:"抑制了这样四种需求:抑制投资性需求,抑制奢侈性需求,抑制那些不具备购房风险防范承受能力的需求和抑制过度超前的需求。"[1] 这在实质上严重打击和限制了企图通过房屋买卖赚取差价的市场行为。这种做法的合理性和正当性都颇值得商榷。

"投机"属于计划经济时代的意识形态化用语,与我国改革开放政策和正在建设的市场经济体制不兼容。现代经济学将"投机"定义为"预期商品价格变动以赚取利益的一种手段",是市场经济条件下的必然产物。[2] 经济学家凯恩斯认为:"所有纯粹以市场心理作出估计的经济活动都算是投机。"[3] 市场经济的基本要求在于充分发挥市场这只"看不见的手"在资源配置中的基础性作用,允许市场主

---

[1] 中国新闻网:《住建部专家解读"国五条"四种购房需求遭严打》,http://house.focus.cn/news/2010-10-12/1067820.html。

[2] Abraham, Hendershott, Hendershott. Bubbles in Metropolitan Huosing Market [J]. Journal of Housing Research, 1995, pp. 191–207.

[3] Keynes JM, General Theory of Employment [M]. Interest and Money Macmillam. 1936, p. 218.

体在法律不禁止的范围内平等地追求各自利益的最大化，正如自由主义经济学家亚当·斯密所言"个人追求私利最终实现公益"，又如功利主义哲学家和法学家边沁所主张的那样，只有个人追求幸福，方能达成"最大多数人的最大幸福"。① 在德国社会学家马克斯·韦伯那里，经济利益的精确计算是"资本主义精神"的重要组成部分，是促使资本主义国家繁荣昌盛的重要技术原因之一。通过合法的方式获取利益是市场经济的天然属性，其本身无可厚非。从这个意义上说，所有的商业活动都具有投机性。"投机"和"投资"本来没有楚河汉界之分别。只是在我国长期奉行"重农抑商"政策的传统时代，特别是在盲目追求"一大二公"的纯粹计划经济时代，由于国家意识形态对于商品经济的刻意拒斥，使得"投机"一词被人为地抹上了"贬义"的色彩。随着改革开放基本国策的推行和市场经济体制的逐步建立和完善，在社会观念和国家政策层面，"投机"的消极色彩已经逐渐被淡化。改革开放特别是20世纪90年代以来，从民间到官方，无不以最热情的方式迎接和拥抱市场经济，广大民众"下海"经商的热潮涌动。通常被认为最具有"投机"色彩的证券市场的建立，也是很好的例证。

在市场经济条件下，供求关系是一个动态变化的过程，"限购令"在短暂限制购买需求的同时，也会促使开发商削减房屋市场的供应量。而且开发商本身的市场行为也受到用地、融资、售价的诸多限制，这也会导致房地产市场供应量的减少。这使得政府通过减少需求来平衡供需从而抑制房价的希望落空。因此，"投机性购房"与房价过快上涨之间并无"正当合理关联"，而"不当联结"的后果是政府的房地产市场调控政策实际已经陷入悖论：为抑制房价过快增长，采取限制购买、紧缩银根和地根，减少信贷投放和土地供给等行政手段，但是由此将导致住房供给量减少。在需求量不变甚至增加的情况

---

① 李龙主编：《西方法学名著提要》，江西人民出版社2002年版，第282页。

下，供给量的减少将加速下一轮的房价飙升。①违背市场经济规律的政府干预措施最终都难以摆脱无效的命运。2013年中共十八届三中全会通过的《中共中央关于全面深化改革若干重大问题的决定》要求"紧紧围绕使市场在资源配置中起决定性作用深化经济体制改革",全会指出,经济体制改革是全面深化改革的重点,"核心问题是处理好政府和市场的关系,使市场在资源配置中起决定性作用和更好发挥政府作用"。以此为标准来衡量,房屋"限购令"、汽车"限购令"等政府管制措施无疑都因为取消了市场的"决定性作用"而有"越界"之嫌。政府的当务之急是寻找能够"更好发挥政府作用"的解决问题的替代措施。

"投机性购房"的说法也与我国现行法律体系和法治观念相违背。从我国的法律体系看,1997年《刑法》早已取消了"投机倒把罪",2009年8月24日,十一届全国人大常委会第十次会议审议通过的《全国人民代表大会常务委员会关于修改部分法律的决定》删去了现行法律中所有的"投机"字眼,并作出了与市场经济相适应的修改。"投机"一词已被法律所抛弃,其是一个典型的落后于时代的非法律用语。在改革开放政策步入"深水区"、市场经济体制已经"初长成"的今天,"社会主义法治国家"堂堂之中央政府重提"投机"之旧事,实属相当不合时宜之举。

更令人担忧的是房屋"限购令"的形式合法性问题。行政职权法定是现代行政法的基本原则,它要求"行政机关行使的行政权必须通过法律授予,任何法外的行政权都不具有合法性"②。政府"限购令"是对市场主体的财产投资与消费的限制,改变了正常的市场交易规则,属于对契约自由之限制和对社会主义市场经济的基本制度的限制,即属于《中华人民共和国立法法》第八条所列的只能制定法律

---

① 贾媛媛:《"自治"与"管制"之间:"矫治"的界限与基准——以房屋"限购令"为切入点》,载《行政法学研究》2011年第3期。
② 章剑生:《现代行政法基本理论》,法律出版社2008年版,第41页。

规定之内容即民事基本制度与基本经济制度的范畴，因此政府颁布"限购令"的前提必须是有现有的法律规定，但遗憾的是我国现行法律并无政府"限购令"的明文规定。① 根据《立法法》第八条规定，涉及民事基本制度的事项只能由全国人大或其常委会制定法律。根据公法上"依法行政"原则，行政行为"法无授权不可为"，国务院的限购"通知"明显存在超越权限之嫌。如此，则其授予"地方人民政府可根据实际情况，采取临时性措施，在一定时期内限定购房套数"的行为也就当然失去了合法性。

有人或许会用政府的宏观调控权力来为房屋"限购令"作辩护。但是，宏观调控权是一种间接性权力②，"是指政府运用经济手段，通过市场机制引导市场主体的活动，使其符合整个宏观经济发展目标的原则。"③ 也有学者将其表述为宏观调控法的辅助性原则，即"将国家的宏观调控活动严格限制在补充市场调节机制的不足的范围内，防止以国家对经济的干预活动取代市场机制"。④ 而"限购令"作为"临时性"调控政策在本质上属于一种直接的干预甚至取代市场机制的行为，从而行政性调控手段的主张有悖于宏观调控权的间接性特性。况且，"虽然学界对宏观调控权由中央政府独享还是由中央与地方政府分享存在一定的分歧，但是即便在主张地方政府也可以享有宏观调控权的学者看来，由省级以下的地方政府享有宏观调控权的观点也是难以接受的"。⑤ 宏观调控权的间接性使得其区别于直接的行政管制措施，也区别于计划经济时代的行政指令。而房屋"限购令"就属于直接的行政管制措施乃至行政命令，将其称之为"微观调控"

---

① 郑少华：《"限购令"的法律解释》，载《法学》2011年第4期。
② 邱本：《自由竞争与秩序调控——经济法的基础建构与原理阐析》，中国政法大学出版社2001年版，第375页。
③ 李昌麒主编：《经济法学》（第二版），法律出版社2008年版，第404页。
④ 李力：《宏观调控法律制度研究》，南京师范大学出版社1998年版，第155—156页。
⑤ 陈承堂：《临时性调控政策的合法性检讨》，载《法学》2011年第4期。

或许更为恰当。不过遗憾的是这种"微观调控"已经越权了。此其一。

其二,从其内容来看,房屋"限购令"是对民事主体不动产物权和合同自由权的直接侵犯,也在事实上违反了《物权法》和《合同法》的相关规定。私权的行使遵循"法不禁止皆可为"的原则。《物权法》第65条"私人合法的储蓄、投资及其收益受法律保护"。房屋作为不动产,既是消费品,更是投资品,买卖双方依法享有的投资收益权都会被"限购令"所限制。《合同法》第4条确定了"合同自由原则",规定"当事人依法享有自愿订立合同的权利,任何单位和个人不得非法干预"。该法第52条规定了合同无效的五种情形,包括:(1)一方以欺诈、胁迫的手段订立合同,损害国家利益;(2)恶意串通,损害国家、集体或者第三人利益;(3)以合法形式掩盖非法目的;(4)损害社会公共利益;(5)违反法律、行政法规的强制性规定。显然,不管是源于"投资性需求"还是"奢侈性需求"的购房合同都不违反上述五种情形,但是违反"限购令"的合同必然在事实上被宣布了死刑。有人或许会将房价的"合理水平"理解为社会公共利益,进而在某一购房合同与此公共利益的损害之间建立因果关系,那么由于这种因果联系过于遥远和间接——近似于"蝴蝶效应",因此无论如何都是难以让人信服的。正如学者所言,"我们治理市场经济仅仅具有良好的动机是不够的,当我们为了维持物价稳定的目的,不惜克减我们只有在国家行使应急权力的情况下才得以克减的基本权利与自由时,我们已经走向了市场经济的反面——计划经济。"[①]

其三,房屋"限购令"中普遍存在"户籍捆绑"的做法,制造了"户籍歧视",通过不合理的差别限制了公民的平等权。我国《宪法》第33条确立了"公民在法律面前一律平等"的原则。《民法通则》第3条也规定:"当事人在民事活动中的地位平等。"《法国民法

---

① 陈承堂:《临时性调控政策的合法性检讨》,载《法学》2011年第4期。

典》第 7 条对平等权的保护甚至超越了国籍:"民事权利的行使不以按照宪法取得并保持的公民资格为条件。"民事主体平等为经济自由提供了前提和可能,也是市场经济的题中应有之义。从公法保障的视角看,平等权不仅是法律适用之平等,也是"法律制定之平等"。①"限购令"将购房的"权利能力"与户籍挂钩,具有当地户籍的公民被置于房地产市场交易的优越地位,使户籍"异化"为进入房地产交易市场的"准入证"或"优惠券"。在我国,户籍主要"因出生而取得","我国现行户籍制度主要是一种限制人口迁徙的地域管理制度"。② 户籍仅具有证明公民身份的法律效力,并不负载实现或体现任何身份价值的功能。《中华人民共和国户口登记条例》第 4 条规定:"户口登记簿和户口簿登记的事项,具有证明公民身份的效力。"而房屋"限购令"在悄然改变户籍的法律功能、属性的同时,暗化了市场所追求的平等价值,限制了私法交易主体的平等权利。③ 我国传统的户籍制度严重限制了公民迁徙自由,公民因户籍的不同而在入学、就业等公共服务和社会福利方面享受差别待遇。1958 年 1 月,以《中华人民共和国户口登记条例》为标志,中国政府开始对人口自由流动实行严格限制和政府管制。第一次明确将城乡居民区分为"农业户口"和"非农业户口"两种不同户籍。在事实上废弃了 1954 年宪法关于迁徙自由的规定,严格限制迁徙。在中国的计划经济时代能迁徙的人一般只有按照当时国家的分配从外地迁移到某地的。1975 年,宪法正式取消了有关迁徙自由的规定,此后一直没有恢复。这是造成我国城乡二元结构、地区发展严重不平衡的重要制度原因之一。在提倡科学发展观特别是城乡统筹发展、区域协调发展的时代背景下,如此强化户籍的"特异功能",实际上表明决策者还是没有摆脱

---

① 陈新民:《德国公法学基础理论》,山东人民出版社 2001 年版,第 674 页。
② 李永军、王伟伟:《民法上的住所制度考》,载《政法论坛》2009 年第 6 期。
③ 贾媛媛:《"自治"与"管制"之间:"矫治"的界限与基准——以房屋"限购令"为切入点》,载《行政法学研究》2011 年第 3 期。

计划经济的思维定势。

（二）住房租赁的管制：租金控制和解约限制

衣食住行，民生之本。如果说在现代社会生活特别是在城市生活中，作为人类基本需求的"住"的成本最高昂也最难以解决，应当没有人会怀疑。人类物质需求的满足必须依赖于财产，"衣、食、行"的解决只需要动产，而"住"的需要离不开不动产。"安居"才能"乐业"，在基本解决温饱问题的当今时代，住房在人类基本需求中已经处于核心地位。在绝大多数国家及其社会经济条件下，要完全实现所有权意义上的"居者有其屋"几乎是不可能完成的任务，有相当比例、相当数量的人不得不选择租房居住。房屋租赁成为一个巨大的市场。

就出租人而言，其所出租的房屋也许不过是投资获利的工具之一，但对于承租人而言，租赁的房屋是其栖身之地和生活的中心场所。若承租人违约，出租人的损失至多可能是房屋的闲置以及重新寻找承租人的成本，但如果出租人随意上涨租金或者解除租赁合同，承租人将不仅仅遭受经济损失，还包括诸多难以估量的非经济损失，例如，重新寻找合适的住处以及搬迁的过程都劳神费力，稳定的生活秩序可能不复存在，某些承租人甚至因此面临无家可归之境地。而且这种居无定所、朝不保夕的生活状态难免会导致承租人及其家人在心理上缺乏基本的安全感和归属感，从而严重影响其生活品质。从利益衡量的角度考量，在住房租赁关系中，承租人的居住利益要比出租人的投资利益更为重要，理应得到法律适度的倾斜性保护。[①] 正如我国台湾学者邱聪智所言："在租赁之现实交易上，由于出租人恒为经济强者，承租人恒为经济弱者，于日常生活上常见之重要租赁类型，极易出现出租人借契约自由压抑承租人之案例。如何本于社会法原理，借

---

① Mary Ann Glendon. The Transformation of American Landlord-Tenant Law. 23 B. C. L. Rev. 1982, p. 544.

契约正义抑制契约自由之滥用,以保护承租人的利益,实现出租人与承租人于租赁上之实质平等,乃成为租赁法上重要课题之一。"[1]

目前各国和地区对住房租赁的管制模式大致可分为两种:一种是以美国为典型,以租金管制为中心,另外要求出租人承担房屋宜住保证义务以及公平对待承租人等法定义务;另一种是以德国为代表,以解约限制为中心,重在维护住房租赁合同的稳定性,辅之以租金数额控制措施。[2]

美国不动产租赁法的血统可以追溯至英国的封建制度。在这种法律形成发展时期,租约是一种商业交易行为:为耕作而租赁农地,而不是或者主要不是一种居住制度安排。一方面,当时的典型承租人是生活于中世纪英国农村的富有冒险精神的农民,其主要兴趣是取得种植作物、饲养牲畜或者其他农业活动,虽然他也可能居住在农场,但住宅或者其他建筑物对他而言是次要的;他可以得心应手地维护农场的建筑而无须地主的帮助,如果建筑物被火灾或者其他自然灾害毁坏,承租人可以自己动手重建。而且承租人通常是长期生活、耕作在那片土地上的,当21年的租约成为普遍现象时,住房租赁实际上已经远离人们的日常生活;另一方面,当时的典型出租人是不居住在农场的地主或者当地的绅士,其社会地位不允许他从事体力劳动。地主不会给承租人提供任何服务,承租人也不会期望他提供任何服务。地主一旦把土地的占有权转让给他人后,他要做的只有一件事,就是收取租金。[3] 在普通法传统的不动产租赁法律关系中,作为出租人的地主的财产权利几乎是不受限制的。而维护出租房产的义务几乎完全由承租人承担,以致"租者自慎"成为那个时代的警示语。

20世纪后的美国,技术革新和人口增长的双重压力使得田园牧

---

[1] 邱聪智:《新订债法各论(上)》,中国人民大学出版社2006年版,第229页。
[2] 许德风:《住房租赁合同的社会控制》,载《中国社会科学》2009年第3期。
[3] [美]约翰·斯普兰克林:《美国财产法精解》,钟书峰译,北京大学出版社2009年版,第209—210页。

歌式的乡村、农业社会逐步向城市、工业社会转型。城市化的加速发展使传统法律中规范租赁关系的租者自慎规则日益捉襟见肘。推定居住性承租人有能力、也愿意维修出租屋的普通法规则被证明具有灾难性的错误。典型的现代承租人是贫穷的、不懂世故的城市居民，通常是妇女，其主要目的是有居所而不是耕地，其主要权益在于土地上的建筑物，是一套宜居住房；不同于中世纪的农民，她不具有修理房屋的技能，而且现代多单元建筑的复杂性也使得单个承租人的修理变得十分困难。住房出租人获得丰厚的利润，却拒绝接受要求其承担维修义务的租约条款。于是，城市的居住条件变得很差很恶劣，传染病肆意横行，自来水严重不足，污水遍地横流，垃圾随处可见，严重威胁居民的健康和安全。总之，传统普通法制度培育的是贫民窟而不是体面的住宅。① 为应对这种危机，纽约州于 1901 年制定《出租屋法》，为改善出租屋的质量建立了全面的管理体系，主要是规定了出租人保证住房适宜居住的义务。该法成为其他各州类似住房法的典范。从 20 世纪 60 年代末期至 80 年代中期，美国不动产租赁法实现了全方位"革命"：其主要原则获得法院和立法机构的重新审视，并实现了现代化；法律关注的对象从最初的居住条件逐步扩大到租金控制、反对歧视承租人、租赁房屋收回、保证金等其他方面。

如果说质量担保义务对于房屋出租人权利的限制属于理所当然或顺理成章的话，那么对于租金的控制就因为其不同寻常而成为住房租赁革命最具争议的成果。作为第一次世界大战和第二次世界大战期间的应急措施，租金控制在 20 世纪 50 年代已趋式微，只有纽约市保留了租金控制规定。但是，到 20 世纪 70 年代初，联邦政府制定了居住性租金控制规定，此举也促进地方政府制定租金控制条例。加利福尼亚州、康涅狄格州、新泽西州、纽约州以及其他州的许多城市都颁布

---

① ［美］约翰·斯普兰克林：《美国财产法精解》，钟书峰译，北京大学出版社 2009 年版，第 244 页。

了调控居住性住宅租金的管理条例。这些租金控制条例因地制宜,但一般都会规定每个单元的基础租金——通常指条例颁布前某一特定日期每个单元收取的租金。条例一般都允许出租人每年以一定的百分比提高租金,这个百分比通常与联邦消费价格指数测定的通货膨胀率相等。租金控制委员会或其他行政机构根据出租人的申请,在考量经营和维护成本增加、出租人的困难、合理收入回报等诸多因素的基础上,批准某一单元可以自由增加租金。承租人也可以在出租人降低服务质量等情况下申请减租。当承租人搬走时租金控制终止,出租人可以向新的承租人收取市场可以接受的任何租金,而该租金也会成为计算未来增租数额的基础租金。如此出租人则可能通过"辞旧迎新"的方式规避租金控制条例以谋取更高租金。为制约这种潜在的滥用行为,租金控制条例一般只允许出租人出于善意理由驱逐承租人,如因为承租人没有支付租金、承租人严重违法或者出租人打算收回房屋供自己居住等情形。许多州和城市还通过禁止转变建筑物的性质、限制其转变率或者在出售时给予既有的承租人优惠待遇等方式,以维持出租屋的数量。应当指出的是,租金控制并不适用于商业性不动产的租赁行为。

租金控制法从一开始就遭遇各种非议,主要来自"有效性"和"合宪性"两方面的质疑之声不绝于耳。就有效性而言,在许多经济学家看来,租金控制条例损害了出租人的收益权,抑制了社会力量对租赁房屋的投资,进而导致租赁房屋数量的减少和质量的降低,最终对承租人是弊大于利。[1] 一言以蔽之,租金管制会损害效率。[2] 而租金控制的倡导者认为,理论经济学家关于租金控制对住房数量和质量造成不利影响的结论是推定的,是充满"悲观情绪"的预测,并无令人信服的证据予以支持。支持者一般把租金控制视为防止出现过高

---

[1] Michael D. Bergman. Property Law: Recent Developments in Rent Control and Related Laws Regulating the Landlord-Tenant Relationship. Ann. Surv. Am. L. 1991, p. 691.

[2] 参见张五常:《经济解释》,商务印书馆2000年版,第187—213页。

且不合理的租金而迫使既有的贫穷承租人不得不搬走的一种手段。他们认为,政府土地利用规划导致的住房短缺以及其他因素人为地提高了租金水平,使出租人可以取得过高的回报,而租金控制不过是保护贫穷的承租人免遭贪婪的出租人的伤害:承租人支付合理的租金,而出租人取得压低的但是公平的回报。① 不难看出,租金控制的反对者是从功利主义的立场出发的,而支持者则更多地从社会公正的角度思考问题,秉持的是一种人道主义关怀。

就租金控制的合宪性而言,许多学者主张,由房屋租赁双方当事人自行确定租金的数额应是私有财产制的应有之义,租金控制条例实际上是没有正当理由地限制乃至剥夺了私人所有权,有违宪之嫌疑。② 质疑的理由还包括美国宪法第十四修正案规定的实体性正当程序和平等保护条款。自由主义思想大师哈耶克甚至认为租金控制"在限制自由和阻碍繁荣等方面所起的作用,很可能已超过了其他任何措施"。③ 对此,美国最高法院进行了回应。在彭纳尔诉三桥斯市一案④中,出租人质疑该市租金控制条例的合宪性。该条例规定,在决定适宜的租金增加数额时,应把承租人的"困难"与其他六个因素一起予以考虑。而出租人认为这种规定除了把其财产转让给承租人外,起不到任何作用。法院驳回了这种主张,认为租金控制的合法合理的目的是"保护消费者的利益",保护承租人不至于承担"过重的租金增长压力"是合法的政府目的。在该案中,美国最高法院确认,租金控制条例也要受传统上尊重立法机关的经济立法活动的同一审查标准的约束,租金控制条例只要与合法的政府目的有合理的联系,就应得到支

---

① [美]约翰·斯普兰克林:《美国财产法精解》,钟书峰译,北京大学出版社2009年版,第233页。

② R. S. Radford. Regulatory Takings Law in The 1990's: the Death of Rent Control? . 21 Sw. U. L. Rev. (1992). p. 1019.

③ [英]弗里德利希·哈耶克:《自由秩序原理(下)》,邓正来译,生活·读书·新知三联书店1997年版,第118页。

④ Pennell v. City of San Jose,《美国判例汇编》第485卷第1页(1988年)。

持。该判决认为租金控制本身还够不上"管制性征收"行为，因此也不违反美国宪法第五修正案中关于私有财产未经合理补偿不得被征收为公共用途的规定。①

除租金控制外，美国住房租赁法中的反歧视和滥用保证金制度也构成对出租人权利的限制。影响住房租赁关系的主要的联邦制定法是1968年《公平住宅法》，该法禁止房屋所有人在出售或者出租住房时对承租人实施种族、肤色、宗教信仰、性别、家庭状况、祖籍国或者残疾歧视。如果基于上述歧视而实施下列行为即为违法：拒绝出售或者出租；拒绝协商出售或者出租；在出售或者出租的条款、条件、设施或者服务上差别对待；伪称没有房屋供出售、出租或者考察；发布表示优先考虑或限制某类购买人或者承租人的广告。② 保证金是住房租赁合同的基本内容之一，其在目的上并无害处，但在实践中常常被滥用，有些出租人违法拒绝将保证金返还承租人。在此情形下，多数州都通过了规范居住性保证金的制定法，旨在帮助无辜的承租人不经诉讼就可以取回保证金。规范的方式包括限制保证金的数额、要求出租人必须将保证金存入专门的托管账户并支付利息、限制从保证金中扣除费用、对出租人的任何违法支取行为处以罚款等措施。而且，制定法条文中任何模棱两可的规定一般应作出有利于承租人的解释。

《德国民法典》第535条以下规定了租赁合同制度，其中第535条至第548条是租赁合同的一般规范，而第549条至第577条专门规定了住房租赁制度。德国法律主要通过限制出租人解除住房租赁合同，以保护那些处于相对弱势地位的承租人。具体表现在以下三个方面：

一是限制订立确定期限的住房租赁合同。出租人如果希望签订定

---

① ［美］约翰·斯普兰克林：《美国财产法精解》，钟书峰译，北京大学出版社2009年版，第233页。
② 《美国法典》第42章第3604条。

期的住房租赁合同,则必须在订立合同时将法律认可的限制租赁期限的理由书面告知承租人。这些理由仅限于:租期届满后,将房屋自用、供亲属或同住者使用;用合法的方式将房屋拆除、大修或置于某种不解除租赁合同会严重影响其进展的状态;准备将房屋租给服务提供人居住。① 在租赁合同到期前,承租人可询问有关理由是否仍然存在,出租人要再次以书面形式作出说明。② 如果出租人未履行上述告知义务,或其限制租期的理由不符合法律的规定,或有关理由不复存在,则承租人仍可主张租赁合同为不定期合同,在期限届满后继续使用该房屋。③

二是限制解除不定期的住房租赁合同。德国法中出租人必须有"正当利益"才能解除合同,具体包括:承租人过失重大违约;出租人欲将房屋自用及供亲属或同住者使用;出租关系的存续影响有关房屋的价值发挥,但房屋可以以更高的价格租给他人或出售除外。④ 但出租人不得以提高租金为目的解除合同。⑤

三是限制合同解除的社会化条款。为了更周全地保护承租人,德国法还规定了起兜底作用的"社会化条款":若承租人对租赁合同的利益大于出租人,解除合同对承租人及其家庭和其他亲属而言过于严苛,那么即便出租人有正当理由解除合同,承租人仍然可以拒绝。⑥ 例如,承租人虽然经过合理努力但仍然无法找到合适的替代住宅。⑦ 可以说德国法对于承租人的关怀已经到了无微不至的地步。

除限制解除住房租赁合同外,德国法也限制租金数额及其上涨幅度。当事人在签订合同时要确定合理的租金数额,过高的租金将构成

---

① 《德国民法典》第 575 条第 1 款第 1 句。
② §575 Ⅱ BGB。
③ §575 Ⅲ BGB。
④ §573 Ⅱ BGB。
⑤ §575 Ⅰ S. 2 BGB。
⑥ §574 Ⅰ BGB。
⑦ §574 Ⅱ BGB。

暴利而无效。① 根据联邦最高法院的判决，如果租金高于当地一般水平的50%，还可能构成暴利罪。② 法律还对租金上涨幅度进行限制，根据第558条第3款，租金上涨的幅度在三年内不得高于20%，即使在最初租金很低而且长时间未予调整时也不例外。

我国《城市房地产管理法》第55条规定："住宅用房的租赁，应当执行国家和房屋所在城市人民政府规定的租赁政策。"我国《合同法》第13章专章规定了租赁合同，但并非专门针对住房租赁合同，对于租赁合同的内容，基本上贯彻了合同自由原则，并未对租金数额或者出租人解除合同进行特别限制。当然，对于租赁期限等方面进行了一些限制，例如第214条规定，"租赁期限不得超过二十年"。第215条规定，"租赁期限六个月以上的，应当采用书面形式。当事人未采用书面形式的，视为不定期租赁。"该法还规定了出租人对于租赁物的维修义务以及保持租赁物符合约定用途的义务。另外，《合同法》第229条规定的"买卖不破租赁"和第230条规定的承租人的优先购买权制度都在一定程度上对出租人的权利构成限制。但总体而言，相对于美国、德国对于住房租赁合同的"社会化"管制，我国对于住房租赁合同出租人权利的限制是相当微弱的，特别是在租金管制和解约限制方面都无所作为。

本章小结

私有财产权的公法限制应当以比例原则为中心，具体限制方式以征收和管制为典型。宪政意义上的比例原则是调整国家公权力和公民私权利之间关系的基本准则，指国家权力行使要具备妥当性、必要性、均衡性，不得非法侵犯公民私权利。私有财产权受到公权

---

① § 138 BGB。
② § 291 Ⅰ StGB。

力的限制是一个不争的事实，如何保证公权力公正地、合理地限制私有财产权，是公法的任务，具体而言是在比例原则的指导下进行制度建设。

第六章
结论与展望：私有财产权限制观念辩证与制度改进

第一节 私有财产权限制观念辩证

一 私有财产权限制的根源：个人自由与社会秩序的妥协与整合

美国社会学家米尔斯认为："任何一个社会科学家都难以回避对价值的选择及其在研究中的整体运用。"[①] 私有财产权的正当性及其限制是西方法律思想史上的永恒主题，而对于这个主题的不同诠释则呈现出解释者的不同价值观念。在古希腊，柏拉图的"共产理想国"与亚里士多德的"私有政治学"分道扬镳；时至近代，洛克的财产权自由主义与卢梭的平等主义狭路相逢；在现代，罗尔斯的财产权正义论与诺齐克的"无政府主义"激烈交锋。在东方，"重义轻利"的人生哲学和"大同社会"的政治理想使得私有财产从此背上了道德的魔咒。私有财产权的思想史表明，在人类的观念中，私有财产从来都不是一己之私事，它需要在个人利益与社会利益的天平上寻找中点。不受限制的私有财产权势必导致激烈的社会冲突乃

---

① ［美］赖特·米尔斯：《社会学的想象力》（第二版），陈强、张永强译，生活·读书·新知三联书店2005年版，第192页。

至社会秩序的崩溃。美国社会学家亚历山大（Jeffrey C. Alexander）在《社会学的理论逻辑》中提出关于秩序的两种基本取向：个人主义取向——社会秩序源于个人互动；集体主义取向——社会安排决定个人。[1] 可以看出，在个人主义取向的秩序理论中，个人互动是原因，社会秩序是结果；而在集体主义取向者看来，正好相反，即社会秩序是原因，个人行为是社会安排的结果。[2] 尽管理论逻辑迥异，但二者完全可以达成如下的最低限度的共识：个人自由与社会秩序之间应当实现妥协与整合。私有财产权限制不过是个人与社会的一种交换，通过个人利益的部分让渡以换取和平以及自身利益的最大化实现。

虽然私有财产的"社会因素"在人类思想中绵延已久，但真正作为一种具有世界影响的社会思潮，并且成为一种对法律制度建设发挥了直接和重大作用的私有财产权"社会化"运动，却是20世纪初期以后的事情。19世纪的自由主义借科学之助在西方取得了惊人的成就，宪政改革、代议制政府、普选权的扩大以及深刻的工业化促成了西方国家的飞速发展。但自由化和工业化所造就的贫富悬殊和公正之缺失在19世纪末达到了无以复加的地步，于是社会主义、共产主义和福利国家思想便逐渐兴起，西方国家开始经历自由主义和宪政主义的衰落。私的所有权也面临同样的命运，其原来享受的社会尊重和法律保护水平逐渐消失。在自由的普遍衰落中，财产的自由首当其冲，不仅静态财产受到了攻击，而且财产的自由使用和自由取得亦受到了限制。于是，私有财产的个人主义概念逐渐被社会化的概念所取代。[3]

---

[1] Alexander J. C, 1982a, Theoretical Logic in Sociology, Vol. 1: Positivism, Presurppositions, and Current Controversies. Berkeley and Los Angeles: University of California Press. 转引自雷洪、刘成斌：《角色的二重建构——个人与社会连接点的探讨》，载《社会》2003年第5期。

[2] 雷洪、刘成斌：《角色的二重建构——个人与社会连接点的探讨》，载《社会》2003年第5期。

[3] 肖厚国：《所有权的兴起与衰落》，山东人民出版社2003年版，第194—195页。

19世纪以后，历史法学、社会连带法学和法律实证主义相继出现，表明"个人权利的观念及其价值备受尊崇的光辉时代差不多永远地结束了，个人权利的观念及其价值已经丧失了其至高无上的和不可动摇的地位。"①

二 私有财产权限制的观念：私权社会化要防止"右"，更要警惕"左"

私有财产权社会化是私权社会化的一个重要方面。私权社会化与私法社会化，分别是从"私权"和"私法"两个角度对"法律社会化"思潮进行描述和回应，实际上是一个问题的两个方面。俞江教授认为，"所谓私法社会化，更多的是指私权的社会化。比如，一提到私法社会化，就会以所有权限制或限制契约自由为例，换言之，物权的社会化体现在社会利益对所有权的限制，债权的社会化则体现为社会利益对契约的内容、方式等自由的限制。从这一意义出发，私法社会化问题，可以还原成私权的社会化。"② 日本学者四宫和夫认为，私法的社会化属于私法本身内部发生的变化——指导原则社会化。其具体表现一般包括：人类形象的修正、对所有权绝对原则的限制、对契约自由原则的限制、对过失责任原则的修正等。③ 从方法论角度看，"私法社会化"是韦伯所言的"理想类型"的概念，它是根据现代私权行使产生的各种法律现象而设计出的涵盖民法现代化趋势与特征的理想类型。④ 有学者认为可以将"私法社会化"表述为"与近代私法

---

① 梁慧星：《原始回归，真的可能吗？》，载梁慧星：《民商法论丛》第4卷，法律出版社1996年版，第200页。
② 俞江：《近代中国民法学中的私权理论》，北京大学出版社2003年版，第248页。
③ 参见［日］四宫和夫：《日本民法总则》，唐晖、钱孟珊译，台湾五南图书出版公司1995年版，第21—24页。
④ 李石山、彭欢燕：《法哲学视野中的民法现代化理论模式》，载《现代法学》2004年第2期。

相对称的,一种回应法的社会化要求的现代私法形态"。① 此表述可以简化为:"私法社会化"是"现代私法形态",笔者以为此表述有失准确,如果界定为"由近代私法向现代私法的演变过程"或许更为妥当。

　　早在20世纪20年代的民国时期,私权社会化思想就已经传入我国,在随后的20多年里呈蓬勃发展之势。当时许多学者将私法社会化作为"二十世纪民法之新思潮"而推崇备至。有学者确信"现代法律之本位,已由个人权利本位转向社会义务本位矣。"② 王伯琦先生也积极倡导"法律社会化",并翻译了法国里昂大学法学院院长路易·若斯兰先生的《权利相对论》,他在该书的"译序"中宣称:"个人主义或自由主义的法制,虽是人类自觉自尊的表征,但时至今日,已成末流,代之而兴的,是社会主义的法制。严格的法律,虽是人格财产的有效保障,但这至少已是半世纪以前的事,到了现在,法律是道德化了。这种变迁,是时代洪流中必然的现象。"③ 尽管乐观者甚众,还是有些学者对此持谨慎态度,他们倾向于仅对"私法社会化"思潮在西方的地位作客观陈述。有研究表明,20世纪40年代正是"社会化"思潮在中国发展出一种极端的后果:先是限制所有权和契约自由,最后干脆倾向于取消所有权,取消契约自由和私法自治。④ 这或许是"私法社会化"的支持者始料未及的后果。

　　或许是有鉴于此,王伯琦先生在晚年重新反思了"私法社会化"

---

① 赵红梅:《第三法域社会法理论之再勃兴》,载《中外法学》2009年第3期。
② 黄经文:《近代民法之新趋势与我国现行民法之特质》,载《中华法学杂志》新编第1卷第8号,1937年4月,第61页。转引自俞江:《近代中国民法学中的私权理论》,北京大学出版社2003年版,第250页。
③ 王伯琦:《译序》,载[法]路易·若斯兰:《权利相对论》,王伯琦译,中国法制出版社2006年版,第1页。
④ 俞江:《近代中国民法学中的私权理论》,北京大学出版社2003年版,第250—251页。

第六章
结论与展望：私有财产权限制观念辩证与制度改进

之于中国的意义，并引发了他对"社会本位"的重新定位。他不再坚持社会本位与权利本位是对立的两极，而是强调了二者之间的可沟通性。他言辞恳切地写道："所谓社会本位的法律，不过是权利本位法律的调整。他的基础还是权利，仅是有目的的予以限制而已。拿破仑法典中的三大原则，契约自由，权利不可侵，过失责任，以及刑法典中罪刑法定原则，至今仍是自由世界各国法律制度的基础，法律的目的虽转向增进社会大众的生活，但其着手处，仍是在保护个人权利。个人仍旧是法律上、政治上、经济上、社会上的独立单位。梅因的定律虽没有直线的发展下去，但绝没有亦决不会原路回头。"① 不难发现，晚年的王伯琦先生已经改变了他早期将社会本位作为权利本位之否定物的思想，他更愿意把社会本位看成是权利本位完善和发展的新成果。

我国民法学者梁慧星先生对近代民法向现代民法转变、抑或权利本位向社会本位转变过程的精辟论述一直被法学界奉为圭臬。他指出，近代民法得以成立的基本判断是"平等性"和"互换性"。由于这两个判断，私法自治、契约自由、过失责任等民法学基本原则才具备了展开的可能。而根据这两个判断，民法遂安于"形式公正"与"法的安定性"。但飞速发展的现代工业，日益强大的金融资本和垄断企业，以及急剧拉大的贫富差距等事实，已经宣告作为近代民法基础的"平等性"和"互换性"不复存在了。企业事故、交通事故、环境污染、缺陷产品致损等引起的严重的社会问题，使得近代民法已不再能满足于"形式公正"的目标，而代之以"实质正义"，从而使现代民法转以"社会妥当性"为价值。② 历史总是惊人的相似。一个

---

① 王伯琦：《从义务本位到社会本位》，载《王伯琦法学论著集》，台北三民书局1999年版，第117—118页。转引自俞江：《近代中国民法学中的私权理论》，北京大学出版社2003年版，第252页。

② 梁慧星：《从近代民法到现代民法法学思潮》，载梁慧星主编：《从近代民法到现代民法》，中国法制出版社2000年版，第164—182页。

世纪以前发生在西方发达国家的社会问题,在今日的中国大地上普遍上演了。既然如此,我们能不能全盘复制西方国家社会本位的法律制度? 俞江教授认为,"事实上,在中国法学界,片面强调'私法社会化'的论调正在形成。这些论述中,一个突出的特点就是,不再将现代民法看成由近代民法发展而来的,并仍将继续发展下去的一个过程或系统。而是单方面强调现代民法与近代民法相割裂的内容,进而忽略或抛弃近代民法中弥足珍贵的思想。这些珍贵思想的核心部分,就是对于私权价值的肯定,以及在此肯定基础上获得的丰硕的研究成果。这些成果既包括私权种类、体系和原则,也包括私权的研究方法等。"① 这对于那些一味强调私法社会化或者私权社会化的论者而言,不啻为一个及时而中肯的警醒。

三 私有财产权限制的本位:权利本位优先,兼顾社会本位

笔者以为,如果把法律的"本位"理解为法律的"精神"或价值追求的话,那么权利本位和社会本位虽然各有千秋,但并非水火不容的关系,正相反,后者不过是前者的修订版,是对前者的继承和发展。个人利益与社会利益并非对立的两极,也没有高低上下之分。因此,对于私法本位的选择而言,就未必是非此即彼的单项选择题,而完全可以成为兼收并蓄的双项选择。直言之,当下中国的私法理念,不妨兼采权利本位和社会本位之精髓,"两条腿走路",在旗帜鲜明地保护私权的同时,基于社会利益的考量对私权进行适度的限制。但是,对于这两个"本位"并不能等量齐观,而应当将"权利本位"放在更加突出和优先实现的位置。借用我国改革开放中曾长期坚持的"效率优先,兼顾公平"的政策理念,我国私法宜采"权利本位优先,兼顾社会本位"的发展理念。这是由我国的传统法律文化和现实

---

① 俞江:《近代中国民法学中的私权理论》,北京大学出版社 2003 年版,第 250—251 页。

国情决定的。

"我国有长达数千年的义务本位法制传统,个人观念、权利观念十分薄弱,加之新中国成立后在民主法制建设上走过一段弯路,尤其是从反右斗争至'文化大革命'这一段,片面强调国家和社会利益,否定个人利益和个人权利,近乎彻底的社会本位。"[①] 肯定私权的价值,是社会本位和私权社会化的前提和基础。一个不容否认的现实是,尽管我国已经在法律文本层面确立了私权保护的正当性,但是其保护力度与西方国家19世纪对私权保护的程度而言,还有相当的差距,更不用说在法律实践中的真实保护水平了。就私有财产权而言,尽管在物权法层面确立了平等保护的原则,但在宪法层面与公有财产权相比仍处于"低人一等"的不利境地。在民众的法律生活中,私权被肆意侵犯特别是来自公权力的非法干涉乃至剥夺的局面并未得到有效遏制。不论是富人的别墅,还是穷人的饭碗,都存在安全感不足的忧虑。可以说,我国私法和私权近代化的过程还没有完成,就遭遇了西方私法现代化的洪流,总有一种无所适从、手足无措的惶恐和无奈。对于权利本位和社会本位,是"跨越式发展"还是"两手抓,两手都要硬"?对于某些习惯了"大跃进"思维的国人而言,前者或许是不错的选择;但务实的人们大多会锁定后者。

笔者认为,我国肇始于清末法律改革运动的私法近代化是很不彻底的。一是"先天不足"。因为"生不逢时",在时间上与西方私法现代化或社会化的潮流不期而遇,于是"喜新厌旧"地搭上了私法社会化的顺风车,实际上越过了西方法建构个人主义大厦的近代化过程,从而也就缺乏自由主义的思想洗礼,可以说是"营养不良"。二是"后天失调"。清末和民国时期从西方移植的社会本位的法律与本

---

① 梁慧星:《从近代民法到现代民法法学思潮》,载梁慧星主编:《从近代民法到现代民法》,中国法制出版社2000年版,第164—182页。

国的义务本位的法律传统在形式上确有某些相似之处，以至于在两者"嫁接"时显得顺理成章，然而二者毕竟是"貌合神离"的，犹如关公和秦琼，虽然英雄相惜，但毕竟要穿越时空，要成功实现"桃园结义"并非易事。时空的距离可以产生美，但更多的时候产生的是隔阂。双方博弈的结果是，社会本位的法律——无论是欧陆式资本主义的法律还是苏联式社会主义的法律——在20世纪的中国犹如外来的媳妇，在中国长期盛行的义务本位的法律文化的惯性和惰性的挤压下，"夫唱妇随"，"嫁鸡随鸡"，让人们见证了"东风压倒西风"而不是"西风压倒东风"的好戏。"东风"与"西风"的结合诞生的并不是真正的社会本位，而更像是社会本位与义务本位的混合物，而与权利本位相去甚远。

可以说，我国的私法近代化过程是"断裂"的，因此使得私法现代化处于"无根"状态。当务之急是要"两手抓"或"两条腿走路"，既要"补旧课"，又要"上新课"，两手都耽误不得，两腿都不能消停。这恰如西方国家的经济和社会发展，首先实现工业化，然后实现信息化，但这并不意味着其他国家也必须效仿；我们可以发挥"后发优势"，信息化和工业化可以同时进行。就私有财产权而言，第一要务是坚持权利本位，对其给予更加周全的保护；其次要充分考虑社会公共利益保护的必要性，对私有财产权进行有限的和公正的限制。这种限制应当具备正当理由，并且有一个合理的"度"的控制，以保障不至于走向彻底否定私有财产权的极端局面。裴丽萍教授在研究水权问题时认为，"水权要能够进入市场进行交易，必须具备财产权的稳定性、安全性、可转让性等基本要求，水权人能够在权利之上享有排他性的支配利益。……干预和限制越多，水权的财产权性质就越难以得到保证"。[1]

---

[1] 裴丽萍：《论水资源法律调整模式及其变迁》，载《法学家》2007年第2期。

四 私有财产权限制的利益观：公共利益有边界，法律父爱主义要慎行

社会学家米尔斯认为："自由主义与社会主义这两种意识形态都来源于启蒙运动，并有很多共同的假定与价值。两者都把合理性的增进确认为自由增进的首要条件。"① 私有财产权限制的"正当理由"一般是指"社会公共利益"，但是"公共利益绝不是用政治性的法律或法规去剥夺个人的财产，或者削弱哪怕是它最小的一部分。在这种场合，必须严格遵守民法；民法是财产的保障。……在民法的慈母般的眼里，每一个个人就是整个国家"。②

在我国，许多人的头脑中或自觉或不自觉地被输入这样一种观念："在社会主义社会，公共利益或集体利益一定高于个人利益。"与此非常不同的是，马克思主义的创始人在《共产党宣言》中对社会主义的界定提出的是这样一个命题："代替那存在着阶级和阶级对立的资产阶级旧社会的，将是这样一个联合体，在那里，每个人的自由发展是一切人的自由发展的条件。"正如《为了谁》的歌曲中所唱的一样，"我不知道你是谁，我却知道你为了谁"，社会利益或公共利益就是这里的"你"，我们可能无法说清楚公共利益到底是什么，但它一定是为了千千万万的个人利益而存在的。实际上，公共利益不是外在于个人利益的异己物，相反，它就是无数个人利益的化合物。私有财产权的限制，其唯一的合法目的应当是为了包括被限制者在内的无数私有权利（不限于财产权）的更好实现，从而达致一种"live and let live"即"和平共存"的目标。应当指出，公共利益具有无限膨胀和扩张的趋势，很容易假借公权力之手而成为侵犯私有财产权的借口。因此法律在对私有财产权进行限制时，要确立公共利益有限性

---

① [美]赖特·米尔斯：《社会学的想象力》（第二版），陈强、张永强译，生活·读书·新知三联书店2005年版，第180页。
② [法]孟德斯鸠：《论法的精神》，张雁深译，商务印书馆1986年版，第89页。

的观念和原则，防止法律家长主义或曰法律父爱主义①的泛滥。

第二节 私有财产权限制的制度改进

"中国缺少的从来就不是财富，而是缺少保障财产安全的制度环境。"② 私有财产权限制的制度建构，首要的问题是进行顶层设计，选择限制模式。所谓限制模式，就是限制的根本原则以及限制功能和作用的定位。按照限制所体现的公益内容及与之相对应的限制权力的特征，可以把限制模式划分为无限限制模式和有限限制模式两种基本类型，分别以无限的公益和有限的公益、无限的限制权力和有限的限制权力为特征。在财产权内容方面，有限限制模式要求一切界定财产权的法律，包括公法和私法，都必须同时考虑到财产权和公共利益的重要性，实现公平衡量。财产权只承担适当的社会责任。而在无限限

---

① 父爱主义（Paternalism）又称家长主义，它来自拉丁语 pater，意思是指像父亲那样行为，或对待他人像家长对待孩子一样。法律父爱主义主要分为两种：软（soft）父爱主义和硬（hard）父爱主义。软父爱主义保护当事人不受"不真实反映其意志的危险的选择"的危害。软父爱主义的典型例子来自密尔，这个例子涉及一个人在不知道的情况下要过一座被毁坏、有危险的桥。密尔解释说，有人"可能抓住他将他拉回来而不真正侵害他的自由，因为他自己也不想堕入水中"。因此，即便声称自己是自由至上主义者（Libertarianist）的人士，也同意基于软父爱主义而进行的规制和干预。硬父爱主义是指管理人出于增加当事人利益或使其免于伤害的善意考虑，不顾当事人的主观意志而限制其自由的行为。善意的目的、限制的意图、限制的行为、对当事人意志的不管不顾，构成这个概念的四个重要组成部分。硬父爱主义体现在强制戴安全帽的规定等。法律父爱主义有以下特征：第一，其目的是为了增进或满足公民（或相对人）的福利、需要和利益，主要分为两种情形，一是阻止他自我伤害；二是增进其利益。第二，其措施必然是不同程度地限制相对人的自由或权利。第三，这种措施在客观上亦产生有利于公共利益的效果。法律父爱主义与公共利益或者公共福祉和社会连带之间存在"剪不断，理还乱"的关系。有些法律或政策的规定，从社会的角度来看是公共福祉，从个人的角度来看，则是父爱主义的。如我国台湾地区"大法官"在论证第 472 号解释关于法律要求强制保险的规定合宪的时候，就以公共福祉和社会连带作为证成该规定的理由，其立法目的是想消除由于对当事人的伤害而对其他社会成员产生的负担。参见孙笑侠、郭春镇：《法律父爱主义在中国的适用》，载《中国社会科学》2006 年第 1 期。

② 俞江：《民事习惯对民法典的意义——以分家析产习惯为线索》，载易继明主编：《私法》总第 9 卷，北京大学出版社 2005 年版，第 56 页。

制模式下，财产权的社会义务膨胀，公平衡量不复存在。对行使权利的方式，有限限制模式要求基于公平衡量划定禁止权利滥用和限制当事人意思自治的范围。而无限限制模式基于公益扩张和国家高明论，在很大程度上限制财产权的自由行使，极力排除当事人意思自治，造成管制扩张。[①] 当然存在许多介于这两种限制模式之间的类型。各国法律限制私有财产权的原因和方式有许多相似之处，但是限制的模式可能并不相同，限制的程度也会有所差别。

我国在计划经济时代，在生产资料、生活资料两方面都最大限度地缩小私有财产权的客体范围，可以称为极端的无限限制。改革开放的过程，在本质上就是民众的经济自由不断提升的过程，也是私有财产权的限制逐步放松的过程。这从四次宪法修正案中可见一斑。1988年宪法修正案宣布"私营经济是社会主义公有制经济的补充"，"土地的使用权可以依照法律的规定转让"。1993年宪法修正案明确"国家实行社会主义市场经济"。1999年宪法修正案再次提升了私有经济主体的地位，确认"在法律规定范围内的个体经济、私营经济等非公有制经济，是社会主义市场经济的重要组成部分"，并规定"实行依法治国，建设社会主义法治国家。"2004年宪法修正案扩大了私有财产的范围，将"国家保护公民的合法的收入、储蓄、房屋和其他合法财产的所有权"修改为："公民的合法的私有财产不受侵犯。""国家依照法律规定保护公民的私有财产权和继承权。"该修正案还完善了征收条款，在原来的基础上增加了"给予补偿"的规定，即"国家为了公共利益的需要，可以依照法律规定对土地实行征收或者征用并给予补偿。"这次宪法修正将对私有经济的政策从"引导、监督和管理"改为"鼓励、支持和引导非公有制经济的发展，并对非公有制经济依法实行监督和管理。"虽然在根本

---

① 李累：《论法律对财产权的限制——兼论我国宪法财产权规范体系的缺陷及其克服》，载《法制与社会发展》2002年第2期。

法层面对私有财产权的限制日渐宽松,但具体立法贯彻落实的力度不足,在实践中对于私有财产的保护水平更是难言理想。法律在总体上对私有财产权仍然表现出管制过多和过度的现象,有限限制模式并未真正确立,只能称之为弱化的无限限制。究其根源,是国家权力尚未真正得到有效制约。实践中,裹挟着国家权力和垄断资源的国有企业的畸形膨胀也在很大程度上挤压和限制了非公有制企业的生存空间,在"国退民进"还是"国进民退"的争议声中,尽显民众的焦虑和不安。① 从政府到民间,从"庙堂之高"到"江湖之远","全能国家"观念仍然像幽灵一样,在中国大地上发挥着根深蒂固的影响力。

私有财产权有限限制模式的确立有赖于有限政府的塑造,在依法治国的语境下,更有赖于宪法和法律制度的革新。由于私有财产权限制的公法和私法制度相当分散且庞杂,为了论述的集中和针对性,本书拟以《宪法》为主,同时兼顾一般法律如《物权法》等,对其中财产权限制的有关条款和制度提出改进建议。

一 宪法

(一) 保障条款

1. 应当将财产权"平等保护"条款纳入宪法

《物权法》第3条第3款已经明确宣示:"国家实行社会主义市场经济,保障一切市场主体的平等法律地位和发展权利。"而《宪法》第12条第1款规定:"社会主义的公共财产神圣不可侵犯。"第13条第1款规定:"公民的合法的私有财产不受侵犯。"是否"神圣",高下立判。《宪法》中这两个条款曾被作为攻击《物权法》"违宪"的致命武器。为了洗刷《物权法》"违宪"之"罪名",很有必要在

---

① 袁恩桢:《"国进民退"与"民进国退"的争议背后》,载《探索与争鸣》2010年第6期。

《宪法》中明确平等保护条款。具体办法有"加法"和"减法"两种。前者是在第13条第1款增加"神圣"二字，即"公民的合法的私有财产神圣不可侵犯。"后者是将第12条第1款中的"神圣"二字删除，或者将这两款内容合并为"财产权不受侵犯"。显然，"加法"是"就高不就低"，"减法"是"就低不就高"，但二者的效果是一致的，都实现了私有财产与公共财产的平等保护目标。考虑到私有财产权限制的不可避免性，特别是要尽量减少来自意识形态方面的阻力，做"减法"似乎更具合理性和可行性。

有学者一针见血地指出："迄今为止的社会主义国家，大都未能清楚地认识并很好地解决财产权在宪法中的地位问题，以及确立财产权宪法地位的出发点问题。它没有根据本国的国情，在承认并保护公民财产权的基础上大力发展社会主义的生产力，逐步提高公民财产权的宪法地位，反而把公民的财产权作为革命的对象加以剥夺，同时通过各种途径建立起公共财产权，只赋予公共财产权神圣不可侵犯的宪法地位。这就超越了社会主义初级阶段的生产力及其与之相适应的生产关系，超越了历史，脱离了国情，不能起到促使国家财富增加和财产增值的作用。这也是大多数社会主义国家长期不能摆脱贫穷状况的原因之一。"[①] 这对于我们理解"平等保护"的必要性和重要性应当有所启发和帮助。

2. 应当将私有财产权纳入宪法第二章"公民的基本权利和义务"

在实行市场经济的成文宪法国家中，私有财产权被视为一项基本人权，大多规定于公民基本权利编。美国宪法修正案第1—10条被称为"权利法案"，其中第3条、第4条、第5条均涉及私有财产权保障问题。美国宪法修正案第3条规定：士兵在和平时期，非经房主许可不得驻扎于任何民房；在战争时期，除依照法律规定的方式外亦不得进驻民房。第4条规定：人民保护其人身、住房、文件和财物不受

---

① 范毅：《论公民财产权的宪法地位》，载《法学家》2002年第2期。

无理搜查扣押的权利不得侵犯；除非有合理的根据认为有罪，以宣誓或郑重声明保证，并详细开列应予搜查的地点、应予扣押的人或物，不得颁发搜查和扣押证。第 5 条规定：非经大陪审团提出报告或起诉，任何人不受死罪可其他重罪的惩罚，唯在战时或国家危急时期发生在陆、海军中或正在服役的民兵中的案件不在此限。任何人不得因同一犯罪行为而两次遭受生命或身体伤残的危害；不得在任何刑事案件中被迫自证其罪；未经正当法律程序，不得剥夺任何人的生命、自由和财产；非有恰当补偿，不得将私有财产充作公用。美国宪法修正案第 14 条也明确规定："无论何州未经正当法律程序均不得剥夺任何人的生命、自由或财产"。《德国基本法》在第一章"基本权利"第 14 条规定了财产权保障条款，称"财产权及继承权应予保障"。《日本宪法》第三章"国民的权利和义务"第 29 条第 1 款规定："财产权不得侵犯"。《俄罗斯联邦宪法》第二章"人和公民的权利和自由"第 35 条规定："私有权受法律保护。每个人有权拥有私有财产，有权单独或与他人共同掌管、使用和支配这些财产。"《葡萄牙宪法》在第一篇"基本权利与义务"第 62 条规定："任何人生前或死后，其私有财产和转让私有财产之权利，受宪法保护。"

我国 2004 年宪法修正案虽然对公民的私有财产权保障条款作了很大改进，但并未改变该规定在宪法文本结构中的位置，仍然将其放在第一章总纲部分，属于社会经济制度的范畴，这在实际上降低了私有财产权的宪法地位，容易给人留下一种相当不安的印象，即保护私有财产权不过是"权宜之计"而非"固本之策"。中国人说"有恒产者有恒心"，西方人说"无财产者无人格"，恰似一副对联，深刻地表达了财产之于人的自由、独立和尊严的重要性。"财富产生快乐和骄傲，贫穷引起不快和谦卑"。[①] 财产权作为基本权利应当不存在观

---

① [英] 大卫·休谟：《人性论》（下册），关文运译，商务印书馆 1980 年版，第 351 页。

念上和制度上的障碍，而且也高度符合中国共产党"以人为本""执政为民"的执政理念和"保障人权"的宪法原则。为此，我国宪法第二章中"公民基本权利"部分应当扩容，纳入私有财产权的保护规定，使公民的基本权利体系更加完善和周全。唯其如此，才能创造出中共十六大报告所提出的"让一切创造社会财富的源泉充分涌流"的宪法和法律环境。

（二）限制条款

1. 增加对私有财产权的一般性限制条款

如果说保障条款是宪法财产权条款的第一层结构，那么限制条款就应当属于第二层结构。当今世界各国宪法一般都取消了私有财产权"神圣"的表述，私有财产权应当接受社会公共利益的限制几乎成为不证自明的公理。限制条款的表现形式一般为：财产权"伴随义务"、财产权受"公共福利"的制约、财产权的内容"由法律规定"。《德国基本法》第14条规定："（1）保障财产权和继承权。有关内容和权利限制由法律予以规定。（2）财产应履行义务。财产权的行使应有利于社会公共利益。（3）只有符合社会公共利益时，方可准许征收财产。对财产的征收只能通过和根据有关财产补偿形式和程序的法律进行。确定财产补偿时，应适当考虑社会公共利益和相关人员的利益。对于补偿额有争议的，可向普通法院提起诉讼。"《韩国宪法》第23条规定："（1）全体国民的财产权应当予以保障。其内容范围由法律规定。（2）行使财产权时应当尽力照顾公共福利。"我国《宪法》并无类似的针对私有财产权的一般限制条款，而只有针对征收征用补偿的特别限制条款，从逻辑上讲是不周延的，从立法技术上讲是不完善的，有待检讨与修正。"'财产权限制'结构层的缺失，并不说明财产权在我国宪法上是一种不受限制的基本权利，而只能说明面对实践中广泛存在的财产权不当限制，我国人民尚缺乏完善的借以对抗国家侵犯的财产权保障机制。"① 基于此，并考虑到德国的"财产权之行使应同时有益于公共福利"和韩国的"行使财产权时应当尽力照顾公共福利"都有要求过高之嫌疑，因此建议我国宪法在私有财产权保障条款后增加一款，即"财产权的内容与限制由法律规定。财产权的行使不得损害社会公共利益。"

2. 在征收补偿条款中明确"正当程序"和"公平补偿"原则

我国2004年宪法修正案规定："国家为了公共利益的需要，可以依照法律规定对公民的私有财产实行征收或者征用并给予补偿。"其缺陷有二：一是没有规定征收征用的"正当程序"要求，二是没有明确补偿的原则和标准。这是造成我国农村集体土地征用和城市房屋拆迁中矛盾不断升级的制度根源之一。就征收补偿的原则和标准而言，各国的模式主要有三种：完全补偿、公平补偿、适当补偿。其中以采取公平补偿原则的国家为主流。无论是从适应世界法治潮流，还是维护社会公正的角度出发，我国宪法都应当对征收征用规定公平补偿原则。

程序性条款是法律区别于其他社会规则的重要标志之一，是实体权利实现的"保证书"，也是防范政府滥用权力侵害私有财产权的"防火墙"。西方法治国家宪法一般都有征收的正当程序条款。如美国宪法第五修正案规定："未经正当法律程序，不得剥夺任何人的生命、自由和财产；非有公正补偿，不得将私有财产充作公用。"《德国基本法》规定："对财产的征收只能通过和根据有关财产补偿形式和程序的法律进行。"我国宪法没有明确规定征收征用的程序，只是含糊其词地规定"依照法律规定"，实际上是"自降身价"，也是"偷懒"的做法，把本该由宪法规定的内容交给普通法律去处置。当然也有另外一种可能，就是立法者故意地回避征收程序，通

---

① 房绍坤、王洪平：《从财产权保障视角论我国的宪法财产权条款》，载《法律科学》2011年第2期。

过牺牲私有财产权而提高征收的"效率",或者"疏忽大意"而遗忘的结果。只是这样的推测有侮辱立法者的智商和乱扣帽子的"诽谤"之嫌。

我国关于土地和房屋征收的法律主要是《物权法》《土地管理法》《城市房地产管理法》,但我们从这三部法律的征收条款中却未曾发现具体程序的踪影。《物权法》第42条规定:"为了公共利益的需要,依照法律规定的权限和程序可以征收集体所有的土地和单位、个人的房屋及其他不动产。"《土地管理法》第2条规定:"国家为了公共利益的需要,可以依法对土地实行征收或者征用并给予补偿。"《城市房地产管理法》第6条规定:"为了公共利益的需要,国家可以征收国有土地上单位和个人的房屋,并依法给予拆迁补偿,维护被征收人的合法权益。"可见,宪法授权普通法律去规定征收程序的愿望是落空了。《物权法》虽然提到"程序",但并未说明程序如何,而是再次规定"依照法律规定",不知该"法律"到底是指哪一部法律。

让国人聊以慰藉的是,在经历了无数次充满血和泪的拆迁悲剧之后,2011年1月21日,《国有土地上房屋征收与补偿条例》终于姗姗来迟,宣布了主导我国城市房屋拆迁长达20年的《城市房屋拆迁管理条例》寿终正寝。《国有土地上房屋征收与补偿条例》有三个亮点:(1)确立了"程序正当"原则。条例第3条规定:"房屋征收与补偿应当遵循决策民主、程序正当、结果公开的原则。"(2)确立了"公平补偿"原则。第2条规定:"为了公共利益的需要,征收国有土地上单位、个人的房屋,应当对被征收房屋所有权人给予公平补偿。"(3)界定了"公共利益"的范围。《国有土地上房屋征收与补偿条例》第八条规定:"为了保障国家安全、促进国民经济和社会发展等公共利益的需要,有下列情形之一,确需要征收房屋的,由市、县级人民政府作出房屋征收决定:(一)国防和外交的需要;(二)由政府组织实施的能源、交通、水利等基础设施建设的需要;(三)由政府组织实施的科技、教育、文化、卫生、体育、环境和资源保护、防灾减灾、文物保护、社会福利、市政公用等公共事业的需要；（四）由政府组织实施的保障性安居工程建设的需要；（五）由政府依照城乡规划法有关规定组织实施的对危房集中、基础设施落后等地段进行旧城区改建的需要；（六）法律、行政法规规定的其他公共利益的需要。"这些规定在程序设计、公共利益的内涵界定和外延列举等方面尽管称不上完美，而且作为行政法规，其立法层次较低，法律效力不高，适用范围太小，但进步可圈可点。

综上所述，我国宪法的征收条款可以作如下表述："国家为了公共利益的需要，可以依照正当法律程序对公民的私有财产实行征收或者征用并给予公平补偿。"同时借鉴《国有土地上房屋征收与补偿条例》对"公共利益"的范围进行列举——当然这也可以由《物权法》来完成。而且，《物权法》第42条征收条款也应当据此修改，明确征收的"正当程序"原则和"公平补偿"原则，并且通过具体化、可操作的条款使其落地生根。同时，对"公共利益"的范围作列举和限定，使公权力的高速列车安全地运行在法治的轨道上。

二 物权法

（一）应当切实贯彻"平等保护"和"平等限制"的立法宗旨

在物权法立法过程中，国家、集体和个人的物权平等保护问题曾经遭遇了是否"违宪"的激烈争论，学术与政治纠结在一起，并在事实上推迟了物权法的出台。2005年8月12日，北京大学法理学教授巩献田先生以"中国共产党党员、法学博士、北京大学教授、博士生导师"身份写了一封署名的公开信，认为2005年7月全国人民代表大会常务委员会向社会公开征求意见的《中华人民共和国物权法（草案）》征求意见稿违背了宪法，背离了社会主义基本原则，是在"开历史倒车"。公开信引起了媒体、学术界和社会各界的广泛关注和激烈争议。①《物权法》第3条中"国家实行社会主义市场经济，保障一切市场主体的平等法律地位和发展权利"的规定为这一论战画上了句号。全国人大常委会副委员长王兆国向十届全国人大五次会议所作的《关于〈中华人民共和国物权法（草案）〉的说明》也明确指出《物权法》坚持平等保护原则。平等保护是指物权的主体在法律地位上是平等的，它要求不分身份、性质，对任何主体的物权一视同仁地加以保护。② 由于保护与限制是一个问题的两个方面，从"平等保护"可以合理地推导和引申出"平等限制"，即同种类型的物权在其权利限制的程度和方式上应当大体相同，不能因为身份等因素的不同而存在差异。虽然物权法公开宣示了"平等保护"，但在实际上并未有效地贯彻，表现为对集体和私人所有权的限制多而对国家所有权的限制少。

　　首先，从权利客体看，国家所有权的客体具有无限广泛性和专有性，而集体所有权和私人所有权的客体范围十分有限。其次，从权利取得方式看，国家所有权具有优先性。根据《物权法》第113条、第114条之规定，遗失物、漂流物、埋藏物和隐藏物在法定期间内无人认领的，归国家所有。这种做法排除了集体和个人取得这些财产的可能性，明显缺乏合理性，完全背离了平等保护原则。再次，从权利效力看，集体所有权和私人所有权要受到公共利益和善意取得等制度的限制，而《物权法》似乎认为国家所有权的行使天然符合公共利益，因此几乎没有规定对于国家所有权的限制性措施。《物权法》第41条规定，"法律规定专属于国家所有的不动产和动产，任何单位和个人不能取得所有权。"这使善意取得制度对于国有财产几乎无任何适用空间。最后，从权利行使看，物权法对于集体所有权施加了这样那样

---

① 对该公开信的系统分析和质疑，参见易继明《物权法草案"违宪"了吗？——质疑巩献田教授的〈公开信〉》，易继明主编：《私法》第7辑第1卷，总第13卷，华中科技大学出版社2007年版，第1页。

② 王利明：《物权法平等保护原则之探析》，载《法学杂志》2006年第3期。

的限制，以致有学者认为集体所有权不过是"空权利"。"集体土地所有权的本质，不在于把一个空头的所有权赋予一个空头的集体，而在于借助于这样一个空概念，实现对个人土地所有权的否定，即通过'空权利'来'反权利'，从而有利于国家从农村进行资源的摄取。"[1] 例如，国有土地可以设立建设用地使用权，而集体所有的土地作为建设用地仅限于兴办乡镇企业、村民建设住宅、乡村公共设施和公益事业建设，无法自由流转，其收益权和处分权受到极大限制。2008年中共十七届三中全会通过的《关于推进农村改革发展若干重大问题的决定》要求"逐步建立城乡统一的建设用地市场，对依法取得的农村集体经营性建设用地，必须通过统一有形的土地市场、以公开规范的方式转让土地使用权，在符合规划的前提下与国有土地享有平等权益。"执政党的政策已经相当明确，只等待《物权法》和《土地管理法》及时回应，为集体土地进入建设用地市场"松绑"。

（二）应当增加"取得时效"和"先占"等权利限制制度

本书的研究已经表明，从罗马法、法国法到德国法，取得时效制度的发展源远流长，其根源在于人类对该制度能够稳定社会经济秩序、实现物尽其用的社会功能的正确认识。我国《物权法》第一条规定了物权法的立法宗旨，其中之一是"发挥物的效用"，而放弃规定取得时效制度显然损害了这一立法目标的实现。实际上，取得时效制度与善意取得制度具有类似的社会功能，《物权法》接纳了后者而拒绝了前者，显然是受到了意识形态的羁绊，充分反映了其开放不足而保守有余的性格。先占制度的缺失也使得《物权法》既违背其立法宗旨，又脱离了社会实际。先占制度肇始于罗马法，后被各国民法典所继受。中国法律史上亦不乏先占制度的本土资源。对于自然无主之物，唐律至明清律均规定："山野之物，已加功力，刈伐积聚，而

---

[1] 李凤章：《通过"空权利"来"反权利"：集体土地所有权的本质及其变革》，载《法制与社会发展》2010年第5期。

辄取者，各以盗论。"《大清律辑注》对此解释如下："若山野柴草、木石之类，本无物主，人得共采"，但他人"已用功力，砍伐积聚，是即其人之物矣。"① 该制度使"物有所主"，能够稳定现实的占有关系，有利于资源的有效利用。在现实生活中，山野果实的采集、一般野生动物的猎获、拾荒者的权利保护，其所有权能获得社会的承认，均在事实上适用了先占制度。《物权法》对此应当实事求是地予以认可。

---

① 孟勤国、黄莹主编：《中国物权法的理论探索》，武汉大学出版社2004年版，第151页。

参考文献

专著类

[1] ［美］斯蒂芬·芒泽：《财产理论》，彭诚信译，北京大学出版社2006年版。

[2] ［英］彼得·甘西：《反思财产：从古代到革命时代》，陈高华译，北京大学出版社2011年版。

[3] ［美］派普斯：《财产论》，蒋琳琦译，张军校，经济科学出版社2003年版。

[4] ［法］路易·若斯兰：《权利相对论》，王伯琦译，中国法制出版社2006年版。

[5] ［法］谢和耐：《中国社会史》，耿昇译，江苏人民出版社2005年版。

[6] ［美］赖特·米尔斯：《社会学的想象力》，陈强等译，生活·读书·新知三联书店2005年版。

[7] ［古希腊］柏拉图：《理想国》，郭斌和等译，商务印书馆1986年版。

[8] ［古希腊］柏拉图：《法律篇》，张智仁、何勤华译，上海人民出版社2001年版。

[9] ［古希腊］亚里士多德：《政治学》，吴寿彭译，商务印书馆

1965年版。

[10]［古希腊］亚里士多德：《雅典政制》，日知、力野译，商务印书馆1959年版。

[11]［古罗马］盖尤斯：《法学阶梯》，黄风译，中国政法大学出版社1996年版。

[12]［德］康德：《法的形而上学原理》，沈叔平译，商务印书馆1997年版。

[13]［德］黑格尔：《法哲学原理》，范扬、张企泰译，商务印书馆1961年版。

[14]［德］拉德布鲁赫：《法学导论》，米健等译，中国大百科全书出版社1997年版。

[15]［美］施瓦茨：《美国法律史》，王军等译，中国政法大学出版社1997年版。

[16]［德］耶林：《为权利而斗争》，郑永流译，法律出版社2007年版。

[17]［法］涂尔干：《社会分工论》，渠东译，生活·读书·新知三联书店2000年版。

[18]［法］狄骥：《宪法论》（第一卷），钱克新译，商务印书馆1962年版。

[19]［法］狄骥：《拿破仑法典以来私法的普通变迁》，徐砥平译，中国政法大学出版社2003年版。

[20]［日］冈村司：《民法与社会主义》，刘仁航等译，中国政法大学出版社2003年版。

[21]［日］牧野英一：《法律上之进化与进步》，朱广文译，中国政法大学出版社2003年版。

[22]［英］大卫·休谟：《人性论》（下册），关文运译，商务印书馆1980年版。

[23]［美］列奥·施特劳斯：《自然权利与历史》，彭刚译，生活·

读书·新知三联书店2003年版。

[24] ［美］罗利：《财产权与民主的限度》，刘晓峰译，商务印书馆2007年版。

[25] ［美］克里斯特曼：《财产的神话：走向平等主义的所有权理论》，张绍宗译，广西师范大学出版社2004年版。

[26] ［美］理查德·波斯纳：《法律的经济分析》，蒋兆康译，中国大百科全书出版社1997年版。

[27] ［美］斯普兰克林：《美国财产法精解》，钟书峰译，北京大学出版社2009年版。

[28] ［英］劳森、拉登：《财产法》，施天涛等译，中国大百科全书出版社1998年版。

[29] ［美］伯尔曼：《法律与革命》，贺卫方等译，中国大百科全书出版社1993年版。

[30] ［美］博登海默：《法理学、法哲学与法律方法》，邓正来译，中国政法大学出版社2004年版。

[31] ［英］哈耶克：《法律、立法与自由》，邓正来译，中国大百科全书出版社2000年版。

[32] ［德］霍恩等：《德国民商法导论》，楚建译，中国大百科全书出版社1996年版。

[33] ［德］舍费尔、奥特：《民法的经济分析》，江清云等译，法律出版社2009年版。

[34] ［法］雷蒙·阿隆：《社会学主要思潮》，葛智强等译，华夏出版社2000年版。

[35] ［澳］德霍斯：《知识财产法哲学》，周林译，商务印书馆2008年版。

[36] ［美］科斯：《企业、市场与法律》，盛洪等译，上海三联书店1990年版。

[37] ［比］皮朗：《中世纪欧洲经济社会史》，乐文译，上海人民出

版社 2001 年版。

[38] ［日］加藤节：《政治与人》，唐士其译，北京大学出版社 2003 年版。

[39] ［英］彼得·斯坦、约翰·香德：《西方社会的法律价值》，王献平译，郑成思校，中国法制出版社 2004 年版。

[40] ［美］路易斯·亨金等：《宪政与权利：美国宪法的域外影响》，郑戈等译，生活·读书·新知三联书店 1996 年版。

[41] ［美］约翰·克里贝特等：《财产法：案例与材料》，齐东祥、陈刚译，中国政法大学出版社 2003 年版。

[42] ［意］桑·斯奇巴尼：《物与物权》，范怀俊、费安玲译，中国政法大学出版社 2009 年版。

[43] ［美］罗伯特·考特、托马斯·尤伦：《法和经济学》，三联书店 1994 年版。

[44] ［英］霍布斯：《利维坦》，黎思复、黎廷弼译，商务印书馆 1995 年版。

[45] ［英］洛克：《政府论》（下篇），叶启芳、瞿菊农译，商务印书馆 1964 年版。

[46] ［法］孟德斯鸠：《论法的精神》（上册），张雁深译，商务印书馆 1987 年版。

[47] ［法］卢梭：《论人类不平等的起源和基础》，李常山译，商务印书馆 1962 年版。

[48] ［法］卢梭：《社会契约论》，何兆武译，商务印书馆 1982 年版。

[49] ［美］格伦顿、戈登、奥萨魁：《比较法律传统》，米健、贺卫方、高鸿钧译，中国政法大学出版社 1993 年版。

[50] ［美］罗斯科·庞德：《法理学》，邓正来译，中国政法大学出版社 2004 年版。

[51] ［美］罗尔斯：《正义论》，何怀宏等译，中国社会科学出版社

1988年版。

[52]［美］诺齐克:《无政府、国家与乌托邦》,何怀宏等译,中国社会科学出版社1991年版。

[53]［美］威尔·金里卡:《当代政治哲学》,刘莘译,上海三联书店2001年版。

[54]［美］夏普、雷吉斯特、格里米斯:《社会问题经济学》(第13版),郭庆旺等译,中国人民大学出版社2000年版。

[55]［美］科斯、阿尔钦、诺思等:《财产权利与制度变迁》,刘守英等译,上海三联书店、上海人民出版社1994年版。

[56]［美］科斯:《企业、市场与法律》,盛洪等译,上海三联书店1990年版。

[57]［法］盖斯旦、古博:《法国民法总论》,陈鹏等译,法律出版社2004年版。

[58]［德］拉伦茨:《德国民法通论(上)》,法律出版社2003年版。

[59]［德］拉伦茨:《法学方法论》,陈爱娥译,商务印书馆2004年版。

[60]［英］亨利·梅因:《古代法》,沈景一译,商务印书馆1959年版。

[61]［意］彼德罗·彭梵得:《罗马法教科书》,中国政法大学出版社1993年版。

[62]［德］迪特尔·梅迪库斯:《德国民法总论》,邵建东译,法律出版社2000年版。

[63]［英］哈耶克:《自由秩序原理(下)》,邓正来译,生活·读书·新知三联书店1997年版。

[64]［德］霍恩等:《德国民商法导论》,楚建译,中国大百科全书出版社1996年版。

[65]［美］米尔恩:《人的权利与人的多样性——人权哲学》,夏勇、

张志铭译，中国大百科全书出版社1996年版。

[66]［英］边沁：《道德与立法原理导论》，时殷弘译，商务印书馆2000年版。

[67]［美］本杰明·卡多佐：《法律的成长》，董炯等译，中国法制出版社2002年版。

[68]［美］凯斯·孙斯坦：《自由市场与社会正义》，金朝武等译，中国政法大学出版社2002年版。

[69]［美］丹尼尔·科尔：《污染与财产权：环境保护的所有权制度比较研究》，严厚福、王社坤译，北京大学出版社2009年版。

[70]［德］柯武刚、史漫飞：《制度经济学——社会秩序与公共政策》，韩朝华译，商务印书馆2002年版。

[71]［美］史蒂芬·霍尔姆斯、凯斯·桑斯坦：《权利的成本——为什么自由依赖于税》，毕竞悦译，北京大学出版社2004年版。

[72]［美］詹姆斯·布坎南：《财产与自由》，韩旭译，中国社会科学出版社2002年版。

[73] 李宜琛：《日耳曼法概论》，中国政法大学出版社2003年版。

[74] 郑玉波：《民法总则》，台北三民书局1993年版。

[75] 王伯琦：《王伯琦法学论著集》，台北三民书局1999年版。

[76] 史尚宽：《民法总论》，中国政法大学出版社2000年版。

[77] 王泽鉴：《民法物权》，中国政法学出版社2001年版。

[78] 谢哲胜：《财产法专题研究》（二），台湾元照出版公司1999年版。

[79] 谢哲胜：《房租管制法律与政策》，台湾五南图书出版公司1995年版。

[80] 苏永钦：《民事立法与公私法的接轨》，北京大学出版社2005年版。

[81] 苏永钦：《私法自治中的经济理性》，中国人民大学出版社2004年版。

[82] 谢在全:《民法物权论》,中国政法大学出版社1999年版。

[83] 黄茂荣:《法学方法与现代民法》,中国政法大学出版社2001年版。

[84] 陈新民:《宪法基本权利之基本理论》,台北三民书局1996年版。

[85] 蔡震荣:《行政法理论与基本人权之保障》,台湾五南图书出版公司1999年版。

[86] 邱聪智:《新订债法各论》,中国人民大学出版社2006年版。

[87] 周枏:《罗马法原论》,商务印书馆1994年版。

[88] 谢怀栻:《外国民商法精要》(增补版),法律出版社2006年版。

[89] 俞江:《近代中国民法学中的私权理论》,北京大学出版社2003年版。

[90] 赵文洪:《私人财产权利体系的发展——西方市场经济和资本主义的起源问题研究》,中国社会科学出版社1998年版。

[91] 郭建:《中国财产法史稿》,中国政法大学出版社2004年版。

[92] 梁慧星:《民法总论》(第三版),法律出版社2007年版。

[93] 易继明:《私法精神与制度选择》,中国政法大学出版社2003年版。

[94] 吴汉东、胡开忠:《无形财产权制度研究》,法律出版社2005年版。

[95] 尹田:《法国物权法》,法律出版社2009年版。

[96] 梅夏英:《财产权构造的基础分析》,人民法院出版社2002年版。

[97] 金俭:《不动产财产权自由与限制研究》,法律出版社2007年版。

[98] 丁文:《物权限制研究》,中国社会科学出版社2008年版。

[99] 蒋永甫:《西方宪政视野中的财产权研究》,中国社会科学出版

社 2008 年版。

[100] 钱福臣、魏建国：《民事权利与宪政》，法律出版社 2009 年版。

[101] 肖厚国：《所有权的兴起与衰落》，山东人民出版社 2003 年版。

[102] 何勤华、魏琼：《西方民法史》，北京大学出版社 2006 年版。

[103] 何勤华：《德国法律发达史》，法律出版社 2001 年版。

[104] 邓建鹏：《财产权利的贫困：中国传统民事法研究》，法律出版社 2006 年版。

[105] 孟祥沛：《中国民法近代化的开端和完成》，载张伯元主编：《法律文献整理与研究》，北京大学出版社 2005 年版。

[106] 程萍：《财产所有权的保护与限制》，中国人民公安大学出版社 2006 年版。

[107] 陈华彬：《外国物权法》，法律出版社 2004 年版。

[108] 孙宪忠：《德国当代物权法》，法律出版社 1997 年版。

[109] 孙宪忠：《中国物权法总论》，法律出版社 2003 年版。

[110] 何真、唐清利：《财产权与宪法的演进》，山东人民出版社 2006 年版。

[111] 梁慧星：《中国物权法研究》，法律出版社 1998 年版。

[112] 王利明：《物权法研究》，中国人民大学出版社 2002 年版。

[113] 陈华彬：《物权法原理》，国家行政学院出版社 1998 年版。

[114] 高富平：《物权法原论》，中国法制出版社 2001 年版。

[115] 杨立新：《物权法》，中国人民大学出版社 2009 年版。

[116] 李亚虹、李进之等：《美国财产法》，法律出版社 1999 年版。

[117] 章剑生：《现代行政法基本理论》，法律出版社 2008 年版。

[118] 马新彦：《美国财产法与判例研究》，法律出版社 2001 年版。

[119] 张五常：《经济解释》，商务印书馆 2000 年版。

[120] 陈舜：《权利及其维护：一种交易成本观点》，中国政法大学

出版社 1999 年版。

[121] 王铁雄：《征收补偿与财产权保护研究》，中国法制出版社 2011 年版。

[122] 李爱荣：《征收、拆迁与私有财产权的保护：一种以案例为基础的分析》，法律出版社 2012 年版。

[123] 韩光明：《财产权利与容忍义务：不动产相邻关系规则分析》，知识产权出版社 2010 年版。

[124] 王士如、高景芳、郭倩：《宪政视野下的公共权力与公民财产权》，法律出版社 2011 年版。

[125] 吴汉东：《无形财产权基本问题研究》（第三版），中国人民大学出版社 2013 年版。

[126] 郝维华：《清代财产权利的观念与实践》，法律出版社 2011 年版。

[127] 董彪：《财产权保障与土地权利限制》，社会科学文献出版社 2013 年版。

[128] 甘超英：《作为制度根源的财产权——中德比较》，北京大学出版社 2014 年版。

[129] 刘兵红：《英国财产权体系之源与流》，法律出版社 2014 年版。

[130] 童彬：《法国财产权体系之源与流》，法律出版社 2014 年版。

论文类

[1] 张翔：《财产权的社会义务》，载《中国社会科学》2012 年第 9 期。

[2] 马俊驹、梅夏英：《财产权制度的历史评析和现实思考》，载《中国社会科学》1999 年第 1 期。

[3] 许德风：《住房租赁合同的社会控制》，载《中国社会科学》2009 年第3 期。

[4] 苏永钦：《法定物权的社会成本——两岸立法政策的比较与建议》，载《中国社会科学》2005年第6期。

[5] 李芳：《中国宪法财产权相关问题的哲学思考——基于马克思私有财产的概念》，载《学术研究》2013年第7期。

[6] 李贵连：《从贵族法治到帝制法治——传统中国法治论纲》，载《中外法学》2011年第3期。

[7] 俞江：《中国民法典诞生百年祭——以财产制为中心考察民法移植的两条主线》，载《政法论坛》2011年第4期。

[8] 俞江：《民事习惯对民法典的意义——以分家析产习惯为线索》，载易继明主编：《私法》总第9卷，北京大学出版社2005年版。

[9] 俞江：《近代中国民法学中的"私权"及其研究》，载《北大法律评论》第4卷第2辑，2001年版。

[10] 谢哲胜：《不动产财产权的自由与限制——以台湾地区的法制为中心》，载《中国法学》2006年第3期。

[11] 夏勇：《权利哲学的基本问题》，载《法学研究》2004年第3期。

[12] 易继明、李辉凤：《财产权及其哲学基础》，载《政法论坛》2000年第3期。

[13] 易继明：《论日耳曼财产法的团体主义特征》，载《比较法研究》2001年第3期。

[14] 易继明、周琼：《论具有人格利益的财产》，载《法学研究》2008年第1期。

[15] 邓建鹏：《私有制与所有权？——古代中国土地权利状态的法理分析》，载《中外法学》2005年第2期。

[16] 王哲、郭义贵：《效益与公平之间：波斯纳的法律经济学思想评析》，载《北京大学学报》（哲学社会科学版）1999年第3期。

[17] 陈小君：《农村集体土地征收的法理反思与制度重构》，载《中

国法学》2012 年第 1 期。

[18] 苏力:《秋菊打官司案、邱氏鼠药案和言论自由》,载《法学研究》1996 年第 3 期。

[19] 江平:《制定一部开放型的民法典》,载《政法论坛》2003 年第 1 期。

[20] 费安玲:《私权理念与城市私房拆迁的立法》,载《政法论坛》2004 年第 5 期。

[21] 邓正来:《社会学法理学的"社会神"》,载《中外法学》2003 年第 3 期。

[22] 张守奎:《社会政治哲学传统中的马克思财产权批判理论》,载《天津社会科学》2014 年第 1 期。

[23] 王文兵、张网成:《重建与解释:丁韪良的中国历史研究述评》,载《学术研究》2009 年第 4 期。

[24] 梁慧星:《原始回归,真的可能吗?》,载梁慧星主编:《民商法论丛》第 4 卷,法律出版社 1996 年版。

[25] 梁慧星:《从近代民法到现代民法法学思潮》,载梁慧星主编:《从近代民法到现代民法》,中国法制出版社 2000 年版。

[26] 苏永钦:《物权法定主义松动下的民事财产权体系——再探大陆民法典的可能性》,载《厦门大学法律评论》第 8 辑,厦门大学出版社 2004 年版。

[27] 吴福成:《财产权的正当性之维——洛克的财产权学说解读》,载肖厚国主编:《民法哲学研究》(第一辑),法律出版社 2009 年版。

[28] 段匡:《德国、法国以及日本法中的物权法定主义》,载梁慧星主编:《民商法论丛》第 7 卷,法律出版社 1997 年版。

[29] 韩大元:《私有财产权入宪的宪法学思考》,载《法学》2004 年第 4 期。

[30] 林来梵:《针对国家享有的财产权——从比较法角度的一个考

察》，载《法商研究》2003年第1期。

[31] 张翔：《基本权利冲突规范结构与解决模式》，载《法商研究》2006年第4期。

[32] 王太高：《土地征收制度比较研究》，载《比较法研究》2004年第6期。

[33] 李累：《论法律对财产权的限制——兼论我国宪法财产权规范体系的缺陷及其克服》，载《法制与社会发展》2002年第2期。

[34] 王申义：《论物权的社会化》，载《法学评论》1999年第1期。

[35] 钱玉林：《禁止权利滥用的法理分析》，载《法商研究》2003年第6期。

[36] 张千帆：《公正补偿与征收权的宪法限制》，载《现代法学》2002年第1期。

[37] 丁文：《权利限制论之疏解》，载《法商研究》2007年第2期。

[38] 程洁：《土地征收征用程序失范与重构》，载《法学研究》2006年第1期。

[39] 马俊驹、江海波：《论私人财产权自由与所有权社会化》，载《法学》2004年第5期。

[40] 颜艺毅：《社会变迁中的利益、权利、权力和制度》，载《法制与社会发展》2004年第2期。

[41] 龙文懋：《自由与秩序的法律价值冲突辨析》，载《北京大学学报》2000年第4期。

[42] 吴汉东：《论财产权体系——兼论民法典中的"财产权总则"》，载《中国法学》2005年第2期。

[43] 吴汉东：《财产的非物质化革命与革命的非物质财产法》，载《中国社会科学》2003年第4期。

[44] 冯晓青：《财产权经济学理论与知识产权制度的正当性》，载《法律科学》2003年第2期。

[45] 刘春田:《知识财产权解析》,载《中国社会科学》2003年第4期。

[46] 王铁雄:《布莱克斯通与美国财产法个人绝对财产权观》,载《比较法研究》2009年第4期。

[47] 刘坤、赵万一:《财产权制度的存在基础》,载《现代法学》2004年第5期。

[48] 冉昊:《制定法对财产权的影响》,载《现代法学》2004年第5期。

[49] 王成栋:《行政征用权与公民财产权的界限——公共利益》,载《政法论坛》2003年第3期。

[50] 张鹏:《财产权合理限制的界限与我国公用征收制度完善》,载《法商研究》2003年第4期。

[51] 舒国滢:《权利的法哲学思考》,载《政法论坛》1995年第3期。

[52] 吴汉东:《法哲学家对知识产权法的哲学解读》,载《法商研究》2003年第5期。

[53] 李龙、刘连泰:《宪法财产权与民法财产权的分工与协同》,载《法商研究》2003年第6期。

[54] 王岩:《柏拉图、亚里士多德理想国家模式论》,载《南京大学学报》1995年第4期。

[55] 王秀华等:《在洛克与卢梭之间——罗尔斯关于财产权的思想》,载《新视野》2008年第1期。

[56] 朱晓喆:《耶林的思想转型与现代民法社会化思潮的兴起》,载《浙江学刊》2008年第5期。

[57] 李石山、彭欢燕:《法哲学视野中的民法现代化理论模式》,载《现代法学》2004年第2期。

[58] 赵红梅:《第三法域社会法理论之再勃兴》,载《中外法学》2009年第3期。

[59] 范毅：《论公民财产权的宪法地位》，载《法学家》2002年第2期。

[60] 房绍坤等：《从财产权保障视角论我国的宪法财产权条款》，载《法律科学》2011年第2期。

[61] 张平华：《私法视野里的权利限制》，载《烟台大学学报》2006年第3期。

[62] 余能斌、范中超：《所有权社会化的考察与反思》，载《法学》2001年第1期。

[63] 刘凯湘：《论民法的性质与理念》，载《法学论坛》2000年第1期。

[64] 胡余旺：《权利冲突的法哲学思考》，载《河北法学》2010年第8期。

[65] 余能斌、范中超：《所有权社会化的考察与反思》，载《法学》2001年第1期。

[66] 王克金：《权利冲突的概念、原因及解决：一个法律实证主义的分析》，载《法制与社会发展》2004年第2期。

[67] 张平华：《权利冲突是伪命题吗？——与郝铁川教授商榷》，载《法学论坛》2006年第1期。

[68] 郝铁川：《权利冲突：一个不成问题的问题》，载《法学》2004年第9期。

[69] 张平华：《权利冲突辨》，载《法律科学》2006年第6期。

[70] 刘作翔：《权利冲突：一个应该重视的法律现象》，载《法学》2002年第3期。

[71] 刘作翔：《权利冲突的几个理论问题》，载《中国法学》2002年第2期。

[72] 许中缘：《论公共利益的程序控制——以法国不动产征收作为比较对象》，载《环球法律评论》2008年第3期。

[73] 王淑华：《征收权与财产权平衡视角下的公益征收认定》，载

《齐鲁学刊》2011 年第 5 期。

[74] 王思锋、彭兴庭：《论中国房地产市场的政府规制》，载《西北大学学报》（哲学社会科学版）2011 年第 3 期。

[75] 贾媛媛：《"自治"与"管制"之间："矫治"的界限与基准——以"房屋限购令"为切入点》，载《行政法学研究》2011 年第 3 期。

[76] 李祎恒：《住房分配机制中限购令政策的法经济学解析》，载《法学论坛》2011 年第 3 期。

[77] 林来梵、张卓明：《论权利冲突中的权利位阶——规范法学视角下的透析》，载《浙江大学学报》（人文社科版）2003 年第 6 期。

[78] 张千帆：《公正补偿与征收权的宪法限制》，载《法学研究》2005 年第 2 期。

[79] 刘国利、谭正：《人文主义法学视野下的解决权利冲突的原则》，载《法律科学》2007 年第 4 期。

[80] 郑少华：《"限购令"的法律解释》，载《法学》2011 年第 4 期。

[81] 张平华：《权利位阶论——关于权利冲突化解机制的初步探讨》，载《法律科学》2007 年第 6 期。

[82] 关今华：《权利冲突的制约、均衡和言论自由优先配置质疑》，载《法学研究》2000 年第 3 期。

[83] 常鹏翱：《物权法上的权利冲突规则——中国法律经验的总结和评析》，载《政治与法律》2007 年第 5 期。

[84] 陈承堂：《临时性调控政策的合法性检讨》，载《法学》2011 年第 4 期。

[85] 郑成思：《私权、知识产权与物权的权利限制》，载《法学》2004 年第 9 期。

[86] 蔡宝刚：《私有财产保护的意义追问——以"李约瑟难题"的

法律解答为例》，载《法学评论》2005 年第 3 期。

[87] 王岩云：《物权法定原则存废论争的理性思考》，载《法制与社会发展》2006 年第 6 期。

[88] 李富成：《中国语境中的物权法定问题》，载《比较法研究》2007 年第 2 期。

[89] 王立争：《美国法上物权法定原则及相关问题——与张鹏同志商榷》，载《法学》2004 年第 4 期。

[90] 张鹏：《美国法上的物权法定原则》，载《法学》2003 年第 10 期。

[91] 张晓娟：《在意思自治与法律强制之间——关于物权法定原则的思考》，载《现代法学》2007 年第 6 期。

[92] 梁上上：《物权法定主义：在自由与强制之间》，载《法学研究》2003 年第 3 期。

[93] 刘正峰：《论无名物权的物权法保护——从对物权法定原则的检讨展开》，载《法商研究》2006 年第 2 期。

[94] 谢哲胜：《中华人民共和国物权法综合评析》（上），载《上海交通大学学报》（哲学社会科学版）2007 年第 3 期。

[95] 张鹏：《物权自由创设原则下的物权法体系之构建》，载《法商研究》2007 年第 1 期。

[96] 苏永钦：《可登记财产利益的交易自由——从两岸民事法制的观点看物权法定原则松绑的界线》，载《南京大学法律评论》2010 年第 2 期。

[97] 梁慧星：《物权法草案第六次审议稿的修改意见》，载《比较法研究》2007 年第 1 期。

[98] 江平：《〈物权法〉的理想与现实》，载《社会科学论坛》（学术评论卷）2007 年第 11 期。

[99] 孙笑侠、郭春镇：《法律父爱主义在中国的适用》，载《中国社会科学》2006 年第 1 期。

[100] 常鹏翱：《体系化视角中的物权法定》，载《法学研究》2006年第5期。

[101] 杨玉熹：《论物权法定主义》，载《比较法研究》2002年第1期。

[102] 龙卫球：《物权法定原则之辨：一种兼顾财产正义的自由论视角》，载《比较法研究》2010年第6期。

[103] 孟利民：《取得时效制度存废的价值分析》，载《法律适用》2005年第11期。

[104] 徐国栋：《论取得时效制度在人身关系法和公法上的适用》，载《中国法学》2005年第4期。

[105] 肖厚国：《取得时效的实践价值》，载《甘肃政法学院学报》2005年第7期。

[106] 尹田：《论物权法规定取得时效的必要性》，载《法学》2008年第8期。

[107] 徐国栋：《优士丁尼时效法研究》，载《河北法学》2011年第1期。

[108] 范剑虹：《欧盟与德国的比例原则》，载《浙江大学学报》2000年第5期。

[109] 郝银钟、席作立：《宪政视角下的比例原则》，载《法商研究》2004年第6期。

[110] 钱福臣：《解析阿列克西宪法权利适用的比例原则》，载《环球法律评论》2011年第4期。

[111] 蒋红珍：《比例原则阶层秩序理论之重构——以"牛肉制品进销禁令"为验证适例》，载《上海交通大学学报》（哲学社会科学版）2010年第4期。

[112] 余凌云：《论行政法上的比例原则》，载《法学家》2002年第2期。

[113] 王名扬、冯俊波：《论比例原则》，载《时代法学》2005年第

4期。

[114] 蒋红珍、王茜：《比例原则审查强度的类型化操作——以欧盟法判决为解读文本》，载《政法论坛》2009年第1期。

[115] 刘向民：《中美征收制度重要问题之比较》，载《中国法学》2007年第6期。

[116] 刘连泰：《征收和征税的关系规则及其适用：美国法上的情形》，载《当代法学》2009年第6期。

[117] 王兴运：《土地征收补偿侧度研究》，载《中国法学》2005年第3期。

[118] 张千帆：《公共利益的困境与出路——美国公用征收条款的宪法解释及其对中国的启示》，载《中国法学》2005年第5期。

[119] 林来梵、陈丹：《城市房屋拆迁中的公共利益界定——中美"钉子户"案件的比较》，载《法学》2007年第8期。

[120] 高建伟：《美国土地征收中的"公共利益"》，载《美国研究》2011年第3期。

[121] 周杰：《福利国家语境下的"新财产权"理论与相关制度实践分析》，载《北大法律评论》第11卷第2辑，2010年版。

[122] 查尔斯·赖希：《新财产权》，翟小波译，载易继明主编：《私法》总第12卷，华中科技大学出版社2007年版。

[123] 袁治杰：《德国土地征收中的公共利益》，载《行政法学研究》2010年第2期。

[124] 李长健、刘天龙、梁菊：《中美财产征收中公共利益之比较分析》，载《上海交通大学学报》（哲学社会科学版）2010年第4期。

[125] 屈茂辉、周志芳：《中国土地征收补偿标准研究——基于地方立法文本的分析》，载《法学研究》2009年第3期。

[126] 姜明安：《法治政府必须认真对待公民权利——评〈国有土地上房屋征收与补偿条例〉》，载《苏州大学学报》（哲学社会

科学版）2011 年第 1 期。

[127] 李昌麒等：《公平分享：改革发展成果分享的现代理念》，载《社会科学研究》2006 年第 4 期。

[128] 胡涛、孙振尧：《限购政策与社会福利：一个理论探讨》，载《经济科学》2011 年第 6 期。

[129] 袁恩桢：《"国进民退"与"民进国退"的争议背后》，载《探索与争鸣》2010 年第 6 期。

[130] 陈莹、谭术魁等：《公益性、非公益性土地征收补偿的差异性研究——基于湖北省 4 市 54 村 543 户农户问卷和 83 个征收案例的实证》，载《管理世界》2009 年第 10 期。

[131] 陈浩：《私有财产权是自由的必要条件吗？——对〈法哲学原理〉"抽象法"章的再考察》，载《现代哲学》2013 年第 5 期。

[132] 张效羽：《论财产权公益限制的补偿问题——基于美国、德国经验的比较研究》，载《国家行政学院学报》2013 年第 6 期。

[133] 莫凡、谭培文：《马克思主义财产权思想及其当代价值——以经典著作为依据》，载《南京社会科学》2013 年第 10 期。

[134] 莫凡：《财产权概念的语义学考察》，载《马克思主义与现实》2013 年第 6 期。

[135] 金俭、张先贵：《财产权准征收的判定基准》，载《比较法研究》2014 年第 2 期。

[136] 张翔：《个人所得税作为财产权限制——基于基本权利教义学的初步考察》，载《浙江社会科学》2013 年第 9 期。

[137] 陈征：《国家征税的宪法界限——以公民私有财产权为视角》，载《清华法学》2014 年第 3 期。

[138] 佟德志：《西方财产权与公民权矛盾结构的历史与逻辑》，载《天津社会科学》2014 年第 3 期。

[139] 孟鸿志、王传国：《财产权社会义务与财产征收之界定》，载

《东南大学学报》（哲学社会科学版）2014年第2期。

[140] 周婧：《私有财产神圣不可侵犯吗？——评昂格尔的财产权理论》，载《浙江社会科学》2014年第2期。

[141] 易继明：《禁止权利滥用原则在知识产权领域中的适用》，载《中国法学》2013年第4期。

[142] 耿卓：《农民土地财产权保护的观念转变及其立法回应——以农村集体经济有效实现为视角》，载《法学研究》2014年第5期。

[143] 周濂：《正义第一原则与财产所有权的民主制》，载《中国人民大学学报》2015年第1期。

[144] 邓志宏：《宪法规范与财产权利的保护与限制》，载《学术交流》2015年第1期。

[145] 宣昌勇、艾文卫、张昊：《我国大中城市小客车限购困局的成因与突破——以北京"摇号"制度为例》，载《管理世界》2013年第8期。

[146] 杨解君：《公共决策的效应与法律遵从度——以"汽车限购"为例的实证分析》，载《行政法学研究》2013年第3期。

[147] 章瑛、熊琼：《对我国住房"限购令"正当性的法理学分析》，载《社会科学家》2012年第11期。

[148] 曹静、王鑫、钟笑寒：《限行政策是否改善了北京市的空气质量？》，载《经济学》（季刊）第13卷第3期，2014年4月。

[149] 王锡锌行：《政决策正当性要素的个案解读——以北京市机动车"尾号限行"政策为个案的分析》，载《行政法学研究》2009年第1期。

[150] 姚辉：《单双号限行中的所有权限制》，载《法学家》2008年第5期。

[151] 冯玉军：《单双号限行与公民社会中的权利冲突及其解决》，载《法学家》2008年第5期。

[152] 钱卿：《行政法视域中利益结构的个案解析——以单双号限行措施为样本》，载《政治与法律》2011年第7期。

[153] 莫纪宏：《机动车限行必须要有正当的公共利益》，载《法学家》2008年第5期。

[154] 余凌云：《机动车单双号限行：是临时还是长效？——行政法学的视角》，载《法学家》2008年第5期。

[155] 竺效：《机动车单双号常态化限行的环境法治之辨》，载《法学》2015年第2期。

[156] 张翔：《机动车限行、财产权限制与比例原则》，载《法学》2015年第2期。

[157] 凌维慈：《行政法视野中机动车限行常态化规定的合法性》，载《法学》2015年第2期。

[158] 谢立斌：《论宪法财产权的保护范围》，载《中国法学》2014年第4期。

[159] 刘连泰：《确定"管制性征收"的坐标系》，载《法治研究》2014年第3期。

[160] 张磊：《温室气体排放权的财产权属性和制度化困境——对哈丁"公地悲剧"理论的反思》，载《法制与社会发展》2014年第1期。

外文类

[1] Joseph William Singer, Introduction to Property, New York: Aspen Publishers, 2nd Edition, 2005.

[2] Gary Wolfram, taxpayers rights and the fiscal constitution: politics, taxation and the rule of law, edited by Donald P. Racheter and Richard E. Wagner, Kluwer Academic Publishers, 2002.

[3] Kaushik Basu, et al., The Economics of Tenancy Rent Control, The Economic Journal, Vol. 110, 2000.

[4] Terry W. Farzier, Property Ecological Integrity Within The Balancing Function of Property Law, Environmental Law Northwestern School of Law of Lewis & Clark College, Spring, 1998.

[5] W. T. Murphy and Simon Roberts, Understanding Property Law, Sweet & Maxw, 3rd ed. , 1998.

[6] Lawrence C. Becker, Property Rights: Philosophical Foundations, London: Rout ledge and Kegan Paul, 1997.

[7] Friedman, Property, Succession and Society, Illinois Law Review, 1996.

[8] Raymond Jackson, Rent Control and the Supply of Housing Services: The Brookline Massachusetts Experience, American Journal of Economics and Sociology, Vol. 52, No. 4, 1993.

[9] Choon-Geol Moon, et al. , The Effect of Rent Control on Housing Quality Change: A Longitudinal Analysis, The Journal of Political Economy, Vol. 101, 1993.

[10] David W. Barnes & Lynn A. Stout, Cases and Materials on Law and Economics, 1992.

[11] Michael J. Lacey and Knud Haakonssen, A Culture of Rights: The Bill of Rights in Philosophy, Politics, and Law – 1791 and 1991, Cambridge University Press, 1992.

[12] Stephen Buckle, Natural Law and the Theory of Property: Grotius to Hume, Oxford: Clarendon Press, 1991.

[13] Edgar O. Olsen, Is Rent Control Good Social Policy? Chicago-Kent Law Review, Vol. 67, 1991.

[14] Stephen Malpezzi, et al. , Rent Control in Developing Countries, World Bank Discussion Paper, No. 129, 1991.

[15] Tom G. Palmer, Justifying Intellectual Property: The Philosophy of Property and Ideal Objects, 13 Harvard Journal of Law and Public

Affairs, 1990.

[16] Junnifer Nedelsky, Private Property and the Limits of American Constitutionalism, The University of Chicago Press, 1990.

[17] Manheim, Tenant Protection and Takings Clause, 13 Wis. L. Rev. 925, 1989.

[18] Tom Palmer, Intellectual Property: A Non-Ponserian Legal and Economic Aspect, 12 Hamline Law Review 278, 1989.

[19] Horacio M. Spector, An Outline of a Theory Justifying Intellectual Property Rights, 8 European Intellectual Property Review (EIPR) 272 (1989).

[20] Richard Arnott, Rent Control: The International Experience, The Journal of Real Estate Finance and Economics, Vol. 1, 1988.

[21] Reassessing Rent Control: Its Economic Impact in a Gentrifying Housing Market, Harvard Law Review, Vol. 101, 1988.

[22] Alan Ryan, Property, University of Minnesota Press, 1987.

[23] Richard A. Epstein, Takings: Private Property and the Power of Eminent Domain, Harvard University Press, 1985.

[24] Robert P. Burns, Blackstones' Theory of the "Absolute" Rights of Property, 54 University of Cincinnat Law Review, 1985.

[25] Peter G. Hollowell ed., Property and Social Relations, Heinemann, London: Heinemann Educations Books Ltd., 1982.

[26] John Finnis, Natural Law and Natural Rights, Oxford: Press, 1980.

[27] Nozick Robert, Anarchy, State and Utopia, Blackwell, Oxford, 1974.

[28] Bruce Ackerman, Regulating Slum Housing Markets on Behalf of the Poor: of Housing Codes, Housing Subsidies and Income Redistribution Policy, The Yale Law Journal, Vol. 80, 1971.

[29] Harold Demsetzt, Toward a Property Theory, American Economic

Review, LVII, 1967.

[30] Charles A. Reich, The New Property, The Yale Law Journal, Vol. 73, 1964.

[31] Milton Friedman and George, J. Stigler, Roofs or Ceilings? The Current Housing Problem, in Hayek, et al. , Rent Control: A Popular Paradox: Evidence on the Economic Effects of Rent Control, Vancouver: The Fraser Institute, 1975.

[32] Michael D. Bergman. Property Law: Recent Developments in Rent Control and Related Laws Regulating the Landlord-Tenant Relationship. Ann. Surv. Am. L. , 1991.

[33] R. S. Radford. Regulatory Takings Law in The 1990's: the Death of Rent Control? 21 Sw. U. L. Rev. , 1992.

[34] Mary Ann Glendon. The Transformation of American Landlord-Tenant Law. 23 B. C. L. Rev. , 1982.

[35] John Hart Ely, Democracy and Distrust: A Theory of Judicial Review, Cambridge: Harvard University Press, 1980.

[36] Henry A. Span, Public Choice Theory and Political Utility of the Takings Clause, Idaho Law Review, 2003.

[37] Richard Epstein, Takings: Private Property and the Power of Eminent Domain, Harvard University Press, 1985.

[38] Stella Tarnay. Barriers and Solutions to Land Assembly for Infill Development, ULI Land Use Policy Forum Report, Washington, D. C. : Urban Land Institute, February 19, 2004.

[39] Michael A. Heller and James E. Krier, Deterrence and Distribution in the Law of Takings, Harvard Law Review, 1999.

[40] Eric Kades, Drawing The Line Between Taxes and Takings The Constinuous Burdens Principle, And Its Broader Application. Northwestern University Law Review, Fall 2002.

[41] Robert Thomas, Legitimate Expectations and Proportionality in Administrative Law, Hart Publishing: Oxford-Portland Oregon, 2000.

[42] Paul Craig, EU Administrative Law, Oxford University Press, 2006.

[43] Evelyn Ellis (eds.), The Principle of Proportionality in the Laws of Europe, Hart Publishing: Oxford-Portland Oregon, 1999.

[44] Richard A. Epstein, Taking, Cambridge, Mass., 1985.

[45] N. Emiliou, The Principle of proportionality in European Law: A Comparative Study, Kluwer, London, 1996.

[46] Cf. Mahendra P. Singly. German Adminlistrative Law: in Common Law Perspective, Springer-Verlag Berlin Heidelberg, 1985.

[47] Thomas W. Merrill & Henry E. Smith, Optimal Standardization in the Law of Property: The Numerus Clausus Principle, 110 Yale L. J., October, 2000.

[48] G. de Búrca, The Principle of Proportionality and its Application in EC law, 13 YBEL 105, 1993.

[49] Charles A. Reich, The New Property, 73 Yale Law Journal 733, 1964.

[50] Gottfried Dietze, In Defense of Property, The Johns Hopkins Press, 1971.

[51] Albert O. Hirschman, The Rhetoric of Reaction, Cambridge, Mass., 1991.

[52] Hugh Davis Graham, The Civil Right Era, New York, 1990.

[53] Carl N. Degler, Out of Our Past, New York, 1959.

[54] P. S. Atiyah, The Rise and Fall of Freedom of Contract, Oxford, 1979.

[55] John F. McGovern, Private Property and Individual Rights in the Commentaries of the Jurists, A. D. 1200 – 1550, Cincinnati, 1991.

[56] A. R. W. Harrison, The Law of Athens, Oxford at the Clarendon

Press, 1968.

[57] David M. Burke, The "Presumption of Constitutionality" Doctrine and the Rehnquist Court: A Lethal Combination for Individual Liberty, Harvard Journal of Law & Public Policy, Fall 1994, Vol. 18 Issue 1.

[58] Hsiung, Bingyuang. A Methodological Comparison of Ronald Coase and Gray Becker. American Law and Economics Review, 2001, 3 (1).

[59] Robert Alexy. A Theory of Constitutional Right. Oxford University Press, 2002.

[60] Roscoe Pound, Interpretations of Legal History, Cambridge, 1923.

[61] Michael Otsuka. Self-Ownership and Equality: A Lockean Reconciliation, Philosophy and Public Affairs. Vol. 27, No. 1, Winter, 1998.

[62] Peter Stein, Roman Law in European History, Cambridge University Press, 1999.

[63] Stephen Buckle, Natural Law and the Theory of Property: Grotius to Hume, Oxford: Clarendon Press, 1991.

[64] Joel Feinberg: The Nature and Values of Rights, Journal of Value Inquiry, 1970.

[65] C. B. Macpherson, The Meaning of Property, in Property: Mainstream and Critical Positions, University of Toronto Press, 1978.

[66] John Finnis, Natural Law and Natural Rights, Oxford: Clarendon Press, 1980.

[67] Lawrence C. Becker, Property Rights: Philosophical Foundations, London: Routledge and Kegan Paul, 1997.

[68] S. J. Stoljar, Analysis of Rights, The Macmillan Press Ltd., 1984.

[69] Jeremy Waldron (ed.), Theories of Rights, Oxford University Press, 1984.

[70] W. T. Balckstone, Equality and Human Rights, The Monist, 52, 1968.

[71] David Lyons, Rights, Claimants and Benefieiaries, American Philosophical Quarterly, 6 (1969).

[72] R. M. Dworkin, Taking Rights Seriously, Duckworth, 1978.

[73] Alan Macfarlane, The Origins of English Individualism, Blackwell Publishers, 1978.

[74] Diana Wood, Medieval Economic Thought, Cambridge University Press, 2002.

[75] Brian Tierney, The Idea of Natural Rights: Studies on Natural Rights, Natural Law and Church Law, 1150 – 1625, Scholars Press, 1997.

[76] Cary J. Nederman, Property and Protest: Political Theory and Subjective Rights in Fourteenth-Century England, Review of Politics, Vol. 58, Spring, 1996.

[77] Manheim, Tenant Protection and Takings Clause, 13 Wis. L. Rev., 1989.

[78] Robert P. Merges, Peter S. Menell, Mark A. Lemley, Thomas M. orde, Intellectual Property In the New Technological Age, New York, Aspen Law & Business, 1997.

[79] Adam Mossoff. What Is Property? Putting The Pieces Back Together. Arizona Board of Regents Arizona Law Review, Summer, 2003.

[80] Sukhninder Panesar, General Principles of Property Law, Pearson Education Limited, 2001.